Theo Piegler
Mit Freud im Kino

Theo Piegler

Mit Freud im Kino

Psychoanalytische Filminterpretationen

Mit einem Prolog von Peter Kutter

Psychosozial-Verlag

Bibliografische Information der Deutschen Nationalbibliothek
Die Deutsche Nationalbibliothek verzeichnet diese Publikation
in der Deutschen Nationalbibliografie; detaillierte bibliografische Daten
sind im Internet über http://dnb.d-bb.de abrufbar.

2. Auflage 2014
© 2008 Psychosozial-Verlag
Walltorstr. 10, D-35390 Gießen.
Tel.: 0641/969978-18; Fax: 0641/969978-19
E-Mail: info@psychosozial-verlag.de
www.psychosozial-verlag.de
Alle Rechte vorbehalten. Kein Teil des Werkes darf in irgendeiner Form
(durch Fotografie, Mikrofilm oder andere Verfahren) ohne schriftliche
Genehmigung des Verlages reproduziert oder unter Verwendung
elektronischer Systeme verarbeitet, vervielfältigt oder verbreitet werden.
Satz & Umschlaggestaltung: Hanspeter Ludwig, Gießen
Printed in Germany
ISBN 978-3-89806-876-5

Inhalt

Prolog — 7

Danksagung — 13

Einleitung — 15

Moby Dick
(Regie: John Huston; USA, 1956) — 35

Wilde Erdbeeren
(Regie: Ingmar Bergman; Schweden, 1957) — 57

Belle de Jour
(Regie: Luis Buñuel; Frankreich, 1967) — 73

Der letzte Tango
(Regie: Bernardo Bertolucci; Frankreich/Italien, 1973) — 95

Lola
(Regie: Rainer Werner Fassbinder; Deutschland, 1981) — 119

Don Juan de Marco
(Regie: Jeremy Leven; USA, 1995) — 137

Der Geschmack der Kirsche
(Regie: Abbas Kiarostami; Iran, 1997) — 155

Inhalt

American Beauty
(Regie: Sam Mendes; USA, 1999)   167

Fight Club
(Regie: David Fincher; USA, 1999)   183

Swimming Pool
(Regie: Francois Ozon; Frankreich, 2003)   201

Zimt und Koriander
(Regie: Tassos Boulmetis; Griechenland/Türkei, 2003)   219

Wie im Himmel
(Regie: Kay Pollak; Schweden, 2004)   235

Match Point
(Regie: Woody Allen; USA/Großbritannien, 2005)   245

Epilog   259

Autoren   261

Prolog

»Kunst zeigt uns das, was wir kennen, so, wie wir es (noch) nicht kennen.«
Gerhard Schweppenhäuser

Obwohl es nicht an Stimmen fehlt, die dem Kino – angesichts TV, Video und Internet – keine große Zukunft vorhersagen, sehen die Tatsachen anders aus: Kino nimmt sehr viel Raum im kulturellen Leben ein, mehr als Theater und Oper. Es ist leicht zugänglich, braucht keine besonderen Vorbereitungen. Kino ist das Medium, das uns am meisten bewegt, ja erregt.

Die meisten Filme dienen in einer nach Vergnügen kollektiv geradezu süchtigen Gesellschaft dem Entertainment; Bildung und Information sind weniger gefragt, noch weniger gesellschaftskritische Problemfilme. Viele werden als Kultfilme verehrt. Die Filme von Ingmar Bergman oder von Rainer Werner Fassbinder markieren cineastische Höhepunkte und hinterlassen unauslöschliche Spuren in der hundertjährigen Geschichte des Films. Dabei hat jedes Genre seine Liebhaber: Spielfilm, Western, Thriller, Horror, Erotik, Porno, Action, Liebesfilm, Kriegs- oder Antikriegsfilm, Geschichte, Sport, Doku, Tier- oder Heimatfilm. Melodramen wie *Vom Winde verweht* oder *Dr. Schiwago* sind besonders beliebt, ganz zu schweigen von *Der Name der Rose*, *Der Herr der Ringe* oder *Harry Potter*.

Woher kommt die Macht des Kinos auf die Menschen? In Goethes *Faust* heißt es (1. Teil, Studierzimmer):

»Geschrieben steht: Im Anfang war das Wort!
Hier stock ich schon! Wer hilft mir weiter fort?
Ich kann das *Wort* so hoch unmöglich schätzen.

> Ich muss es anders übersetzen,
> Wenn ich vom Geiste recht erleuchtet bin.
> Geschrieben steht: Im Anfang war der *Sinn*.«

Etwas später kommt Faust auf die »Kraft« und schließlich auf »Tat«.

Nach Freuds *Traumdeutung* (1900), nach Bilderbüchern, Comics und Kino wagen wir eine neue Übersetzung: »Im Anfang war das *Bild*.« Damit erweitert sich unsere Frage nach der Macht des Kinos zu einer neuen Frage:

Woher kommt denn die Macht der Bilder? Was fasziniert uns so am Kino? Was *verzaubert* uns, *entzaubert* uns aber auch zuweilen? Dazu gibt das vorliegende Buch vielfache Antworten: schon in der Einleitung, dann bei jeder Interpretation eines Filmes durch den Autor. Dazu können aber auch Leserinnen und Leser aktiv beitragen. Ein Vorwort soll dazu höchstens einige Anregungen geben.

Kino macht etwas mit uns. Im Dunkel des Kinos, im Anschauen der Bilder geschieht etwas Besonderes mit Auge und Gehirn. Im Gegensatz zum allein für sich stehenden Gemälde folgen im Film ja viele Bilder rasch aufeinander. Die Bilder haben, wie schon im Bilderbuch und in den Comics, gleichsam laufen gelernt, sie bewegen sich (Kinematografie). Dabei bewegen sie sich technisch so schnell hintereinander, dass wir diese rasche Folge von Bildern bewusst gar nicht wahrnehmen. Als die Technik noch nicht so weit war, flimmerte es einem vor den Augen zwischen hell und dunkel. Kino war eine Flimmerkiste. Aber auch heute flimmert es vor unseren Augen, obwohl wir es nicht wahrnehmen. Dieses Flimmern kann geradezu eine Art Trance auslösen, Grenzzustand zwischen Schlafen und Wachen.

Beim Schauen der Bilder des Kinos werden bislang ruhende innere Bilder wiederbelebt. Schauen wir Kino mit den Augen Freuds bzw. setzen wir uns die Brille »Psychoanalyse« auf die Nase, dann merken wir schnell, dass in unserer Seele noch einiges mehr abläuft als der *äußere* Film, den wir sehen. In uns ruhen *innere* Bilder, die wir gespeichert haben, ganze Filme, so wie Videos, die wir im Laufe des Lebens aufgenommen haben. Angeregt durch Ähnlichkeiten mit den im Film gesehenen Bildern, werden die gespeicherten inneren Bilder wieder belebt, treten in Konkurrenz zum Film, fangen an, uns zu beherrschen, während die äußere Welt ganz in den Hintergrund tritt. Weil so viele innere Bilder reaktiviert werden, fesselt uns ein Film. Wir sehen einen

Film und begegnen uns selbst, in den Personen, in Szenen, in Geschichten. Insofern ist der Film ein Spiegel unserer selbst.

Beim Schauen des Films werden auch bislang ungelöste latente Konflikte berührt, zuweilen aufgerührt. Deswegen kann uns ein Film so anstrengen. Unbewusst vergleichen wir dann das Geschehen im Film mit dem Geschehen unseres Lebens. Und ebenso unbewusst versuchen wir neue Konfliktlösungen: Entweder regen uns die Konfliktlösungen im Film an, es ähnlich zu machen, oder wir verwerfen sie. Kino gleicht insofern einer Psychoanalyse als einem Prozess des Bewusstmachens von Unbewusstem. Sowohl im Kino als auch in einer Psychoanalyse geraten wir in einen regressiven Sog, wehren uns aber zugleich dagegen, weil uns das im Sog erfahrene Unbekannte unheimlich vorkommt, so sehr es auch reizt. Im Kino wird ebenso wie in der Psychoanalyse (narrativ) Leben erzählt, mischen sich Dichtung und Wahrheit, wird konstruiert, dekonstruiert und rekonstruiert. Lücken werden gefüllt, Filmrisse verbunden, Konfliktlösungen angeboten, Affekte wiederbelebt, existenzielle Fragen aufgerührt und manchmal auch Wunden geheilt. Wir identifizieren uns unbewusst mit den Protagonisten, mal konkordant mit ihnen, mal komplementär mit ihren Gegenspielern. Wir reagieren auf sie wie im wirklichen Leben: Sie interessieren oder langweilen uns, regen uns an oder stoßen uns ab, erfreuen oder machen wütend, rühren zu Tränen, ziehen uns in ihren Bann oder lassen uns kalt.

Welcher Art sind die Konflikte, sowohl die im Kino, wie die in uns? Die Existenzphilosophie von Karl Jaspers spricht von »Grenzsituationen« des Lebens. Dazu gehören Kampf, Liebe, Schuld und Tod: In der Konkurrenz mit anderen geht es um Macht, müssen wir uns bewähren. In der Liebe erfahren wir Freud und Leid, höchstes Glück und tiefste Vereinsamung. Jede Handlung ist unweigerlich mit Schuld verbunden, weil jede Selbsterhaltung andere da oder dort mehr oder weniger verletzt. Jedes Ende, auch das eines Films, konfrontiert uns mit unserer endlichen Geschichte.

Die Psychoanalyse unterscheidet trianguläre Konflikte (in Dreiecksbeziehungen wie: ein Mann und zwei Frauen, eine Frau und zwei Männer) von solchen, die sich in einer Zweierbeziehung ereignen: sich jemandem annähern und sich entfernen, Einsamkeit versus Zweisamkeit, die optimale Distanz und Nähe suchen und finden, Macht oder Liebe, du oder ich, »Entweder-oder« bzw. »Sowohl-als-auch«. Psychoanalytiker kennen diese Konstellationen aus

Theorie und Praxis. Auch unser Autor sucht nach ihnen in den Filmen und interpretiert sie uns zum leichteren Verständnis. Die Deutungen sind dabei meist endopoetisch bzw. textimmanent, d. h. sie beziehen sich ausschließlich auf das Werk, den Film, auf dessen Text, Bilder und Begleitmusik und nicht auf exopoetische Elemente, wie z. B. biografische Daten des Regisseurs.

Kino und Psychoanalyse ergänzen sich in idealer Weise. Der Autor dieses Prologs nutzte schon 1976 an der Universität geeignete Filme, um Studierende an die Psychoanalyse heranzuführen: *Geheimnis einer Seele, Ödipus Rex* und *Belle de Jour*. Jetzt nutzen seine Kollegen die Psychoanalyse, um den Kinobesuchern sonst schwer erklärbare Filme zu erläutern. Ein aufregender Dialog zwischen dem Filmemacher Bernardo Bertolucci und dem Psychoanalytiker Andrea Sabbadini, 1997 in Wien, bestätigt die wechselseitige Ergänzung von Kino und Psychoanalyse in eindrucksvoller Weise (2007).

Das Kino eröffnet uns aber nicht nur Inhalte, sondern ermöglicht auch Begegnungen. Die erste Begegnung ist die zwischen Filmemacher und Film. Im einzelnen sind es Drehbuchautor, Regisseur, Schauspieler usw. Sie alle wollen eine bestimmte Idee verwirklichen, eine Botschaft verkünden, beim Publikum ankommen und Erfolg haben. Dabei geht – gewollt oder ungewollt – viel Unbewusstes, Autobiografisches mit in die Arbeit ein. All das stecken die Filmemacher in die Dreharbeiten. Dabei fließen handwerkliches Geschick, fachliches Können, Ästhetik und künstlerische Freiheit gleichermaßen in den kreativen Prozess mit ein; das fertige »Gesamtkunstwerk« ist ihr gemeinsames Produkt, so wie ein Buch das Resultat eines schreibenden Autors ist oder eine Musik das Ergebnis des Komponisten.

Es gibt aber noch weitere, höchst aktuelle Begegnungen, nämlich die beim Lesen dieses Buches. So wie der Regisseur einen Film dreht, so schreibt der Autor ein Buch (erste Begegnung zwischen Autor und werdendem Buch), von dem er wünscht, dass es die Leserinnen und Leser erreicht. Diese reagieren ihrerseits auf die Lektüre des Buches (zweite Begegnung) und können mit dem Autor im Geiste einen Dialog führen, in dem sie zustimmen, ergänzen oder kritisieren. Sie vergleichen ihre eigene Interpretation mit der des Autors; beide können sich zu einer neuen Möglichkeit der Deutung ergänzen.

Dieses Vorwort soll dazu ermutigen, eigene Interpretationen zu wagen, vor allem, wenn man den betreffenden Film gesehen hat. Aber auch dann, wenn man den Film nicht gesehen hat, kann es zu einem Geisterdialog kommen, dann nämlich, wenn man, gebrochen durch die Interpretation des Autors, selbst Einfälle dazu sammelt, die für einen selber besser passen als die Deutung des Autors. Nur Mut!

Abschließend noch zwei weitere Hypothesen für die Faszination des Kinos: *Im Kino erfolgt eine Regression bis in die Urhöhle des Uterus.* In der einschlägigen psychoanalytischen Literatur wird vielfach darauf hingewiesen, dass das dunkle Kino unbewusst an sehr früh erfahrene Zustände und Befindlichkeiten rühren kann, die wir als Embryo im Dunkel des mütterlichen Uterus erfahren haben; also eine Regression bis in die Zeit vor der Geburt. In entwicklungsbiologischer Sicht, so wissen wir heute, hört der im Mutterleib heranwachsende Embryo schon vor der Geburt Darmgeräusche und Herztöne. Er sieht höchstwahrscheinlich auch schon etwas, wenn auch verschwommen, denn, wie Untersuchungen zeigen, blinzelt der Fötus, reagieren die Pupillen schon ab dem sechsten und siebten Monat auf Licht. In dieser frühen Entwicklungsphase sind es noch keine richtigen Bilder, die wir sehen, allenfalls Vorformen davon, Proto-Bilder. Aber auch diese hinterlassen Spuren, Erfahrungsspuren, die gespeichert werden und wiederbelebt werden können.

Wem diese These zu weit hergeholt erscheint, kann vielleicht einer letzten Hypothese mehr abgewinnen.

Das Kino entspricht exakt Platons Höhlengleichnis. An diesem Gleichnis demonstriert der griechische Philosoph (*Der Staat*, 7. Buch) erkenntnistheoretisch, welch gravierender Unterschied zwischen Schein und Wirklichkeit besteht: Die Menschen sitzen – sei es nun in einer Höhle oder in einem Kino – mit Blick nach vorne und sehen von hinten kommende Bilder. Bei Plato ist es ein Feuer hinter ihnen, vor dem Gaukler allerlei Gegenstände bewegen, deren Schatten die Menschen sehen. Im Kino ist es der Projektor, der die Bilder liefert. In beiden Szenarien sehen die Höhlenbewohner bzw. Kinobesucher nur Bilder, nicht die Wirklichkeit. Bei Plato ist die Wirklichkeit so unerträglich, dass die Menschen den Schein der Wirklichkeit vorziehen. Im Kino ist die harte Realität, zumindest so lange der Film läuft, gleichsam außer Kraft gesetzt. Je mehr uns der Film fesselt, desto mehr.

Es gibt aber noch einen letzten Grund, der in der einschlägigen Fachliteratur, obschon sehr naheliegend, eher selten auftaucht, der aber der Psychoanalyse von Anfang an innewohnt.

Das Kino ist eigentlich eine heimliche Peepshow: Sexualität war ja ursprünglich verboten; phylogenetisch stand sie nur dem Stammesvater zu, nicht den Söhnen, ontogenetisch den Eltern, nicht den Kindern. Das Verbotene reizt aber bekanntlich besonders. So entdecken die findigen Kinder das Schlüsselloch, durch das sie ins verbotene Schlafzimmer der Eltern schauen. Die Situation im Kino gleicht dieser Urszene aufs Haar: Es wird etwas gezeigt und geschaut. In der sexuellen Konnotation sprechen wir dann von Exhibitionismus bzw. Voyeurismus.

Jetzt aber genug des schon viel zu langen Prologs. Vorhang auf: Der Autor hat das Wort und präsentiert uns Film um Film. Die gespannten Leserinnen und Leser haben die seltene Chance, die vom Autor vorgelegten Interpretationen der klug ausgewählten Filme bestmöglich zu nutzen.

Peter Kutter
Stuttgart, im Dezember 2007

Literatur

Sabbadini, A.; Bertolucci, B. (2007): Psychoanalysis: The 11th Muse (A conversation). Psychoanalytic Inquiry 27 (4), 381–394.
Schweppenhäuser, G. (2007): Ästhetik: Philosophische Grundlagen und Schlüsselbegriffe. Frankfurt a.M. (Campus).

Danksagung

Es gibt einige Menschen, die wesentlich Anteil an der Entstehung dieses Buches haben: An erster Stelle ist meine Frau Mechtild zu nennen, die alle Filme mit mir angesehen und diskutiert hat. Ihr verdanke ich wichtige Anregungen. Darüber hinaus hat sie mir den Rücken frei gehalten, sodass ich ungestört schreiben konnte. Über Peter Kutters spontane Bereitschaft einen Prolog für dieses Buch zu verfassen, habe ich mich sehr gefreut. Ich bewundere nicht nur sein kreatives Lebenswerk, sondern empfinde Ihm gegenüber auch tiefe Dankbarkeit – und zwar nicht nur für diesen Prolog! Christian Schidlowskis Filme faszinieren mich, seitdem ich 1998 eine seiner ersten Produktionen, den *Rächer der Entwurzelten* – in Berlin gedreht – gesehen habe. Er hat mir das Medium Film noch nähergebracht! Ich danke ihm, dass er als Praktiker des Filmgeschäfts es übernommen hat, mit einem passenden Schluss dieses Buch in gelungener Weise abzurunden. Die Endphase der Entstehung dieses Buches war durch unermüdliches Korrekturlesen geprägt. Diese Aufgabe hat – höchst versiert – eine von mir sehr geschätzte Hamburger Kollegin, selbst auch Autorin, Gabriele Ramin, übernommen, der ich für ihre Hilfsbereitschaft und engagierte Unterstützung überaus dankbar bin! Vor der Publikation wurde der Text verlagsseitig von Simone Holz lektoriert. Sie hat diese Aufgabe mit großem Engagement fachkompetent und gründlich durchgeführt. Dafür und für die bestens funktionierende, problemlose Zusammenarbeit danke ich ihr sehr!

Einleitung

»Die echte Entdeckungsreise besteht nicht darin neue Landschaften zu suchen, sondern sie mit anderen Augen zu sehen.«
Marcel Proust

1 Der Film in der Postmoderne

In den Industrienationen ist, befördert durch die gesellschaftliche Situation, durch gewaltigen technischen Fortschritt und Globalisierung, eine mediale Welt entstanden, die im Bereich des Filmes mittlerweile das Unmögliche möglich macht. In Spielbergs Film *Jurassic Park*[1] konnte man 1993 erstmals »lebensechte« Dinosaurier bewundern. Sie waren das Produkt von Computeranimation[2]. Die Darstellung von Fiktivem ist heute so realistisch, dass Computerspiele mittlerweile Kindern immer mehr die Unterscheidung zwischen Spiel und Realität erschweren. Der iranische Filmemacher Kiarostami verweist darauf, dass die in unseren westlichen Filmen unterlegte Musik[3] uns noch tiefer in die virtuelle Welt des Filmes verstricke, da sie sehr gezielt Gefühle hervorrufe. Es werden sozusagen alle Register gezogen, um eine fiktive Welt erstehen zu lassen, die einen Gegenpol zur realen Welt darstellt[4]. Stilles Sitzen in bequemen Sesseln im abgedunkelten Kinosaal, Quadrofonie und Filme auf riesigen Projektionsflächen, Popcorn und alkoholische Getränke lösen einen enormen regressiven Sog aus. Reale Gestalten werden abgelöst durch Fabelwesen in Science-Fiction-Serien sowie Kunstfiguren in Zeichentrickfilmen. Sie tragen sehr menschliche Züge, wie etwa die amerikanischen Simpsons. Marge Simpson – eine blaue Turmfrisur ist ihr Markenzeichen – ist mittlerweile zur bekanntesten Amerikanerin avanciert.

2 Der Film als Spiegel seiner Entstehungszeit

Jeder Film spiegelt etwas von der soziokulturellen Situation der Zeit wider, in der er entstanden ist. Unter Umständen zielt er sogar darauf ab, seine Entstehungszeit pointiert vor Augen zu führen. Dies soll an Ingmar Bergmans Film *Das Schweigen*[5] paradigmatisch dargestellt werden, der 1963 in die Kinos kam: Er zeigte eine nur 118 Sekunden dauernde Sexszene, die für damalige Verhältnisse von unerhörter Freizügigkeit war, was ausreichte, um diesen dritten Teil seiner sogenannten Glaubenstrilogie (nach *Wie in einem Spiegel* und *Licht im Winter*) weltberühmt und unter anderem in Deutschland zu einem Kassenschlager zu machen. Mehr als zehn Millionen Menschen strömten damals in die Kinos. So viele Zuschauer hatte seit 1955 kein Film mehr angelockt! Dieses Faktum ist Ausdruck einer in der damaligen Zeit ihren Anfang nehmenden gesellschaftlichen Veränderung der Sexualmoral. Bergman hatte, als er 1961 mit dem Schreiben des Drehbuchs begann, das Bild seines früh verstorbenen, strengen Vaters, eine Reise durch das bedrohliche Berlin der Vorkriegszeit sowie eine solche durch das zerstörte, menschenleere und nur von Panzern besetzte Hamburg vor Augen. Die Kälte, die der junge Bergman im Vor- und Nachkriegsdeutschland verspürt hat, übertrug er in *Das Schweigen* auf die fiktive Stadt »Timoka«, Hauptstadt eines nicht näher identifizierbaren, südosteuropäischen Landes. Hierher verschlägt es zwei ungleiche Schwestern, die intellektuelle und introvertierte Ester und ihre lebenslustige Schwester Anna, welche Ester nicht nur seelisch, sondern auch körperlich begehrt. Ester reagiert auf diese Zudringlichkeit in der Fremde mit immer offener zur Schau getragener Feindseligkeit und flüchtet sich in erotische Abenteuer, ein Umstand, der die Hassliebe zwischen beiden Schwestern zum Äußersten treibt. Vereinsamt stromert der neunjährige Sohn Annas, Johan, zwischen beiden durch das Grand Hotel, in dem man Quartier bezogen hat. Das ganze Gewicht einer von Gott verlassenen Welt scheint am Ende auf seinen Schultern zu lasten, wenn er zum Überbringer einer letzten Friedensbotschaft der an ihrer Tuberkulose sterbenden Ester an ihre Schwester auserkoren wird und die in fremder Sprache formulierte Botschaft nicht zu dechiffrieren vermag. In gleichermaßen bedrückenden wie eindringlichen Bildern hat Bergmann sein im Verlauf zunehmend frostigeres Melodram gestaltet, dessen abgrundtief verzweifelte Gefühlswelt auch heute noch verstört. Für die beiden großen Kirchen war Bergmans Werk verzweifelter Ausdruck einer gottlosen Welt. Erinnert sich doch Ester in einer Szene an ihren verstorbenen, 200 Kilo schweren Vater, dessen Autorität zuletzt zu einem leblosen Fleischberg zusammenschmolz. In diesem Vaterbild sahen die Kleriker ein Symbol Bergmans für einen sterbenden Gott, der die Menschen verlassen hat.

Man kann diesen Film unter zwei Aspekten betrachten: Einerseits führt er ein differenziertes Psychogramm der ungleichen Schwestern vor Augen und macht die Psychodynamik der Beziehung der beiden vor dem Hintergrund eines versagenden Vaters sichtbar, andererseits ist dieser Film aber auch das Abbild der trostlosen Nachkriegszeit, dieser sinnentleerten und, wie es scheint, von Gott verlassenen Welt, gekennzeichnet von Heimatverlust und Vaterlosigkeit. Sich anbahnende Veränderungen liegen in der Luft: die Infragestellung der tradierten Welt, jener der Väter ebenso wie der Wandel der Welt der Frauen, bedingt durch deren zunehmende Emanzipation, die Einführung oraler Kontrazeption (1961), Befreiung vom Korsett und freizügigere Kleidung (1962 Minirock). Im Rückblick kann man den Film *Das Schweigen* so als Abbild der beginnenden 1960er Jahre und ihres Wertewandels klassifizieren.

3 Der Film als Mittel der Selbststabilisierung für umschriebene Gruppen, aufgezeigt an der Bedeutung von Horrorfilmen für Adoleszente

Die Frage ist berechtigt, warum sich das Medium Film in unserer postmodernen Gesellschaft so großer Beliebtheit erfreut. Alle Altersgruppen nutzen tagtäglich Kino und Fernsehen, womit sich einerseits bestätigt, welch riesige Bedeutung das Visuelle für Menschen hat und was für unermüdliche »novelty seeker« sie sind. Zum anderen werden diese Medien aber auch zunehmend benutzt, um sich in eine Welt zu versetzen, die im Umgang mit eigenen Wünschen und Problemen hilfreich erscheint.

So gibt es Hinweise dafür, dass die exorbitant ausufernden Gewaltdarstellungen[6] im zeitgenössischen Film der Industrienationen – und zwar sowohl was fremdaggressive als auch was autoaggressive Handlungen anbetrifft – in einem inneren Zusammenhang stehen damit, dass diese genannten Nationen in den letzten Jahrzehnten keine großen Kriege mehr geführt haben und bei ihnen auch die Suizidzahlen insgesamt rückläufig sind (Piegler 2008). Paradoxerweise könnte also der Aggression bzw. Autoaggression beinhaltende Spielfilm in unserer Zeit für die große Mehrzahl gerade der jüngeren Mitglieder dieser Nationen – sie stellen im wesentlichen die Kinogänger – eine Schutzfunktion haben, was fremdaggressive und autoaggressive Handlungen betrifft. Ist der Film von daher eine weithin unterschätzte Projektionsfläche oder auch Möglichkeit zur identifikatorischen Teilhabe, die zur psychischen Stabilität beiträgt?[7] Kino und Fernsehen haben eine gewinnorientierte kommerzielle Grundlage, sodass man sicher sein kann, dass nur Filme solchen Inhalts gedreht werden, die die Wünsche des Publikums befriedigen. Dieser Selbstregulationsmechanismus bestätigt geradezu die psychohygienische Funktion des Films[8].

Was hier nur sehr global ausgeführt ist, soll nun im Hinblick auf die Funktion von Horrorfilmen für Adoleszente detaillierter untersucht werden. In diesem Zusammenhang sei auf die sehr interessante Arbeit von Gerhard Mayer[9] über »die Faszination Jugendlicher an Horrorfilmen«[10] verwiesen, in der diesem speziellen Phänomen unter psychoanalytischen Aspekten nachgegangen wird. Überzeugend legt Mayer dar, dass Jugendliche in der Pubertät einen körperlichen Wachstumsschub erfahren, der aufgrund von Asymmetrien – die Körperteile wachsen nicht alle in der gleichen Geschwindigkeit – zu einer Art »Verzerrung« des Körperbildes führen kann. Die zentrale Körperfantasie des Jugendalters ist die des zerstückelten und zerrissenen Körpers. Der »Horrorfilm ist angefüllt mit Schreckensphantasien über aus den Fugen geratene Körper« (Reß 1990, S. 100f.). Die beschriebene zentrale Fantasie speist sich aus zwei Quellen: Zum einen ist es – wie ausgeführt – der abrupte Gestaltwandel während der Pubertät, der der Vorstellung der Zerrissenheit Vorschub leistet, zum anderen – und wahrscheinlich noch bedeutungsvoller – ist die noch brüchige geschlechtliche und gesellschaftliche Identität junger Menschen Auslöser dafür, dass in der Fantasie das gesamte Ich, und damit auch der Körper, als zersplittert erlebt wird. Damit korrespondieren verschiedene Formen der Initiationsriten bei »Naturvölkern«, in denen Momente der Zerstückelung und der (körperlichen) »Versehrung« eine bedeutsame und prägende Rolle spielen. Überlegungen Hartwigs (1986) zum phallischen Charakter der in modernen

Horrorfilmen bevorzugten Waffen zeigen, dass sie dem Aufbrechen und Zerreißen des Körpers »als Panzerung« dienen sollen. Psychologisch sind sie als Schutz des »noch fragilen Ichs« Adoleszenter anzusehen. Das Fazit daraus ist, dass die Faszination Jugendlicher an den sadistischen Zerstückelungsakten sich dann verstehen lässt, wenn man akzeptiert, dass diese Filme einen Spiegel der jugendlichen Innenwelt darstellen.

In den Horrorvideos spiegeln sich die notwendigen Entwicklungsaufgaben junger Menschen thematisch wider. Die Themen »Gewalt« und »Tod« verweisen auf den notwendigen Entwicklungsschritt, den jeder Jugendliche nachvollziehen muss: das Akzeptieren eines partiellen Todes, nämlich des kindlichen Ichs und die (schmerzhafte) Herausbildung eines Erwachsenen-Ichs.

Die Themen »Sexualität« und »soziales Zusammenleben« werden in den Horror- und Gewaltvideos in der Regel nur in pervertierter, unvollkommener Art präsentiert. Besonders Jugendliche, in ihrer noch brüchigen geschlechtlichen und sozialen Rolle, erkennen sich da wieder. Es sind gerade die Horrorfilme, die die beiden dominierenden Gefühlsstimmungen junger Menschen ansprechen: das Gefühl der Allmacht (»einsamer Held bezwingt das Böse«) und das Gefühl der Ohnmacht und Verzweiflung (»das Böse lauert überall und schlägt erbarmungslos zu«). Die filmsprachlichen Mittel verstärken die manifest und latent dargebotenen Botschaften. Mit der Filmrezeption werden eigene dunkle und aggressive Seiten ausgelebt, die im realen Alltagsleben keinen Platz finden und unerwünscht sind (etwa bei friedliebenden PazifistInnen und VegetarierInnen). Die Rezeption von Horrorfilmen bietet darüber hinaus einen ungefährlichen Nervenkitzel. Als Betrachter kann man sich in seinem Körper und seinen emotionalen Reaktionen auf das Geschehen im Film selbst spüren. Eigene intensive – auch unangenehme – Emotionen können kennengelernt und ein kontrollierter Umgang mit ihnen kann geübt werden. Fast immer ist der Horrorfilm-Abend ein soziales Geschehen, denn Horrorfilme werden von Jugendlichen vornehmlich in ihrer Peergruppe im Rahmen von Video-Abenden angeschaut und erhöhen im gemeinsamen Erleben die Gruppenbindung. Solche Abende haben auch den Charakter von Initiationsriten, d.h. sie stellen Mutproben dar. Häufig handelt es sich um indizierte oder zumindest erst ab 18 Jahren zugelassene Filme, und der Ruch des Verbotenen schwingt bei den »Sessions« mit. Bei drastischen Darstellungen von Gewalt, von zerfetzten und verstümmelten Körpern, von herausquellenden Eingeweiden usw. zeigt sich, wer den Anblick erträgt, wer sich abwenden oder gar den Gang zur Toilette tun muss.

Mit dem Ende der Kindheit wird man für sein Handeln verantwortlich. Schon als Jugendlicher kann man schuldig werden. Das »Essen vom Baum der Erkenntnis« zwingt dazu, zwischen rechtem und falschem Verhalten, zwischen »Gut« und »Böse« zu unterscheiden. Gerade diese Auseinandersetzung zwischen »Gut« und »Böse« stellt in Horrorfilmen ein wichtiges Thema dar und spiegelt somit entwicklungsrelevante Fragen. Die Auseinandersetzung mit den in Horrorfilmen behandelten Tabu-Themen kann zur Provokation der »bürgerlichen Gesellschaft« mit deren Bedürfnis nach »harmlosen Geschichten« benutzt werden. Etwa so wie die frisch gestrichene weiße Wand eines öffentlichen Gebäudes im Dunkel Sprayer anzieht. Natürlich muss es nicht unbedingt öffentliche Provokation sein, auch in einer inneren Abgrenzung bzw. Identifikation mit einer Subkultur kann die Konfrontation bestehen. Die Blütezeit des modernen Horrorfilms fällt zusammen mit Entstehung und Höhepunkt der Punk-Bewegung (und auf der Seite der Dunkelhäutigen der Rap- bzw. Hip-Hop-Kultur), die ihrerseits Gewalt und Provokation der Gesellschaft und des bürgerlichen Alltags thematisierten. Insofern kann die Faszination an Horrorfilmen auch als Ausdruck eines bestimmten »Zeitgeistes« verstanden werden. Manche Jugendliche haben auch großes Interesse an der technischen Seite der Produktionen: Erfordern doch Horrorfilme mit ihren Darstellungen nicht-rationaler Geschehnisse und radikaler Eingriffe in die körperliche Substanz höchste Kunstfertigkeit von Maskenbildnern und Tricktechnikern. Durch ausgeklügelte Special Effects wird das Spiel mit und die Trennung zwischen Schein und Sein, zwischen Fiktion und Realität deutlich gemacht und ins Bewusstsein gehoben.

4 Warum man sich durch einen bestimmten Film in besonderer Weise berührt fühlt

So wie im Traum die Beschäftigung mit Konflikten und Wunscherfüllung Entlastung bringt, ermöglicht der Film mittels Identifizierung am Schicksal der Protagonisten teilzuhaben und an den im Film aufgezeigten Konfliktlösungen und Entwicklungen zu partizipieren. Dies kann in gleicher Weise berührend und entlastend wirken, zumal die meisten Filme basale menschliche Themen zum Inhalt haben. Hier einige Beispiele: *Casablanca*[11] zeigt die Lösung eines ödipalen Konflikts, der in dem geflügelten Wort »Schau mir in die Augen, Kleines« gipfelt. Der Film *Das verflixte siebte Jahr*[12] ist eine Satire über Männer, ihre Projektionen auf Frauen und ihre abgewehrten Wünsche, die im Film der ebenso verführerischen wie naiven Marilyn Monroe gelten. Dem Protagonisten gelingt die Lösung des ödipalen Reifungskonflikts nicht, da er zwei Aspekte von Weiblichkeit (versorgende Mutter/verführerische Frau) nicht zu integrieren vermag. In *Die Wahrheit*[13] geht es um eine Identitätskrise in der Spätadoleszenz. Wie einst beim Urteil über Phryne sitzen auch hier Männer über eine verführerisch schöne, junge Frau zu Gericht: Brigitte Bardot. Ihre leistungsorientierte, puritanische Schwester erscheint wie ihr »Alter Ego«, der Konflikt als einer zwischen ihrem Es und ihrem Ich-Ideal. Richter, Staatsanwalt, Verteidiger und Zeugen verkörpern intrapsychische Instanzen und Vermittler zwischen denselben. Eine intrapsychische Konfliktlösung gelingt der Protagonistin nicht. Erst im finalen Suizid gewinnt sie ihre Selbstkohärenz wieder. Der Film *Blow-up*[14] behandelt Urszenen-Fantasien, Fassbinders *Martha*[15] das Thema des weiblichen Masochismus mit all seinen interpersonellen Verstrickungen, *After Hours*[16] hat die Wiederholung eines kindlichen Traumas zum Inhalt, *Der letzte Kaiser*[17] den Narzissmus, *Basic Instinct*[18] beschäftigt sich mit der phallischen Frau und der Film *Titanic*[19] kann als Darstellung der von Grandiosität und Destruktivität beherrschten Ablösungs- und Individuationsschritte der Adoleszenz verstanden werden. *Küss mich Tiger*[20] handelt von den typischen Problemen eines um seine Identität als alternder Mensch ringenden Professors, der zunächst einmal versucht, sich durch Fantasien über junge attraktive Frauen und sexuelle Begegnungen mit ihnen über sein Altern hinwegzumogeln. Dies scheint seinem »Ideal-Alter-Ego« in faszinierender Weise zu gelingen, während ein anderes, ziemlich klägliches »Alter Ego« verzweifelt nach Identität sucht. Als er seine Ehefrau wiederfindet, gelingt es ihm den altersentsprechenden Reifungsschritt zu tun und sein Alter zu integrieren. In *Nicht Auflegen*[21] geht es um eine verborgene ödipale Masturbationsfantasie und *Herr der Ringe*[22] ist als cineastische Verarbeitung eines Traumatisierungsprozesses zu verstehen. Die Reihe ließe sich problemlos fortsetzen.

Filminhalt, Primärprozesshaftes, eigene Fantasie sowie subjektives Erleben in Abhängigkeit von der aktuellen Lebenssituation sind beim Betrachten von

Einleitung

Filmen untrennbar amalgamiert. Deshalb fühlt sich jedes Individuum durch bestimmte Filme in bestimmten Lebenssituationen in besonderer Weise angesprochen, nämlich solche, deren Inhalt eigene Wünsche, Sehnsüchte und Konflikte, wie dargestellt, widerspiegelt. Nachfolgend ein Beispiel: Ein Mann, der seine Adoleszenz in den 1950er Jahren erlebte, führte im Rückblick auf sein Leben aus, dass der erste Film, an den er sich erinnern könne, Leonardo Bonzis halb dokumentarischer Film *Der verlorene Kontinent*[23] gewesen sei. Der Film wurde nach dem Krieg in Fernost gedreht. 1955 kam er weltweit in die Kinos.

> »Ich war halbwüchsig, als ich ihn zusammen mit meinem Bruder sah. Ich glaube, wir waren beide ziemlich beeindruckt. Der Film zeigte eine uns fremde und exotische Welt. Der italienische Regisseur und seine Mannschaft unternahmen eine aufregende Filmexpedition, wobei sie in Hongkong eine malaiische Dschunke bestiegen und über Macao, Bangkok, Malaysia, Singapur, Djakarta und Bali bis ins Innere Borneos vordrangen. Man konnte miterleben, wie ein junger Dajak, Nachfahre einstiger Kopfjäger, sich einer Reihe von Mutproben zu unterziehen hatte, bis die von ihm Angebetete, eine barbusige junge Schönheit seinem Liebeswerben nachgab. Mit der Hochzeitszeremonie der beiden klang der Film aus. Erst viel später begann ich zu begreifen, was die Faszination des Filmes für mich ausgemacht hatte. Im übertragenen Sinne hatte er sehr viel mit meiner Kindheitssituation und ihrer Bewältigung zu tun. Der Film war für mich eine ungeheure Verdichtung eigenen Schicksals. Mein ›verlorener Kontinent‹ war ›meine‹ Welt in meinem kleinen, verschlafenen Geburtsort, den ich als Kind schon kurz nach meiner Einschulung mit dem Umzug in eine Großstadt in einer anderen Besatzungszone verlor. Es war die von meinen Eltern idealisierte Heimat, in der ich – da mein Vater diesem Städtchen schon Jahre vorher den Rücken hatte kehren müssen – Mutter und Geschwister weitgehend für mich gehabt hatte. Die im Film gezeigte Welt erschien mir so paradiesisch wie meine Kindheitswelt, aus der ich so jäh herausgerissen worden war und verhieß mir in meiner Adoleszenz Freiheit und Freizügigkeit, während meine reale Welt mir damals – wieder konfrontiert mit meinem Vater – in jeder Beziehung nicht nur extrem puritanisch, sondern auch mit mächtigen Grenzmauern abgeschottet erschien. Ich sah den Film in einer Zeit, als ich auch die Bücher Heinz Helfgens über seine Umradelung der Welt[24] verschlungen habe. Wie der Film verhießen auch sie, dass es die Möglichkeit gab, die Fesseln der patriarchalen Welt zu sprengen und ein Stück vom Paradies mit ungehemmter Entfaltung von Sexualität zu gewinnen [...]« (pers. Mitteilung).

5 Die Psychoanalyse bringt Ordnung in den medial vermittelten Bilder-Dschungel

Die in den letzten Jahrzehnten zunehmend überbordende irreale mediale Welt ging ab den 70er Jahren des letzten Jahrhunderts einher mit einer Rückbesinnung auf die Psychoanalyse. Diese ermöglicht eine Sicherheit vermittelnde Verortung, da sie verwirrende innere bzw. unbewusste Prozesse zu enthüllen und wissenschaftlich zu erklären vermag. S. Freud erweist sich als sachkundiger Führer durch den primärprozesshaft gefärbten medialen Dschungel unserer heutigen Welt, gerade auch den des Filmes. Dieser Umstand wurde namensgebend für das vorliegende Buch, auch wenn die Einstellung des Begründers der Psychoanalyse zum Medium Film nicht gerade positiv war, wie noch darzustellen sein wird.

In den letzten Jahren sind an zahlreichen psychoanalytisch-psychotherapeutischen Fort- und Weiterbildungsinstituten im In- und Ausland Zirkel entstanden, in welchen Spielfilme unter psychoanalytischen Aspekten interpretiert werden. Solche Projekte gibt es in Deutschland mittlerweile in Berlin, Bremen, Düsseldorf, Frankfurt, Freiburg, Hamburg[25], Hannover, Heidelberg, Kassel, Kiel, Mannheim, Münster, Saarbrücken, Stuttgart, Tübingen und im europäischen Ausland zumindest in London sowie einer ganzen Reihe nord- und südamerikanischer Fort- und Weiterbildungsinstitute. In Englands Hauptstadt findet seit 2001 regelmäßig ein europäisches psychoanalytisches Filmfestival statt. Einer der Tagungsbände trägt den sinnigen Titel: *»Couch und Kino« – Psychoanalytische Reflexionen über Filme aus Europa* (vgl. Sabbadini 2003). Und natürlich gibt es auch ein internationales Forum »for the psychoanalytic study of film«, dem bekannte Psychoanalytiker ebenso angehören wie berühmte Filmemacher, etwa Bernardo Bertolucci[26].

6 Über »Film und Psychoanalyse«

Die Literatur über »Film und Psychoanalyse« ist höchst umfangreich und wächst rapide – und zwar nicht nur in englischer, sondern auch in deutscher Sprache. Feministische Ansätze finden dabei ebenso Berücksichtigung wie Abhandlungen über Horror- und Mickey-Mouse-Filme, um nur einige Eckpunkte zu benennen. 1929 ist die erste Schrift eines Psychoanalytikers zum Thema Film erschienen, nämlich Hans Sachs' »Zur Psychologie des Films«. Deutsche Psychoanalytiker, die sich in den letzten Jahren besonders intensiv mit der Thematik beschäftigt haben, sind u. a. Mechthild Zeul, in Frankfurt und Madrid lebend, Peter Dettmering aus Wedel, Hinderk Emrich aus Hannover, Hans-Dieter König aus Frankfurt und Wolfgang Mertens aus München.

Das Verhältnis von Film und Psychoanalyse ist alt. Beide gehen auf das letzte Jahrzehnt des 19. Jahrhunderts zurück[27] und die Beschäftigung der Psychoanalyse mit dem Film und umgekehrt ist nicht viel jünger. Allerdings war das Verhältnis zueinander nicht immer ungetrübt – zumindest nicht aus psychoanalytischer Sicht! Freud verwendete zwar Begriffe, die mit dem Medium »Film« verbunden waren, wie »Projektionsschirm«, »Projektion« und »Zensur«, ja er entwickelte sogar eine Theorie über die Freude am Schauen, die er im pathologischen Fall als Voyeurismus bezeichnete[28], aber seine Haltung diesem Medium gegenüber war mehr als zurückhaltend.

1925 erregte ein Telegramm Sigmund Freuds an Samuel Goldwyn großes Aufsehen. Darin lehnte er 100.000 Dollar ab, für die er an der Verfilmung von Szenen aus den berühmtesten Liebesgeschichten aller Zeiten mitwirken sollte. Die Sensation dieser Ablehnung war in New York seiner Zeit größer als die Rezeption der Publikation seiner bahnbrechenden *Traumdeutung* 25 Jahre zuvor. Ein Jahr später – also 1926 – lehnte Freud es auch ab, an dem UFA-Stummfilm *Geheimnisse einer Seele* mitzuarbeiten, den Georg Wilhelm Pabst drehte und den dann die Psychoanalytiker Hanns Sachs und Karl Abraham betreuten. Der Film, in dem es um eine Zwangsneurose und deren Behandlung geht, wurde noch im selben Jahr im Berliner Gloriapalast aufgeführt. Kurz vorher äußerte sich Freud seinem Schüler Ferenczi gegenüber folgendermaßen: »Der Film lässt sich sowenig vermeiden wie der Bubikopf. Aber ich lasse mir selbst keinen schneiden und will auch mit keinem Film in persönliche Verbindung gebracht werden« (zit. n. Zeul 1994, S. 981). Bei dieser ablehnenden Haltung ist er sein Leben lang geblieben. Film war für ihn nicht mehr als eine vorübergehende Modeerscheinung.

Im Gegensatz zu Freud waren viele Psychoanalytiker – auch der ersten Zeit[29] – vom Medium Film äußerst fasziniert und die meisten zeitgenössischen Psychoanalytiker sind es ebenfalls. In der renommierten Fachzeitschrift *Psyche* ist die Rubrik »Filmforum« fest etabliert und im Herbst 2007 hat die Redaktion dem Thema »Film« ein ganzes Heft (Nr. 12 d. 61. Jahrgangs) gewidmet! Über die boomende »Psychoanalyse und Film«-Bewegung wurde bereits berichtet.

Wie verhielt es sich nun mit der Rezeption der Psychoanalyse in den Kreisen der Filmemacher? Hollywood nahm die Psychoanalyse sehr ernst! Wie Nathan G. Hale in seinem 1995 erschienenen Buch *Aufstieg und Krise der Psychoanalyse in den USA* schreibt, »war die Zahl der Hollywood-Stars, Direktoren und Produzenten, die in Analyse waren, Legion«. Denken Sie nur an Marilyn Monroe, die bei Anna Freud, Margret H. Hohenberg, Marianne Kris, Milton Wexler und Ralph S. Greenson in Analyse war (Mecacci 2004, S. 45) oder an Woody Allen usw. (Farber/Green 1993) oder daran, wie viele von Alfred Hitchcocks Filmen von der Psychoanalyse beeinflusst sind, wie *Marnie* oder *Vertigo*. Von daher erstaunt es auch nicht, wenn Zeul feststellt, dass die nicht-psychoanalytische Filmtheorie – mit großer Selbstverständlichkeit – in ungeheurem Ausmaß auf die Psychoanalyse zurückgegriffen hat.

Auf die verschiedenen psychoanalytischen Filmtheorien wird bewusst nicht detailliert eingegangen, da es bis heute keine einheitliche, allgemein akzeptierte gibt. Nur soviel: Die Bruderschaft von Traum und Film ist evident. Die Welt der Bilder, Perspektivenwechsel, Einschübe und Rückblenden erinnern an primärprozesshafte Prozesse. Wie in einer Reverie wird der Zuschauer durch Ton und Bild in den Bann gezogen, identifiziert sich, leidet mit und hat Anteil an Glück und Ruhm der Helden. Das alles hat eine hohe Faszination. Zeul (2005, S. 432–435) interpretiert nach einer modifizierten psychoanalytischen Methode und als Einzelperson. Das filmische Angebot, so Zeul, mobilisiert im Betrachter Übertragungen. Bewusst spricht Zeul von Übertragungen anstelle von Identifizierungen,

> »weil über das Verständnis der emotionalen Reaktionen als Übertragungsgeschehen nicht nur Veränderungen im Interpreten festgehalten werden, sondern sich aus dieser Position heraus auch eine neue Sichtweise auf den Film ergibt, insofern als sich aus dem Plot eine aus unbewussten Sinnzusammenhängen gestaltete Geschichte herstellen lässt« (ebd., S. 433).

Nach Zeul liegen der Entschlüsselung von Mitteilungen im Film Übertragungen zugrunde, die sich regressiven Prozessen verdanken. Der Interpret befindet sich dabei dem Film gegenüber – geht man von der psychoanalytischen Behandlung aus, in der die Patienten übertragen – in der Rolle des Patienten. Zugleich verlangt aber die Interpretation seiner emotionalen Reaktionen vom Zuschauer resp. Interpreten, dass er die Rolle des Analytikers seiner selbst übernimmt, indem er, sich vom unmittelbaren Übertragungsgeschehen distanzierend, Thesen formuliert. Die Subjektivität der Interpretation erfährt ihre Stringenz durch das ausgewiesene methodische Vorgehen, dem die Übertragung und deren Analyse zugrunde liegen, sowie durch die Einbindung der so gewonnenen Hypothesen in die filmische Gestaltung.

Man kann davon ausgehen, dass sich zwischen Film und Betrachter/Interpreten eine primitive (primäre) Objektbeziehung mit oralen Erlebnisqualitäten konstelliert. Diese Beziehung ist gekennzeichnet durch Fantasien aktiver Einverleibung, Fantasien lustvollen, aber auch als beängstigend erlebten Verschlungenwerdens, Sich-Fallenlassens, Sich-in-den-Schlaf-Fallenlassens. Man kann davon ausgehen, dass diese frühen oralen Erlebnisqualitäten ihre visuelle Erinnerungsspur, die mit thermischen und taktilen Sensationen vermischt ist, auf der Traumleinwand finden. Auf ihr bündeln sich Erinnerungen an die frühe Stillsituation und an das Einschlafen an der Mutterbrust. Die Traumleinwand ist »ein Wunsch erfüllendes Element im Traum, eine Reproduktion der Brust, die der Träumer essen möchte. Von der der Träumer gegessen werden will und die ihn in den Schlaf wiegt« (Lewin 1953, S. 175).

René Spitz (1955, 1965) setzt an die Stelle des visuellen Perzepts Brust das des Gesichts der Mutter. Er siedelt die Lewin'sche Traumleinwand im Übergangsstadium an zwischen der noch miteinander vermischten Tastwahrnehmung in der Mundhöhle und der visuellen Fernwahrnehmung des Gesichts der Mutter. Andere Säuglingsforscher (vgl. Robson 1967; Stern 1985) haben auf die Bedeutung der Augen im Gesicht der Mutter für den Säugling aufmerksam gemacht.

Auf die Filmrezeption bezogen, heißt das, dass sich das Sehen nicht vom oralen Vorgang des In-sich-Aufnehmens und des Sich-Fallenlassens trennen lässt. So könnte die Filmleinwand das Gesicht der Mutter repräsentieren, das angeschaut wird, während die Filmnahrung aktiv geschluckt wird oder es zu einem passiven, in das Nahrungsangebot Film Sich-Fallen-lassen kommt.

Natürlich ist psychoanalytische Filminterpretation auch in der Gruppe möglich. Das dann zur Anwendung kommende »tiefenhermeneutische«[30] Verfahren geht auf das von Lorenzer (1970) beschriebene »szenische Verstehen«

in der psychoanalytischen Praxis zurück, das er für soziokulturelle Analysen entsprechend modifiziert hat. Dabei erschließt sich der narrative Gehalt des Filmes tiefenhermeneutisch, indem er auf das Erleben der Interpreten wirkt. Die Analyse richtet sich auf die bewussten und unbewussten Lebensentwürfe, die in den über den Film transportierten sozialen Interaktionen inszeniert werden. Dabei wird eine Doppelbödigkeit sozialer Handlungsabläufe unterstellt. Entsprechend dieser entfaltet sich die Bedeutung von Interaktionen in der Spannung zwischen einem manifesten und einem latenten Sinn. Auf der manifesten Bedeutungsebene interpretieren die Gruppenmitglieder Intentionen und Erwartungen, Regeln und Normen im Medium eines kollektiven Symbolsystems. Auf der latenten Bedeutungsebene des Interagierens kommen in der Gruppe unbewusste Motive zum Ausdruck, welche die Individuen bislang selbst verdrängt haben oder in einer aktuellen Krisensituation unterdrücken müssen. Diese sozial anstößigen Lebensentwürfe setzen sich gleichsam hinter dem Rücken der Subjekte verhaltenswirksam durch. König (2001) illustriert das am Beispiel einer von Freud (1901) beschriebenen Fehlleistung: Ein Angestellter, der seine Kollegen dazu auffordert, mit einem Glas Sekt auf den Vorgesetzten anzustoßen, verfolgt offensichtlich die Intention, dem Chef zu gratulieren. Das wäre der manifeste Sinn seiner Handlung. Seine Worte »Lassen Sie uns auf den Chef aufstoßen!« verraten eine konkurrierende Intention, die darauf hinweist, was sich zwischen ihm und seinem Vorgesetzten auf einer latenten Bedeutungsebene abspielt. In der Fehlleistung des Angestellten kann sich dabei sowohl dessen persönliches Unbewusstes als auch das soziale Unbewusste einer Gruppe von Mitarbeitern ausdrücken: Wären die Mitarbeiter von dem Versprecher peinlich berührt, würde sich in der Fehlleistung das persönliche Unbewusste des Angestellten offenbaren. Würde man den Angestellten befragen, könnte sich herausstellen, dass er sich in einen Autoritätskonflikt mit dem Chef aufgrund eines unbewältigten infantilen Konflikts mit seinem Vater verwickelt hat. Würden die Kollegen sich über den Versprecher ihres Kollegen freuen, dann würde es um das soziale Unbewusste in der Organisation gehen. Der Angestellte würde mit der Fehlleistung etwas zur Sprache bringen, was auch seine Kollegen fühlen, jedoch nicht zu verbalisieren wagen, vielleicht weil der reizbare Chef weder Fragen noch Kritik duldet. Das Gedankenexperiment illustriert, dass die Tiefenhermeneutik systematisch die in Interaktionsszenen enthaltenen Inkonsistenzen, Widersprüche und Brüche rekonstruiert, um den hinter dem manifesten Sinn verborgenen latenten Sinn aufzudecken.

Die Frage, wie man mithilfe der Tiefenhermeneutik einen methodisch kontrollierten Zugang zu den auf die latente Bedeutungsebene verbannten Lebensentwürfen erschließen kann, lässt sich mit König (1993, S. 206ff.) folgendermaßen beantworten: Die Mitglieder der analysierenden Gruppe lassen den zu analysierenden Film mit gleich schwebender Aufmerksamkeit auf das eigene Erleben einwirken. Man kann davon ausgehen, dass sich die Spannung zwischen einem manifesten und einem latenten Sinn im Interagieren in der Gruppe widerspiegelt. Die kognitive Verständigung über den Sinn des Filmes ergibt die manifeste Bedeutung, während es beim affektiven Verstehen um die latente Bedeutungsebene geht. Da sich der latente Sinn des Filmprotokolls einem rationalen Verstehen entzieht, kann er erst zugänglich werden, wenn sich die Gruppenmitglieder emotional auf den Film einlassen. Sie übernehmen gleichsam nicht nur kognitiv, sondern auch affektiv die Rollen, die ihnen der Film zuspielt. Die Aufforderung zum freien Assoziieren, die gegeben wird, führt dazu, dass sie ihre Fantasie einsetzen, um sich einen lebenspraktischen Zugang zu der Erfahrung zu erschließen, die der Film enthält. Nehmen sie sich die im Film arrangierten Interaktionen bildhaft-konkret als »Szenen« vor ihr inneres Auge, dann können sie spüren, »was der Film mit ihnen macht«. Auf der Basis dieses Filmerlebens äußern die Gruppenteilnehmer nun ihr Verstehen. Gerade Widersprüche, Brüche, Unverständliches, Ungereimtheiten und Irritationen werden zur Sprache gebracht. Damit ist gemeint, dass bestimmte Szenen des Interagierens im Film befremden oder verwirren. Die in der Gruppe zu beobachtenden kognitiven und affektiven Reaktionen auf bestimmte Interaktionen im Film weisen auf Schlüsselszenen hin. Anhand der Assoziationen und Irritationen der Gruppenteilnehmer erschließt sich das Interagieren der Akteure im Film in seiner konkreten szenisch-bildhaften Gestalt. Der Interpretationsprozess beginnt mit dem Verstehen einzelner Szenen, die eine strukturelle Ähnlichkeit aufweisen, auch wenn sie in unterschiedlichen Handlungszusammenhängen des Filmes stehen. Die zueinander in Beziehung gesetzten Interaktionsszenen werden zu verschiedenen szenischen Handlungskomplexen gruppiert. Schließlich werden diese unterschiedlichen Szenenfolgen so lange miteinander verglichen und kombiniert, bis sie sich zu einer das Ganze erhellenden szenischen

Konfiguration zusammenfügen. Der szenische Interpretationsprozess gilt als abgeschlossen, wenn sich der manifeste und latente Sinn des szenisch entfalteten Handlungsdramas auf eine überzeugende und nachvollziehbare Weise beschreiben lässt. Ist der Prozess des szenischen Interpretierens beendet, dann geht es in einem zweiten Arbeitsschritt um das theoretische Begreifen des Gefundenen. Erst dann kommt die Psychoanalyse ins Spiel und das Ganze wird im Kontext damit interpretiert.

Heute sind fast alle Psychoanalytiker davon abgekommen, pathogene Elemente im Film aufzuspüren oder sich auf biografische Spuren des Künstlers zu konzentrieren. Zeul (1994, S. 978) dazu:

> »Die Lebensdaten eines Künstlers sind den Daten vergleichbar, die dem Analytiker während der Behandlung eines Patienten durch Dritte zugetragen werden. In der Psychoanalyse geht es aber um die Analyse des subjektiven Erlebens und bei der Filmanalyse also nicht darum, den Künstler auf die Couch zu legen. Vielmehr ist es das Ziel, den symbolischen Reichtum eines Filmes zu erschließen, in dem man seine formale und ästhetische Struktur ernst nimmt und die Eigenständigkeit der laufenden Bilder anerkennt.«

Es zählt also in erster Linie der formale und ästhetische Aspekt. Das gilt für Bildkunstwerke, Sessions und Video-Installationen in gleicher Weise (vgl. Reiche 2001), wie der Frankfurter Psychoanalytiker Reiche in seinem Buch *Mutterseelenallein* herausgearbeitet hat.[31] Gleichwohl ist zu betonen, dass es jedem Betrachter eines Filmes frei steht, diesen unter allen ihm interessant erscheinenden Aspekten bezüglich Form und Inhalt zu analysieren. Oft ist es auch nahe liegend, biografische Bezüge herzustellen, etwa bei Ingmar Bergmans Filmen (vgl. Lange-Fuchs 1988). Andere Filme wiederum bedürfen geradezu der Berücksichtigung des Zeitkontextes[32].

7 Die Absicht dieses Buches

Der Autor beabsichtigt mit diesem Buch nicht, eine weitere wissenschaftliche Abhandlung über »Film und Psychoanalyse« vorzulegen, die bestehende Lücken in der Filmtheorie zu schließen hilft oder in Abwandlung des Mottos von Bruno Bettelheims *Kinder brauchen Märchen* auf therapeutische Effekte des Filmes mit der fiktiven Ergänzung »und Erwachsene Filme« eingeht, auch wenn dies ein hochinteressantes Thema ist (vgl. Blothner 2003). Dem Autor geht es allein darum, dem Leser den Weg in den kreativen Übergangsraum der Filmwelt, zwischen Fantasie und Wirklichkeit gelegen, zu eröffnen und ihn teilhaben zu lassen an seiner Freude beim Betrachten von Filmen quer durch die Jahrzehnte, seit es den Tonfilm gibt. Es ist ein Blick zurück in die Vergangenheit, gleichermaßen aber auch Auseinandersetzung mit der Gegenwart. Der Globalisierung unserer Zeit entsprechend werden Filme aus unterschiedlichen Ländern psychoanalytisch interpretiert, wobei die Auswahl und Interpretation der Filme zugegebenermaßen subjektiv sind.

Viel Freude und viele Anregungen bei der Lektüre!

Der Verfasser
Hamburg, im Frühjahr 2008

Anmerkungen

1 Eine psychoanalytische Interpretation des Filmes findet sich bei Hachet (1998).
2 Im genannten Film waren es ganze sechs Minuten, die am Computer erstellt worden waren. Die Zeit stieg in Spielbergs folgendem Geisterspektakel *Casper* (USA 1995) schon auf etwa 40 Minuten. Ein vollständig computerisiertes Objekt, nämlich eine Schreibtischlampe, war allerdings schon 1986 in John Lasseters Kurzfilm *Luxo Jr.* (USA 1986) zu sehen.
3 Die Filmmusik fand in allen bisher publizierten filmanalytischen Betrachtungen und findet auch in diesem Buch nicht im mindesten die Beachtung, die ihr eigentlich gebührt! Es ist zu hoffen, dass diese Lücke in der Zukunft geschlossen werden wird. Gerade psychoanalytisch fundiert arbeitende Musiktherapeuten sind hier gefragt, einen Beitrag zu leisten. Die traditionelle Psychoanalyse schätzt in der Nachfolge ihres Gründervaters Musik viel zu gering (Piegler 2007, S. 36, Anm. 12).
4 S. Debus (2005, S. 48) verweist darauf, dass in unserem Medienzeitalter die Abbildung der Wirklichkeit die Wirklichkeit selbst ersetze. Wirklichkeit und Abbild der Wirklichkeit würden ihre Rollen vertauschen. Die Medien, wie Film, Fernsehen und Internet, seien nicht mehr die Hilfsmittel, um Bilder der Wirklichkeit zu übertragen, nein, sie seien »die Wirklichkeit« geworden. In ihnen würden wir unsere Wünsche, Absichten und Interessen formulieren. Film und Fernsehen stünden uns heute nicht mehr als Medien der Abbildung gegenüber, sondern wir alle seien schon Teil der medialen Wirklichkeit: Du und Ich, wir seien die Protagonisten. Das virtuelle Medium werde wirklich gewollt und die wirkliche Wirklichkeit werde uninteressant und langweilig. Was wir nicht direkt am eigenen Leibe merken würden, das sei nicht wirklich, weil es uns nicht reize. Und was uns nicht reize, das gebe es nicht. Virtualität sei heute

der gegenwärtige und atmosphärisch-kalte Zwischenraum zwischen Mensch und Mensch, der Raum, der zurück bleibe, nachdem sich das Intersubjektive zunehmend zurückziehe.
5 Filminterpretationen u. a. bei Hamilton (1969) und Rueschmann (2000).
6 Jeder US-Amerikaner im Alter von 16 Jahren hat heute durchschnittlich bereits 18.000 Morde im Fernsehen gesehen, ein deutscher Jugendlicher etwas weniger (Piegler 2008).
7 Morin führte bereits 1958 aus, dass die Filmwahrnehmung projektive und identifikatorische Elemente enthält. Er bezeichnete diese Projektion-Identifikation als »emotionale Partizipation« (Morin 1958).
8 Dahl (2004, S. 1) geht noch einen Schritt weiter, wenn sie schreibt: »Filme erscheinen [...] als Seismografen kultureller Tendenzen, als sie allgemeine Visionen und Bilder zukünftiger Entwicklung zum Ausdruck bringen. Sie zeigen sowohl den Zustand der Gesellschaft in seiner Entstehung und Komplexität als auch Entwicklungsperspektiven auf, die über Krisen, Verengungen des Spielraums und immanente Selbstheilungskräfte Aufschluss geben.«
9 Gerhard Meyer ist Mitarbeiter des Instituts für Grenzgebiete der Psychologie und Psychohygiene in Freiburg i.Br.
10 Ein gutes Beispiel liefert der Vampir-Horror-Film *Blade II* (Regie: Guillermo del Toro; USA/Deutschland, 2002).
11 *Casablanca* (Regie: Michael Curtiz; USA, 1942); psychoanalytische Interpretation des Filmes durch Newman (1976) sowie Lepkowsky und Berkowitz (1983).
12 *Das verflixte siebte Jahr* (Regie: Billy Wilder; USA, 1955); psychoanalytische Interpretation des Filmes durch Frau Dipl.-Psych. S. Kaut im Rahmen der Veranstaltungsreihe »Psychoanalyse und Film« des psychoanalytisch-psychotherapeutischen Weiterbildungsinstituts APH am 17.02.2006 im Goldbekhaus, Hamburg.
13 *Die Wahrheit* (Regie: Henri-Georges Clouzot; Frankreich, 1960).
14 *Blow up* (Regie: Michelangelo Antonioni; Großbritannien, 1966); psychoanalytische Interpretation des Filmes durch A. Mahler-Bungers (2004).
15 *Martha* (Regie: Rainer Werner Fassbinder; Deutschland, 1974).
16 *After hours* (Regie: Martin Scorsese; USA, 1985).
17 *Der letzte Kaiser* (Regie: Bernardo Bertolucci; Frankreich, Italien, Großbritannien, 1987).
18 *Basic Instinct* (Regie: Paul Verhoeven; USA, 1985).
19 *Titanic* (Regie: James Cameron; USA, 1997); psychoanalytische Interpretation des Filmes durch K. Augustin im Rahmen des Fortbildungsprogramms des psychoanalytisch-psychotherapeutischen Weiterbildungsinstitutes APH am 20.04.2000 in der Fortbildungsakademie der Ärztekammer Hamburg. Im Internet publiziert unter: http://www.aph-online.de/Texte/Titanic.htm [01.04.2006].
20 *Küss mich Tiger* (TV-Film; Regie: Jan Ruzicka; Deutschland, 2000).
21 *Nicht auflegen* (Regie: Joel Schumacher; USA, 2002); psychoanalytische Interpretation des Filmes durch Beaumarçaux (2004).
22 *Herr der Ringe* (Regie: Peter Jackson; USA, Neuseeeland, 2001–2003). Psychoanalytische Interpretation durch Dipl.-Psych. M. Kohrs im Rahmen einer Arbeitsgruppe anlässlich der Jahrestagung 2005 der DGPT in Lindau unter dem Titel »›Zurück ins Auenland – Voran zur Verschmelzung‹ – Vom Scheitern der Selbstwerdung in ›Herr der Ringe‹«. Im Internet unter: http://www.dgpt.de/dokumente/kongress2005/AG%205.pdf [01.04.2006].
23 Regie: Leonardo Bonzi; Italien, 1955.

24 Helfgen 1958.
25 Der Autor hat am psychoanalytisch-psychotherapeutischen Weiterbildungsinstitut APH in Hamburg das Projekt »Film und Psychoanalyse« 2003 mit ins Leben gerufen. Am 23.10.2003 wurde im Kulturhaus Eppendorf als erster Film *Babettes Fest* (Regie: G. Axel; Dänemark, 1986/87) gezeigt. Die Interpretation erfolgte durch den mehrfach preisgekrönten, bekannten dänischen Romancier, Dramatiker, Slawist und Psychoanalytiker Peer Hultberg.
26 Sein bekanntester Film ist *Der letzte Kaiser* (Großbritannien, Italien, VR China; 1986).
27 1900 drehte Georges Méliès eine Serie fantastischer Filme; im gleichen Jahr veröffentlichte Freud seine *Traumdeutung*.
28 S. Freud (1907): »Der Wahn und die Träume in W. Jensens ›Gradiva‹«.
29 Hanns Sachs, Lou Andrea Salome etc.
30 Kutter (1989, S. 16) weist darauf hin, dass der Stamm der psychoanalytischen Erkenntnis neben dem naturwissenschaftlichen Teil von Anfang an auch kräftig ausgeprägte philosophische »Markstrahlen« enthalten habe, »Elemente, die später Alfred Lorenzer (1970) in Zusammenarbeit mit Jürgen Habermas (1968) als ›Tiefenhermeneutik‹ bezeichnete, weil sie in Abgrenzung von der üblichen philosophischen Hermeneutik, gezielt unbewusste Prozesse in der Tiefe der Seele auslotet«.
31 Reimut Reiche (2001): Mutterseelenallein. Kunst, Form und Psychoanalyse. Frankfurt a.M. (Stroemfeld).
32 Beispiele sind Roland Emmerichs Film *The day after tomorrow* (USA, 2004), der eine drohende Klimakatastrophe durch unverminderte CO_2-Produktion Wirklichkeit werden lässt oder Steven Spielbergs *München* (USA, 2005), eine Auseinandersetzung mit dem Attentat bei den Olympischen Spielen in München im Jahre 1972.

Literatur

Beaumarçaux, W. (2004): Gedanken zum Kino-Film »Nicht auflegen!« – Eine hinter Moralpredigt verborgene ödipale Onaniephantasie. System ubw 22, 15–28.
Bettelheim, B. (1980): Kinder brauchen Märchen. München (Deutscher Taschenbuch Verlag).
Blothner, D. (2003): Das geheime Drehbuch des Lebens. Kino als Spiegel der menschlichen Seele. Bergisch Gladbach (Lübbe).
Dahl, G. (2004): Qualitative Film-Analyse: Kulturelle Prozesse im Spiegel des Films. Forum Qualitative Sozialforschung/Forum: Qualitative Social Research [On-line Journal], 5 (2), Art. 27. Im Internet unter: http://www.qualitative-research.net/fqs-texte/2-04/2-04dahl-d.htm [18.10.2007].
Debus, S. (2005): Über die diktierte Verdrängung des Zwischenmenschlichen aus unseren Köpfen. Sozialpsychiatrische Informationen 35, 46–50.
Farber, S.; Green, M (1993): Hollywood on the Couch. New York (William Morrow).
Freud, S. (1901/1989): Zur Psychopathologie des Alltagslebens. Frankfurt a.M. (Fischer).
Hachet, P. (1998): Dinosaures sur le divan: Psychoanalyse de »Jurassic Park«. Paris (Aubier).
Hamilton, J. W. (1969): Some comments about Ingmar Bergman's The Silence and ist sociocultural implications. J Am Acad Child Psychiatry 8 (2), 367–373.

Hartwig, H. (1986): Die Grausamkeit der Bilder. Horror und Faszination in alten und neuen Medien. Weinheim (Basel).
Helfgen, H. (1958): Ich radle um die Welt. Gütersloh (Bertelsmann).
König, H.-D. (1993): Die Methode der tiefenhermeneutischen Kultursoziologie. In: Jung, Thomas; Müller-Doohm, Stefan (Hg.): »Wirklichkeit« im Deutungsprozeß. Verstehen und Methoden in den Kultur- und Sozialwissenschaften. Frankfurt a. M. (Suhrkamp), S. 190–222.
König, H.-D. (2001): Ein Neonazi in Auschwitz. Psychoanalytische Rekonstruktion exemplarischer Szenen aus einem Dokumentarfilm über Rechtsextremismus [62 Absätze]. Forum Qualitative Sozialforschung/Forum: Qualitative Social Research [On-line Journal] 2 (3). Im Internet unter: http://www.qualitative-research.net/fqs-texte/3-01/3-01koenig-d.htm [04.02.2006].
Kutter, P. (1989): Moderne Psychoanalyse. Eine Einführung in die Psychologie unbewußter Prozesse. München, Wien (Verlag Internationale Psychoanalyse).
Lange-Fuchs, H. (1988): Ingmar Bergman. Seine Filme – sein Leben. München (Heyne).
Lepkowsky, C.; Berkowitz, S. (1983): Play it again. Sigmund. Psychoanal. Rev. 70, 621–624.
Lewin, B. (1953): Reconsideration of the dream screen. Psychoanal Quart 22, 174–199.
Lorenzer, Alfred (1970): Sprachzerstörung und Rekonstruktion. Frankfurt a. M. (Suhrkamp).
Mahler-Bungers, A. (2004): »Blow up« (Michelangelo Antonioni, 1966). Film-Revue. Psyche – Z Psychoanal 58 (8): 750–756.
Mayer, G. (2005): Die Faszination Jugendlicher an Horrorfilmen. Im Internet unter: http://www.igpp.de/german/eks/faszination.pdf [08.10.2007].
Mecacci, L. (2004): Der Fall Marilyn Monroe und andere Desaster der Psychoanalyse. München (Random House GmbH).
Morin, E. (1958): Der Mensch und das Kino. Stuttgart (Klett).
Newman, K. (1976): Movies in the Seventies: Some Heroic Types. The Annual of Psychoanalysis 6, 429–441.
Piegler, T. (2007): S. Freuds Kulturtheorie und was daraus geworden ist. In: Augustin, K.; Piegler, T. (Hg.): Zwischen Couch und Kernspin. – Zum 150. Geburtstag von Sigmund Freud. Regensburg (S. Roderer).
Piegler, T. (2008): Suizid im Film – eine schwindelerregende Brücke. In: TZS; Kunsthaus Hamburg (Hg.): Lebe wohl. Katalog zur gleichnamigen Ausstellung im Kunsthaus Hamburg.
Reiche, R. (2001): Mutterseelenallein. Kunst, Form und Psychoanalyse. Frankfurt a. M. (Stroemfeld).
Reß, E. (1990). Die Faszination Jugendlicher am Grauen. Würzburg (Königshausen und Neumann).
Robson, K. S. (1967): The role of eye-to-eye contact in maternal-infant attachment. J Child Psychol Psychiat 8, 13–25.
Rueschmann, E. (2000): Sisters on Screen. Siblings in Contemporary Cinema. Philadelphia (Temple University Press).
Sabbadini, A. (2003): The Couch and the Silver Screen: Psychoanalytic Reflections on European Cinema. London (Kranac books).
Spitz, R. (1955). Die Urhöhle. Psyche – Z Psychoanal 9, 1956, 641–667.
Spitz, R. (1965): Vom Säugling zum Kleinkind. Naturgeschichte der Mutter-Kind-Beziehungen im ersten Lebensjahr. Übers. v. G. Theusner-Stampa. Stuttgart (Klett-Cotta), 1985.

Stern, D. N. (1985): Die Lebenserfahrung des Säuglings. Übers. v. W. Krege; überarbeitet v. E. Vorspohl. Stuttgart (Klett-Cotta), 1992.
Zeul M. (1994): Bilder des Unbewussten. Zur Geschichte der psychoanalytischen Filmtheorie. Psyche 48, 975–1003.
Zeul M. (2005): Augenmaske. Psychoanalytische Methode als Filmanalyse am Beispiel des Blicks im Film »Die barfüßige Gräfin«. Psyche – Z Psychoanal 59, 431–443.

Moby Dick
(Regie: John Huston; USA, 1956)

»Nur wenigen Menschen sind mörderische Gefühle fremd. Diese Gefühle gehen regelmäßig mit Situationen einher, in denen jemand in Gegenwart einer anderen Person einen plötzlichen Verlust seines Status erfährt: Zurückweisung durch einen Liebhaber, Verlust des Arbeitsplatzes, Erniedrigung durch ein Elternteil. In Ländern, deren Bewohner weitgehend unbewaffnet sind, lassen diese mörderischen Gefühle mit der Zeit nach, lösen sich entweder in Bitterkeit auf oder werden in eher adaptive Kanäle umgeleitet. Hierzulande [USA], wo Handwaffen als etwas so amerikanisches gelten wie der Hamburger, resultieren aus diesen Gefühlen oft tatsächliche Tötungsdelikte.«

M. H. Stone: »Mord«

1 Einleitung

Am 18. Oktober 1851 erschien Melvilles Roman *Moby Dick* unter dem Titel »The Whale« in London und einen Monat später in New York. Die Publikation bedeutete zwar seinen literarischen Durchbruch, war aber gleichwohl ein Flop. Zu seinen Lebzeiten wurden nicht mehr als 3.000 Exemplare seines Werkes verkauft. Für die damalige Zeit war sein Roman zu kirchenkritisch und unkonventionell. *Moby Dick* wurde erst nach Melvilles Tod wiederentdeckt und angemessen bewertet. Heute zählt *Moby Dick* zur großen Weltliteratur und beschäftigt gleichermaßen Politologen, Soziologen, Historiker, Ethnologen und Psychoanalytiker, was sich in zahlreichen Publikationen über *Moby Dick* und Melvilles Gesamtwerk widerspiegelt. Psychoanalytische Reflexionen finden sich u. a. in den Arbeiten von M. Daniels (1969), E. Edinger (1978), H. Henseler (1983), M. Adams (1988), Z. Robinson (1991), J. Adamson (1997), E. Drewermann (2004) und B. Sievers (2003, 2004).

Herman Melville wurde 1819 als drittes von acht Kindern geboren. Der Vater war Kaufmann und verschuldete sich im Laufe der Zeit erheblich, um seinen großbürgerlichen Lebensstil finanzieren zu können. Sein Unternehmen in New York City ging 1830 in Konkurs; ein Jahr später verstarb er. Herman Melville war damals zwölf (!) Jahre alt. Im Gefolge musste er die Schule verlassen und nahm verschiedene Arbeiten an. 1839 fuhr er kurzzeitig als Kabinenjunge auf einem Postschiff auf der Route New York–Liverpool. Danach versuchte er sich als Lehrer einer Grundschule in New York, gab diese Stelle jedoch 1840 wieder auf und heuerte Anfang 1841 in Nantucket auf dem Walfänger »Acushnet« an. Dieser begegnete seinerzeit zufällig der »Lima«, auf welcher ein gewisser William Chase arbeitete, von dem Melville jene Geschichte erfuhr, die er später in seinem Roman *Moby Dick* verarbeitete.

Der Vater von William Chase, Owen Chase, hatte auf dem Walfänger »Essex« gedient, die 1819 von Nantucket aus zum Walfang aufgebrochen war. Ein Jahr später war sie von einem riesigen Pottwalbullen, von den Seeleuten »Mocha Dick« genannt, gerammt und versenkt worden. Ein anderes Schiff, die »Dauphin« hatte Monate später vor der chilenischen Küste zwei der Schiffbrüchigen geborgen, ausgemergelt und fast wahnsinnig, die in einem kleinen ruderlosen Beiboot auf See trieben. Durch ihre Hinweise konnten sechs weitere Überlebende der einst 20 Mann umfassenden Crew der »Essex« gerettet werden. Hatten die Seeleute zunächst die Marquesas-Inseln aus Angst vor Kannibalen gemieden, waren sie später selbst zu Kannibalen geworden und hatten das Fleisch ihrer an Auszehrung gestorbenen Kameraden verzehrt. Einer der Überlebenden war der Obermaat Owen Chase.

Melville erschienen die Bedingungen an Bord der »Acushnet« so unzumutbar, dass er 1842 beim ersten Zwischenhalt auf der Insel Nukuhiva (Marquesas) desertierte. Er lebte dort mehrere Wochen zusammen mit einem weiteren Matrosen, bis ihn der australische Walfänger »Lucy Ann« aufnahm und er so nach Tahiti gelangte. Seine abenteuerlichen Erlebnisse wurden zum Stoff seiner ersten Bücher. In der Folge heuerte er als Bootssteurer auf dem Walfänger »Charles and Henry« aus Nantucket an und ließ sich im April 1843 auf Hawaii wieder abmustern. Im August des gleichen Jahres ging er in Honolulu als Matrose an Bord der US-Navy-Fregatte »United States« und landete mit Zwischenaufenthalt in Peru im Oktober 1844 in Boston. Dort heiratete er am 4. August 1847 Elizabeth Shaw[1]. Zwei Jahre später reiste er nach England, um seinem dortigen Verleger das Manuskript von *White Jacket*[2] zu überbringen, wobei er Abstecher nach Paris und ins Rheinland unternahm. 1850 erwarben die Melvilles mit Geld von Schwiegervater Shaw einen kleinen Bauernhof bei Pittsfield in Massachusetts, auf dem sie bis 1863 blieben. In dieser Zeit bestellte Melville den Hof, schrieb Bücher und hielt Vorträge über seine Erlebnisse im Pazifik.

Ab 1857 wurde Melville von schwerem Rheumatismus geplagt. Von seiner Familie zu einer Erholungsreise gedrängt, fuhr er nach England, ans Mittelmeer und ins Heilige Land. 1860 unternahm er auf dem Clipper »Meteor« unter dem Kommando seines jüngeren Bruders Tom eine Reise nach San Francisco. Wieder drei Jahre später musste er seinen Hof verkaufen und siedelte nach New York über. In seinen letzten Lebensjahren konnte er – obwohl bis zuletzt literarisch aktiv – nicht mehr von seiner Schriftstellerei leben und musste 1866 eine Stellung als Zollinspektor im Hafen annehmen. Wirtschaftlich verarmt und verschuldet, literarisch mittlerweile erfolglos und gesellschaftlich ignoriert, verstarb Melville 1891 im Alter von 72 Jahren an Herzversagen. Die letzten Tage verbrachte er mit der Lektüre von Schopenhauers *Aphorismen zur Lebensweisheit*. In der Einleitung unterstrich er ein Zitat Voltaires: »Wir müssen die Welt genauso dumm und schlecht hinterlassen, wie wir sie vorgefunden haben.«

Sein bekanntestes Werk, der Roman *Moby Dick*, reizte viele Regisseure zur Verfilmung, vielleicht auch gerade deshalb, weil er ob seiner Breite und Tiefe als unverfilmbar galt. Nicht weniger als fünf Regisseure haben sich an dem Stoff bisher versucht (Millard Webb [1926]: *The Sea Beast*, John Barrymore [1930]: *Moby Dick*, John Huston [1956]: *Moby Dick*, Franc Roddam [1998]: *Moby Dick* und Philippe Ramos [2003]: *Kapitän Ahab*). Huston plagten vor Beginn der Dreharbeiten in mehrfacher Hinsicht Zweifel: Zum einen, weil Melvilles Romanungetüm in epischer Breite die Praxis des Walfangs schildert und von zahlreichen philosophischen und mythologischen Exkursen durchzogen ist, was filmisch schwer darstellbar ist, zum anderen, weil die Hauptrolle des Kapitän Ahab mit Gregory Peck besetzt wurde. Der war zwar ein Publikumsmagnet, aber auf das Rollenschema des attraktiven, integren und leicht melancholischen Sympathieträgers festgelegt. Und schließlich erschien ein Film ganz ohne Frauen seinen Geldgebern in Hollywood doch ziemlich unattraktiv. John Huston drehte fast zwei Jahre lang vor den Küsten von

Wales, auf den Kanarischen Inseln und auf Sets in Irland. Trotz hervorragender Kritiken erwies sich sein Film an den Kinokassen als Misserfolg. Er gilt heute trotzdem als herausragendes Werk der Filmgeschichte, unter anderem wegen der »düsteren« Farbtönung der Bilder des Films. Huston wollte solche liefern, weil sie an die entsättigten Sepiatöne von Walfangstichen aus dem 19. Jahrhundert erinnern. Um das zu erreichen, kreierte sein Kameramann ein spezielles Entwicklungsverfahren. So schufen sie grobkörnigere Bilder, auf denen das Licht aufgeraut und leicht verschmutzt wirkt. Wenn man den Film heute, also fünf Jahrzehnte später, ansieht, mutet er über weite Strecken langatmig und pathetisch an.

2 Filminhalt

Moby Dick beginnt mit einem der berühmtesten ersten Sätze der Weltliteratur: »Call me Ishmael« (»Nennt mich Ismael«), was in der deutschen Synchronisierung leider zu »Ich heiße Ismael« wurde. Ismael (Richard Basehart), der Erzähler der Geschichte, hält es zu Hause nicht mehr aus und wandert, »um den Trübsinn zu verjagen«, flussabwärts, bis er ans Meer kommt, und zwar in die kleine Hafenstadt New Bedford, auf der Insel Nantucket vor der Küste Neu-Englands gelegen, wo er anheuern will. Im Gasthaus »Zum Walfänger« weist ihm der Wirt – er heißt Peter Coffin (d. h. der Sarg) – ein Zimmer zu, das er mit einem anderen Seemann teilen muss. Tief in der Nacht kommt dieser zu ihm ins Bett – ein Furcht einflößender Polynesier, über und über tätowiert. Bald schon wird Ismael bewusst, dass der mit Schrumpfköpfen handelnde Queequeg (Friedrich von Ledebur) kein Kannibale, sondern, in den Worten Melvilles ausgedrückt, »ein George Washington im Gewand eines Kannibalen« und einzigartiger Freund ist. Obwohl die beiden vom wahnsinnig wirkenden Elias (Royal Dano) davor gewarnt werden, heuern sie auf dem Walfangschiff »Pequod« an, dessen Eigner durch die beiden puritanischen Quäker Peleg (Mervyn Johns) und Bildad (Philip Stainton) vertreten werden. Nach einer wortgewaltigen Predigt durch Father Mapple (Orson Welles) über die Geschichte des uneinsichtigen Propheten Jona, der vom Wal verschluckt und nach seiner Läuterung an Land gespien wurde, legt das Schiff am ersten Weihnachtstag ab. Die Offiziere an Bord sind der Quäker Starbuck (Leo Genn), der immer lustige Stubb (Harry Andrews) und der tatkräftige Flask (Seamus Kelly). Harpuniere sind der Indianer Tashtego (Tom Clegg), der Schwarzafrikaner Daggoo (Edric Connor) und Ismaels Freund Queequeg. So exotisch wie dieses Trio ist die gesamte 30-köpfige Mannschaft zusammengewürfelt: Sie umfasst alle Rassen und Charaktertypen. Den sagenumwobenen Kapitän des Schiffes, Ahab (Gregory Peck), bekommt in den ersten Wochen niemand zu Gesicht, aber man kann ihn hören, wenn er nachts mit seinem Bein, aus einem Pottwalkiefer geschnitzt, stundenlang an Deck umherwandert.

Die »Pequod« nimmt zuerst Kurs auf die Azoren und segelt dann weiter um das Kap der Guten Hoffnung in den Indischen Ozean. Endlich zeigt sich Kapitän Ahab, ein stattlicher Mann, den ein riesiger weißer Wal, Moby Dick, vor Jahren körperlich und psychisch zum Krüppel gemacht hat. Ahab kümmert es nicht, dass die Schiffseigner auf ertragreiche Fänge hoffen; er ist allein von seinem Hass auf den, der ihm sein Bein abgerissen hat, getrieben. Ihn interessiert nichts anderes als seine tödliche Rache an Moby Dick. Dieser stellt für ihn die Verkörperung alles Bösen dar, ihn will und muss er vernichten. Um die Mannschaft für sein Vorhaben zu gewinnen, nagelt er eine Golddoublone an den Hauptmast. Sie soll demjenigen gehören, der Moby Dick als Erster erspäht. Mit einer Extraportion Rum bringt er die Mannschaft dazu, ihm bedingungslose Treue im Kampf gegen das Ungeheuer zu schwören. Später verspricht er der Mannschaft auch noch seinen Anteil am Gewinn der Walfangexpedition. Alle machen mit, nur einer stellt sich ihm offen entgegen: der ernste und realitätsbewusste Steuermann Starbuck. Er erinnert den Kapitän an den Auftrag der Schiffseigner, möglichst viel Waltran mit nach Hause zu bringen. Doch er vermag nicht, den Kapitän von seinem gut vorbereiteten Plan abzubringen. Als man auf eine große Herde von Walen stößt, wird eine große Zahl von ihnen harpuniert und die Mannschaft rudert mit den erlegten Tieren im Schlepptau zur »Pequod«. Da taucht in der Ferne ein anderer Walfänger auf. Vom Kapitän der »Samuel Enderby« (Kapitän Boomer [James Robertson Justice]), welcher beim Walfang seinen linken Unterarm eingebüßt hat, erfährt Ahab, dass der weiße Wal vor vier Wochen gesichtet worden sei. Sofort befiehlt er seiner Mannschaft, die Taue zu den harpunierten Walen zu kappen und unverzüglich an Bord des Mutterschiffs – ohne Beute – zurückzukehren, um Moby Dick nachzujagen. Vergeblich versucht Starbuck, die beiden anderen Offiziere davon zu überzeugen, dass der Kapitän gegen seinen Auftrag verstoße und seines Amtes enthoben werden müsse. Diese lehnen eine Meuterei ab und halten ihm entgegen: »Der Kapitän ist das Gesetz.« Ein Jahr nach ihrer Ausfahrt stoßen sie schließlich auf Moby Dick, können ihm aber wegen einer Flaute nicht folgen. Da befiehlt Ahab seinen Leuten, den Dreimaster mit ihren Ruderbooten so lange durch die Gluthitze unter dem Äquator zu ziehen, bis sie wieder Wind haben.

Queequeg wirft Knöchelchen aus, um aus ihrer Lage zu erfahren, wie es weitergeht. Zu Tode erschrocken stellt er fest, dass sein Leben bald zu Ende sein wird. Er beauftragt den Schiffszimmermann, einen schwimmfähigen Sarg für ihn zu schreinern, und schenkt Ismael all sein Hab und Gut. Dann versinkt er in einen Trancezustand. Als endlich Wind aufkommt, wird ein Schiff, die »Rachel« aus New Bedford, gesichtet. Kapitän Gardiners (Francis De Wolff) Mannschaft hat den weißen Wal nicht nur aufgespürt, sondern auch harpuniert, aber das gigantische Tier schleppte eines der Ruderboote fort, bevor noch das Tau gekappt werden konnte. In diesem Boot befand sich auch Gardiners Sohn. Inständig fleht Gardiner Ahab an, ihm bei der Suche nach den Schiffsbrüchigen zu helfen. Als Starbuck Ahabs Zögern gewahrt, fordert er ihn auf, der Bitte nachzukommen, anderenfalls wären sie nach ihrer Heimkehr Geächtete. Aber das kümmert Ahab nicht, er kennt nur seine Rache. Mit den Worten »Ich würde sogar die Sonne angreifen, wenn sie mir etwas zu leide täte!« setzt er die Verfolgung Moby Dicks fort. Zur Meuterei entschlossen, bemächtigt sich Starbuck einer Pistole aus dem Waffenschrank, ist aber zu schwach, sein Vorhaben auszuführen. Unheilvolle Vorzeichen häufen sich, doch Kapitän Ahab gelingt es, die »Pequod« selbst durch ein schweres Unwetter zu jagen. Unheimliches Elmsfeuer läuft grünlich schimmernd über die Masten und die Harpune in Ahabs hochgereckter Hand. Das sei ein gutes Omen, erklärt er der Mannschaft, und bringt die Männer dazu, frisch geschmiedete Harpunenspitzen in ihrem Blut zu härten.

Da taucht Moby Dick auf. Mit ihren Ruderbooten verfolgen Ahab und seine Männer das riesige Tier, dessen Rücken von früheren Begegnungen bereits mit Eisen gespickt ist. Sobald die Männer ihre Harpunen geschleudert haben, greift der weiße Wal an und zertrümmert ein Boot nach dem anderen. Ahab klammert sich an den Tauen der Harpunen fest und sticht wie besessen auf das Tier ein. Die Harpunenleine legt sich um seinen Hals und Moby Dick reißt ihn in die Tiefe. Als der Wal wieder auftaucht, sehen die Überlebenden ihren

Kapitän tot in den Tauen hängen. Er scheint ihnen mit seinem Arm Zeichen zu geben, ihm zu folgen. Der Wal pflügt auf die »Pequod« zu, umrundet diese, und reißt das Schiff dann in einem gigantischen Strudel in die Tiefe. Der einzige Überlebende ist Ismael, der sich auf dem Deckel des Sarges, den Queequeg in Vorahnung seines eigenen Todes für sich hatte zimmern lassen, retten kann. Er wird nach einigen Tagen von der »Rachel« gefunden. Er überlebt die Katastrophe als Einziger.

3 Psychoanalytische Interpretation

Auf den ersten Blick scheint der Film, in dem das brutale Abschlachten der Wale Mitte des vorletzten Jahrhunderts geschildert wird, reine Männersache zu sein. Doch der Stoff selbst, der von verletztem Selbstwertgefühl und alles vernichtendem Hass handelt, hat bereits in dem griechischen Drama von Medea sein weibliches Pendant. Diese zerstückelte, enttäuscht in ihrer Liebe zu Jason, für den sie alles verließ, in verzweifeltem Zorn die gemeinsamen Kinder. Und auch im Nibelungenlied ist es eine Frau, Kriemhild, die, als ihr Mann Siegfried heimtückisch ermordet wird, rasende Rache an einem ganzen Volk nimmt. »So zu empfinden ist, wie man sieht, nicht geschlechtsspezifisch, es ist ganz einfach menschlich, und so stellt sich die Frage an jeden, wie er seine Menschlichkeit bewahrt oder zurückgewinnt angesichts dieser wohl unheimlichsten aller menschlichen Möglichkeiten« (Drewermann 2004, S. 15).

Henseler (1983, S. 271f.) hat ausgeführt, dass er in der (damaligen) psychoanalytischen Fachliteratur nur wenig über solch rasende »narzisstische Wut« gefunden habe. Wohl aber sei er in der Weltliteratur fündig geworden, wo das Thema unersättlicher Rachsucht nach einer narzisstischen Kränkung ein fest verankertes Thema sei. In Melvilles Roman *Moby Dick*, so schreibt er, »glaube ich eine Fülle von Material über narzisstische Wut und ihre unbewusste Bedeutung gefunden zu haben«. An späterer Stelle resümiert er (ebd., S. 281f.):

> »Wie ich in meinem Exzerpt belegt habe, kennt Melville das dynamische Unbewusste. Er kennt dessen Arbeitsweise, den Primärprozess mit Verschiebung, Verdichtung und symbolischer Darstellung, er kennt die Zeitlosigkeit, das Nebeneinander von Widersprüchen und die Ohnmacht des Realitätsprinzips im

unbewussten Erleben. [...] Melville kennt aber auch die primitiveren Abwehrmechanismen der Spaltung (in Gut und Böse), der Projektion (von Selbstanteilen auf Objekte bzw. von innerem Erleben in die Außenwelt) und der Introjektion (von (Teil-)Objekten ins Selbst bzw. von äußeren Ereignissen ins innere Erleben) sowie der Verleugnung unerträglicher Realität und ihre idealisierende Umdeutung. Er beschreibt sogar die Ökonomie der Gegenbesetzung, die erforderlich ist, um eine Abwehr, in diesem Fall eine bis an den Wahn gehende Verleugnung, aufrechtzuerhalten. Schließlich kennt er den Schlüssel, der das Tor zum Unbewussten öffnet: die Methode der freien Assoziation.«

Wenn ein Werk selbst schon die psychoanalytische Interpretation darstellt, ist es natürlich schwer, noch etwas aus psychoanalytischer Sicht hinzuzufügen. Aus diesem Grund werde ich im Folgenden Melvilles Sicht der Dinge pointiert und komprimiert wiedergeben und erst am Schluss meine eigene psychoanalytische Interpretation einfließen lassen. Aufgrund der sehr weitgehenden Reduktion des Stoffes im Film, sehe ich mich wiederholt genötigt, auf den Roman selbst zurückzugreifen. Durch diese Ergänzungen wird sich zumindest an jenem Teilstück des Romans, welches den Kern der Verfilmung Hustons darstellt, die wirkliche Größe und psychologische Tiefe von Melvilles Werk erkennen lassen. Ich werde nicht das Gesamtwerk einer psychoanalytischen Betrachtung unterziehen, sondern nur die Zentralfigur, also Kapitän Ahab und sein unmittelbares Umfeld. Ich verfahre so, auch wenn und gerade weil mir klar ist, dass Melville die psychologische Problemstellung, die in *Moby Dick* enthalten ist, nur zum Einstieg zu einem weit abgründigeren, letztlich metaphysischen Problem nimmt: Was heißt es, in einer Welt zu leben, die randvoll ist von Qual und Leid, im Raum einer Natur, die grenzenlos gleichgültig dem Untergang der Kreaturen gegenübersteht, inmitten einer Wirklichkeit, in welcher das wechselseitige Töten und Verschlingen eine nicht zu überschreitende Urtatsache darzustellen scheint (vgl. Drewermann 2004, S. 16)?[3] Chiffren dieser Art, jenseits individueller Schicksale deuten sich an im Namen des Walfängers, der nach dem Indianerstamm der Pequot benannt ist, die friedlich in Connecticut lebten und von den weißen Siedlern grausam abgeschlachtet und in großer Zahl auch bei lebendigem Leibe erbarmungslos verbrannt worden sind. Puritanische Geistliche unterstützten die Gewalt gegenüber den Pequot, die sie als Ungläubige ansahen! Eindrucksvoll stellt Melville die moralische Predigt von Father Mapple dem entgrenzten Handeln auf der Pequod gegenüber und entlarvt so die Bigotterie des christlichen Amerikas. Eine andere Chiffre ist die Zusammensetzung der Schiffsmannschaft, die aus Menschen aller Hautfarben besteht, wobei die Wichtigsten im Walfanggeschäft, die Harpuniere, ein Neger, ein Indianer und ein Polynesier sind! Für Melville sind sie alle ebenbürtig.

In den Südstaaten blühte in jener Zeit noch die Sklaverei, der erst der amerikanische Sezessionskrieg (1861–1865) zehn Jahre nach Erscheinen von *Moby Dick* ein Ende setzte. Die Mannschaft an Bord verkörpert einen Mikrokosmos, der durch die Pathologie eines Einzelnen ins Verderben gerissen wird. Beispiele aus Vergangenheit und Gegenwart drängen sich auf: die schrecklichen Despoten des letzten Jahrhunderts, Hitler, Mao Tse-tung, Stalin, Idi Amin, Pol Pot, Saddam Hussein und wie sie alle heißen, und auch heute noch werden ganze Völkerschaften zu Schurkenstaaten erklärt. Ein Machthaber, nämlich Bush jr., weint sich gar »an der Schulter Gottes« aus über das Leid, welches ein unerbittlicher Krieg über Freund und Feind bringt, wobei die Gegenseite (Bin Laden) in ihrem Hass gleiche »Rechte« beansprucht und ihre eigenen Maßnahmen (wie menschenverachtende Selbstmordattentate) in gleicher Weise für geheiligt erachtet (Piegler 2005). Natürlich ist die Dynamik weit komplexer als dies hier ausgeführt werden kann. Genau diese Vielschichtigkeit ist es, die es erforderlich macht, sich in diesem Rahmen auf »Ahab und sein Umfeld« zu beschränken.

Schon der Beginn des Filmes, als Ismael, einem Bachlauf talwärts folgend, das Meer erreicht, ist symbolträchtig, denn die See, die er sucht, verkörpert Mütterliches. Zugleich aber ist die glatte Oberfläche des Meeres auch jener Spiegel, in welchem Narziss sein Bild gewahrt[4]. So werden gleich zwei zentrale Themen angedeutet, die Mutter und der Narzissmus, zu welchen als Drittes dräuende Namen alttestamentarischer Herkunft hinzukommen. Ismael ist der Sohn jener ägyptischen Sklavin Saras, die Abraham, da seine Frau Sara unfruchtbar schien, in höherem Alter begattet, dann aber samt Sohn in die Wüste geschickt hatte, als Sara endlich mit Isaak schwanger geworden war. Die des Hauses verwiesene Sklavin Hagar war nahe daran ihren Sohn unter einem Busch auszusetzen, wäre sie nicht durch Gottes direktes Eingreifen umgestimmt worden. Der Name Ismael steht also gleichermaßen für Kränkung, Vertreibung und frühe, auch transgenerationale Traumatisierung, aber auch für wunderbare Rettung in größter existenzieller Not. Und so erstaunt es nicht zu lesen, dass der einzige Überlebende des Zusammentreffens mit Moby

Dick ein Mann ist, der sich selbst als einen Ausgestoßenen, einen zutiefst Verunsicherten, oft Depressiven, ja zeitweilig sogar Suizidalen erlebt[5], sich als ein Ismael fühlt und genauso angesprochen werden will: »Nennt mich (so wie meinen biblischen Schicksalsgenossen) Ismael!« Das Abenteuer auf See erscheint ihm als Weg sich selbst zu stabilisieren.

Auch der Kapitän trägt einen schicksalsträchtigen biblischen Namen: Ahab. Dies ist der Name eines besonders grausamen und gottlosen Königs von Juda, der den Götzen opferte und seinen eigenen Sohn zwang, durchs Feuer zu gehen (1. Buch der Könige, Kap. 16). Als er erschlagen wurde, leckten Hunde sein Blut auf. Auch hier: Nomen est omen. Nun zu Elia: Elia ist ein Zeitgenosse von König Ahab. Dieser macht ihn für die Dürre im Land verantwortlich und lässt deshalb überall nach ihm suchen, um ihn umzubringen. Schließlich treffen die beiden aufeinander. Im 1. Buch der Könige (Kap. 16, 17–19) heißt es dazu:

> »Und als Ahab Elia sah, sprach Ahab zu ihm: Bist du nun da, der Israel ins Unglück stürzt? Er aber sprach: Nicht ich stürze Israel ins Unglück, sondern du und deines Vaters Haus dadurch, dass ihr des Herrn Gebote verlassen habt und wandelt den Baalen nach.«

Es erfolgen gegenseitige Schuldzuweisungen, die die für konflikthafte Beziehungen typische Verstricktheit beider Seiten symbolisieren Im Film behält natürlich der Prophet recht, also der, der für das Gute steht.

Nun zu Ahab und seiner pathologischen Entwicklung: Er ist wie Ismael ein Traumatisierter. Er ist Sohn einer Witwe, die verstarb, als er zwölf Monate alt war. Sein Vater findet keine Erwähnung. Die Mutter soll nicht ganz richtig im Kopf gewesen sein, als sie ihrem Sohn aus einem törichten Einfall heraus den Namen Ahab gab. Als Ahab ins Mannesalter kam, fuhr er, wie alle Männer in New Bedford, zur See und führte, wie er selbst sagte, »Krieg ... gegen die Schrecken der Tiefe« (zit.n. Henseler 1983, S. 277), was bedeutungsträchtig ist. Das machte er 40 Jahre lang. 50-jährig heiratete er und zeugte einen Sohn, verließ seine Frau aber – offensichtlich seiner völligen Beziehungsunfähigkeit gewahr werdend – schon nach einem Tag wieder.

Er ist ein zwiespältiger Mann. Schon rein äußerlich ist sein Gesicht gezeichnet durch ein »leichenfahl anzusehendes, gertendünnes Mal« (ebd., S. 277), das aus seinem grauen Haar hervortritt, Gesicht und Hals steil hinunterzieht, bis es unter dem Rock verschwindet. Es gleicht einer Spalte, wie sie der Blitz in Bäumen hinterlässt. Niemand wusste, woher Ahab es hatte: erworben im Streit mit den Elementen oder angeboren als Muttermal. Jedenfalls verlieh es ihm einen »finster schrecklichen Anblick« (ebd., S. 277).

»Auch innerlich ist er gespalten: Ein großer stattlicher Mann, gottähnlich, ein König, Fürst, hoher Gebieter – doch gottlos und offenbar dem Teufel verschrieben; auf der hohen Schule gewesen – aber auch bei den Kannibalen; von unbeugsam festem Willen – und doch schwermütig und verzweifelt und manchmal wie wild; er ist Herr über eine ihm ergebene Mannschaft – doch entsetzlich einsam; er leistet Unmenschliches – und kann doch nicht schlafen; ein hitziger Bursche – aber offenbar vom Gewissen gequält; ein Prometheus – dessen Rachedurst selbst zerstört, was er geschaffen hat« (ebd., S. 277f.).

»Ahab hat [...] in einem ersten Kampf mit Moby Dick ein Bein verloren. Nun trägt er eine Prothese, gefeilt aus dem Kieferknochen eines Wals. Moby Dick hat Ahab ›entmastet‹, heißt es verschiedentlich (z. B. S. 232). Kurz nach dem Auslaufen zur Jagd auf Moby Dick ist seine Prothese aus der Halterung gesprungen und hat ihm seine ›Leiste durchbohrt‹ (S. 621). Damals entwickelte er den ›irren Gedanken‹, dies sei ›die unmittelbare Folge einer früheren Schuld‹ (S. 621f.). Um welche frühere Schuld es sich handelt, bleibt offen. Es gibt aber Andeutungen, sie habe etwas zu tun mit der ›Wonne‹, der ›irdischen Glückseligkeit‹ und der ›Zeugung‹ (S. 632). Dies kommt am deutlichsten zum Ausdruck in der Bemerkung eines Matrosen, der spottet: Ahabs Prothese sei ›sein Bettgenoss; statt einer Frau hat er 'nen Stock aus Walknochen‹ (S. 632). [...] In diesem Satz [verdichtet sich] zweierlei, der Spott über den Verlust eines lebendigen Gliedes und der Grund für den Verlust: Ahab hat das Glied statt einer Frau zum ›Bettgenoss‹ gemacht.

Es war aber nicht nur der Streich, mit dem Moby Dick Ahab das Bein abriss, der Ahabs Rache zu wahnähnlicher Intensität entflammte. Vielmehr kam ein Gefühl der Niederlage hinzu, das ihn zur Heimkehr zwang. ›Als Ahab und seine Pein lange Tage, Wochen, Monate zusammengeschmiedet in der Hängematte lagen ..., da geschah es, dass sein zerstörter Leib und seine klaffende Seele blutend ineinander strömten, sich vermengten; und das verwirrte seinen Geist ..., da packte ihn die Besessenheit ...‹ (S. 258). Er raste, tobte, man musste ihn in seiner Hängematte fesseln. ›In einer Zwangsjacke schwang er zum tollen Wiegenlied der Winde‹ (S. 258). Und als er sich äußerlich beruhigt hatte, ›selbst da noch raste Ahab in seinem verschwiegenen Inneren weiter‹ (S. 259). Die äußere Ruhe war keine ›Verstellung‹, sondern ›entstammte innerem Zwang und war nicht seinem bewussten Willen untertan‹ (S. 260). ›Der Wahn‹ nämlich ›berannte seinen Verstand, eroberte ihn und richtete das konzentrische Feuer des Verstandes auf das eine wahnwitzige Ziel, so dass Ahab, statt Kraft verloren zu haben, für jenen einen Zweck nun tausendfältige Kraft besaß‹ (S. 258). ›Auf des Wales weißen Höcker häufte er ein Gebirge aus Wut und jedem Hass, die das Menschengeschlecht seit Adam je gefühlt, und dann, als wäre seine Brust ein Mörser, zerstampfte er in ihr die Muschelschale seines heißen Herzens‹ (S. 258). ›Wer kann zweifeln, dass Ahab … sich tiefer und tiefer in Krankheit und Wahn verstrickte, bis er schließlich dahin kam … seine … Schmerzen und … Qualen als eins mit dem Wal anzusehen?‹ (S. 257)

Wenn Ahab sich aber eins mit dem Wal fühlt, gegen wen kämpft er dann? Ahabs Kampf gilt nicht ›der sichtbaren Gestalt‹ Moby Dicks, diese ist für ihn nichts als ›papierne Maske‹, hinter der Ahabs Feind, ›ein unbekanntes, aber vernunftbegabtes Wesen‹ steckt (S. 233f.). Moby Dick ist für Ahab ›die Verkörperung jener Macht des Bösen, die manche leidenschaftliche Naturen in sich nagen fühlen (im Originaltext heißt es ›eating‹) und die sie erst verlässt, wenn ihnen nur noch ein halbes Herz und eine halbe Lunge zum Weiterleben bleiben‹, jenes unbegreifbare Böse, ›das seit Anbeginn der Schöpfung lebt …‹ (S. 257). Der Kampf gegen Moby Dick ist also sozusagen der Kampf gegen das Urböse. Er verleiht Ahabs Rache übernatürliche, ja mehr als göttliche Qualität und Berechtigung. ›Ich würde die Sonne zerschlagen, hätte sie mir ein Leides getan‹, verkündet er (S. 234). Er weiß sich im Besitz der Wahrheit und folgert: ›Wer ist über mir? Wahrheit kennt keine Schranken‹ (S. 234). Er prophezeit: ›Mein Zerstückler wird durch mich zerstückelt werden. So sei denn der Prophet und der Vollstrecker eins. Und das ist mehr als ihr, ihr großen Götter jemals wart. Ich lache über euch, ich brülle, höhn euch …!‹ (S. 239) Narzissmus pur …

Auch wenn Ahabs Verstand vom Rachewahn besessen ist, wenn er sein Herz wie im Mörser zerstampft und seine Seele dem Teufel verschreibt, gibt es doch noch ›das Ewige, Lebendige in ihm‹ (S. 279). Es muss nur flüchten vor dem ›widernatürlich gezeugten Homunkulus‹ (S. 279). Dies Ewige, Lebendige verbindet sich in ihm mit gütigen Augen, Wonnetränen, lieblichen Gerüchen, frischer Nahrung und einer jungen, mädchenhaften Frau. Melville schildert dies im Kapitel 132, das er bezeichnenderweise mit ›Zusammenklang‹ überschreibt.

Der Morgen des Tages, da Ahab auf Moby Dick treffen sollte, empfing ihn mit der ›unsterblichen Kinderunschuld des Ätherblaus‹ … ›Die Firmamente von Luft und Ozean verschmolzen fast in dem alldurchdringlichen Azur‹. Die ›sinnende Luft‹ blickte ›durchsichtig, klar und mild aus Frauenaugen‹. Kleine Vögel glitten daher wie ›zärtliche Gedanken der weiblich sanften Luft‹ … ›Die lieblichen Aromen … schienen endlich das Krebsgeschwür … zu lindern, das an seiner Seele zehrte‹. … ›Die stiefmütterliche Welt, so lange hartherzig und kalt, warf gütig die Arme um seinen starren Nacken …, als wollte sie in Wonnetränen über ihn zerfließen wie über einen verlorenen Sohn, der mit ihr haderte und den doch zu schützen, zu segnen, vor Leid zu bewahren das Herz ihr gebot. Von seinem breiten Hut beschattet, rann eine Träne aus Ahabs Auge in die See, und im ganzen Weltmeer war kein Schatz diesem einen verlorenen Tropfen gleich‹ (alle Zitate S. 714f.).

Es folgt die einzige Szene des Romans, in der sich Ahab auf eine Beziehung einlassen kann. Er erzählt dem Steuermann Starbuck von seinem Leben, seiner Einsamkeit, seiner Nahrung aus gedörrter Kost, trockenem Brot und schimmligen Krusten, ›das rechte Sinnbild für ... meine schmachtende Seele‹ (S. 716).

›Lass mich in ein Menschenauge blicken‹, sagt er zu Starbuck, ›in ein Menschenauge blicken ist besser, als in See und Himmel, besser als auf Gott schauen. Dies ist der wahre Zauberspiegel, Mann: mein Weib und Kind sehe ich in deinem Auge‹ (S. 717). Doch dann verschließt er sich wieder. ›Ahab ... steht allein unter den Millionen der bewohnten Erde, hat nicht Götter noch Menschen neben sich‹ (S. 730). ›Schon Milliarden Jahre bevor der Ozean da unten rollte, ... hab ich die Rolle in diesem Stück probiert, ... ich bin der Statthalter des Schicksals und führe seine Befehle aus‹ (S. 741)« (ebd., S. 277–281).

Ahab und Ismael ähneln sich, einer erscheint wie das »Alter Ego« des anderen: Beide sind in die Wüste Geschickte, beide kennen die Qual von Depressionen, beide kennen die Sehnsucht nach dem Meer, dem Urquell des Lebens und beide versuchen ihr Selbst im Kampf mit der Natur zu festigen. Der »böse« Teil, jener der über den Äquivalenzmodus in seiner Mentalisierung nicht hinaus gekommen ist, also Ahab, dem es unmöglich ist, sich in andere empathisch einzufühlen, wird zum Opfer seines Tuns und von Moby Dick zerstört, während der »gute« Teil, Ismael, der die Geschichte reflektierend erzählen und damit verarbeiten kann, überlebt wie Jonas in der biblischen Geschichte. Während der Strudel, den das Abtauchen Moby Dicks erzeugt, den einen für immer in die Tiefe reißt, wird jener durch den aus dieser Tiefe wie in einem Geburtsvorgang hervorschnellenden Sarg Queequegs rettend davon getragen, geschützt vor Haien und Raubmöven, bis ihn die »Rachel« findet. Sein Bericht transformiert sich zu Melvilles zeitenüberdauernder Buchbotschaft.

Das Segelschiff »Rachel« setzt Melville mit Rachel, der Stammmutter Judas gleich. Sie, die den Kindermord von Bethlehem schreiend beweinte, wollte nicht getröstet werden, so groß war ihr Schmerz. Im Epilog von *Moby Dick* heißt es, dass die »Rachel«, während sie noch tagelang ihre »verlassenen Kinder« suchte, von ihrem Kurs abkam und so einen anderen Verwaisten, nämlich Ismael, fand.

Die wundersame Rettung erinnert an die Geschichten von Kindern, die nach ihrer Geburt ausgesetzt, aber schließlich doch gerettet wurden. Sie alle galten – und hier wandelt sich die Not der Ausgesetzten durch Reaktionsbildung ins Grandiose – als etwas ganz besonderes, als Königskinder oder jedenfalls Schicksalskinder wie Moses, Romulus und Remus, Oedipus, Sargon von Akkad oder Kyros II. So wie Ahab mit dem Teuflischen in Verbindung gebracht wird, so wird Ismael mit dem Göttlichen verbunden. Nur beide zusammen ergeben allerdings eine Gesamtfigur. Bei Kapitän Ahab weist Melville auf die beiden äußerlich sichtbaren Seiten hin. Es sind die verschiedenen Seiten, die jeder von uns in sich trägt …

Moby Dick ist die tragische Geschichte von der leidenschaftlichen, aber vergeblichen Suche nach einer früh verlorenen Mutter. Beide suchen nach ihr, Ahab ebenso wie Ismael.

> »Das Wasser, zu dem, wie es [im Buch] seitenlang heißt, es merkwürdigerweise ›Tausende und Abertausende aus Adams Geschlecht‹, vor allem ›die Träumer‹ (S. 28) hinzieht, das uralte mütterliche Element, in dem Ismael seinen Trübsinn zu verlieren hofft, ist in Wirklichkeit [...voller Falschheit], ja bedrohlich, voll von Ungeheuern und den Schrecken der Tiefe. Was die Träumer – wie Narziss – finden, ist nur eine Widerspiegelung der Oberfläche, ›ein nie zu fassendes Trugbild‹ (S. 30)« (Henseler 1983, S. 283).

Auch Moby Dick verkörpert ein archaisches, frühes Mutterwesen: uralt, riesig, voll köstlicher Nahrung – Walrat wird geradezu hymnisch mit Wein, Honig und Milch verglichen –, ausgestattet mit einer ungewöhnlich großen Brust (Höcker), mit einem gewaltigen Uterus (Pott) und einem ungeheueren Phallus (Schwanz). Wie die frühe Mutter aber hat Moby Dick im Erleben von Ahab und Ismael noch eine andere, stiefmütterliche Seite: So jedenfalls interpretieren die beiden bestimmte Verhaltensweisen des Wals, die sie als gefährlich, unberechenbar und tückisch erleben. In ihren Projektionen wird Moby Dick zum Repräsentanten des Urbösen in der Welt, das mit allen Mitteln gejagt und vernichtet werden muss. Diese Spaltung ist jene, von der M. Klein spricht, wenn sie das Mutterbild des Säuglings mit einer guten und einer bösen Brust gleichsetzt. Ahab ist in seiner psychischen Entwicklung auf der paranoiden Position stehen geblieben, er agiert und reagiert im Äquivalenzmodus der Mentalisierung. Ismael hingegen hat am Ende des Romans die depressive Position erreicht: Er agiert und reagiert im selbstreflexiven Modus, er reflektiert seine Erlebnisse an Bord der »Pequod« und kann erkennen, dass ein Wal eben nur ein Wal ist, der, vom Menschen tödlich angegriffen, um sein Leben kämpft. Er kann zwischen Gut und Böse unterscheiden und ist beziehungsfähig, wie seine Freundschaft mit Queequeg zeigt. All das sichert Überleben – sein Überleben.

Ahabs völlig entgrenzter Hass und sein auf Rache eingeengtes Denken hinsichtlich Moby Dicks sind Folge des von ihm traumatisch erlebten, sehr frühen Verlustes seiner Mutter. Den Hass auf sie projiziert er auf Moby Dick, an ihm rächt er sich, als ginge es um seine Mutter. Sein Verhalten ist als psychotisch eingeengt zu bezeichnen. Er spürt archaische Wut, die noch um ein Vielfaches dadurch gesteigert ist, dass – aus seiner Sicht – Moby Dick ihn depotenziert, zum Krüppel gemacht hat. Er kann den Verlust seines Beines psychisch nicht integrieren, was an seinen unverändert quälenden Phantomschmerzen sichtbar wird. Nur Größenfantasien vermögen ihn noch vor dem psychotischen Zusammenbruch zu bewahren: Er benutzt die Mannschaft als stabilisierendes Selbstobjekt und schwört sie auf sich und sein Ziel ein: »Alle eins mit Ahab«. Darin versteht er sich als Träger eines weltgeschichtlichen Auftrages, der sich als solcher seit »Milliarden Jahren, bevor der Ozean … rollte«, in dieser Funktion weiß. Mit den Göttern, ja dem Schicksal sich verbunden fühlend, ist er nicht mehr nur Individuum, sondern »Statthalter« eines Prinzips. Diese Grandiositätsfantasie und die Projektion all seines eigenen Bösen auf Moby Dick stabilisieren ihn einigermaßen, da er jetzt das Böse in ihm bekämpfen kann. Hinter seiner Rachsucht freilich verbirgt sich eine unbewusste, grenzenlose Sehnsucht nach seiner Mutter. Dies zu spüren, kann er sich aber nicht leisten, zu groß wäre die Angst vor den frei werdenden Emotionen. Nur durch Regression auf die Ebene der narzisstischen Illusion einer symbiotischen Einheit mit der Mutter kann er den Verlust ungeschehen machen und seine Ohnmacht in Teilhabe an der Allmacht der frühen Mutter verkehren. Diese Regression erlaubt es ihm zeitweise, die Spaltung von Gut und Böse soweit aufzuheben, dass er Göttliches und Teuflisches in sich und in Moby Dick vereinen kann (vgl. Henseler 1983, S. 286). Am glorreich fantasierten Entscheidungstag öffnet er sich in einem kurzen, authentischen Dialog mit seinem ersten Offizier, Starbuck, ein wenig der Wahrnehmung von Mütterlichkeit. Aber schon mit der ersten Träne spürt er seine psychische

Verletztheit so schmerzhaft, dass er sofort wieder seine Abwehr mobilisiert. Es nimmt nicht wunder, dass er es bei dieser psychischen Verfassung mit seiner Frau nicht länger als einen Tag ausgehalten hat. Denn auch mit ihr hat er wahrscheinlich im Handumdrehen nicht mehr sie, sondern seine Mutter gesehen ... Henseler (ebd., S. 286) dazu:

> »Die schmerzliche Sehnsucht nach [...] oralem Glück muss [...] mit allen Mitteln, bis hin zur wahnhaften Realitätsverleugnung, abgewehrt bleiben, da mit ihrem Auftauchen die Gefahr assoziiert ist, erneut [...] kläglich verlassen zu werden, möglicherweise mit der Phantasie, auf Grund eigenen Böse-Seins selber dieses Verlassenwerden provozieren zu können. In diesem Sinne wehrt narzisstische Wut konflikthaft erlebte Triebwünsche ab.«[6]

Bleibt noch zu klären, wie es einem so schwer beziehungsgestörten Kapitän wie Ahab gelingen kann, eine ganze Mannschaft auf seine eigennützigen Ziele einzuschwören. Ahab macht das sehr geschickt. Wochenlang zeigt er sich nicht, man kann ihn nur hören. So sensibilisiert er die Mannschaft, die umso beeindruckter ist, als er sie zusammenrufen lässt. Mit Rum, einer Art Blutsbrüderschaft mit den Gefolgsleuten und den im Blut gehärteten Harpunen, mit dem Versprechen seines gesamten zu erwartenden Gewinnes, mit religiösen Ritualen und einer Demonstration seiner scheinbar übernatürlichen Fähigkeiten, als er das Elmfeuer auf seiner Harpune zum Verschwinden bringt, gelingt es ihm, als Anführer anerkannt zu werden und das Gruppenideal zu verkörpern. Die Golddoublone, die er an den Hauptmast nagelt, ist mehr als nur erhoffte Belohnung für jenen, der Moby Dick als Erster sichtet; sie wird auch zum goldenen Kalb, das von allen fortan angebetet wird.

An dieser Stelle ist man wiederum versucht Parallelen zu historischen und gegenwärtigen Situationen herzustellen, von Hitler bis zu den heutigen Rattenfängern. Von der psychologischen Seite vermittelt Freuds »Massenpsychologie und Ich-Analyse« (1921) den besten Verständniszugang: Durch das beschriebene, sehr beeindruckende, durch und durch suggestive, eindringliche Verhalten Ahabs, dem selbst Starbuck, der immer Realität wie Unrecht im Blick behielt, nichts entgegenzusetzen vermochte, kam es in der Mannschaft einerseits zu einer Identifizierung der Crew-Mitglieder untereinander, aber auch zu einer gemeinsamen, kollektiven Identifizierung mit Ahab und seiner Ideologie. Die einzelnen Crew-Mitglieder traten dann projektiv ihr Ich-Ideal an Ahab und seine Rachepläne ab, die dadurch noch erhöht und verstärkt wurden. Schließlich wurde dann das individuelle Ich-Ideal durch Ahab und seine von allen getragenen Rachepläne ganz ersetzt. Die Golddoublone wurde hierfür zum Symbol.

Diese auch auf Rache zutreffenden massenpsychologischen Phänomene, von denen Freud ja nicht explizit sprach, hat Volkan (1991, 1996, 1999, 2002) bestätigt und ausdrücklich darauf hingewiesen, dass das individuelle Rachekonzept auch in Gruppen Gültigkeit hat. Betrachtet man eine ethnische Minderheit, eine Nation oder eine Organisation, dann zeige sich, dass ein erlittenes, oft weit zurück liegendes kollektives Trauma Rache mobilisieren könne. In diesen Fällen führen die durch das Trauma ausgelösten Vergeltungsbestrebungen zu einer Verschweißung der gesellschaftlichen Identität, wo es keinen Unterschied mehr zwischen dem Einzelnen und der Gruppe gibt und alle einem vermeintlich erhabenen Ziel dienen, so wie schon Freud das beschrieben hat. Beispiele sind die Besiegung des Deutschen Reiches im Ersten Weltkrieg und im Gefolge das Erstarken und mörderische Verhalten der Nationalsozialisten, die Niederlage der Amerikaner in Pearl Harbour und ihre atomare Rache an Japan (Hiroshima und Nagasaki) oder die Terroranschläge des 11. September 2001 und die amerikanische Rache an den »Schurkenstaaten« und umgekehrt, die Rache der Al Kaida an Amerika und seinen Verbündeten. Eine unendliche Spirale der Gewalt, des Fressens und Gefressenwerdens, der allerdings der Literat Melville ebenso wie Freud und seine Epigonen etwas entgegenzusetzen haben, individuell wie kollektiv, nämlich die – wenn auch sehr mühsame und zeitaufwändige – Möglichkeit der Be- und Verarbeitung von Traumata und Verdrängtem. Und auch die Neurobiologen verkünden heute, wenn auch noch leise, die frohe Botschaft, dass das darwinistische Modell ausgedient habe! Hoffen wir, dass das mehr ist als nur eine zweckoptimistische Reaktionsbildung! Ungeachtet dessen hat das Moby-Dick-Thema im Film seine Fortsetzung gefunden. Sie trägt den Namen *Der weiße Hai*[7]!

4 Zusammenfassung

Herman Melvilles 1851 entstandener Roman *Moby Dick* ist ein äußerst vielschichtiges Werk, dessen zentralen Inhalt John Huston 1956 in Hollywood

verfilmt hat: Die unbändige Rache von Ahab, dem Kapitän des Walfängers
»Pequod« auf den weißen Wal Moby Dick, der ihm im Kampf ein Bein abgerissen hat. Durch alle Meere verfolgt er dieses Seeungeheuer, um es zur Strecke
zu bringen, büßt dabei aber sein eigenes Leben ein. Er und seine Mannschaft
ertrinken, nur einer, Ismael, das »Alter Ego« von Ahab, überlebt und erzählt
die Geschichte weiter. Psychodynamisch handelt es sich um die Darstellung
von narzisstischer Wut aufgrund schwerer Traumatisierung. Dabei steht der
Wal stellvertretend für ein frühes, archaisches Mutterobjekt. Hinter der vordergründigen Zerstörungswut, die der bösen Mutter, oder in der Sprache Melanie
Kleins, der »bösen Brust« gilt, ist eine tiefe Sehnsucht nach der frühen, guten
Mutter verborgen, wobei der Wal und das ihn umgebende nasse Element auch
diese Seite verkörpern. Die bewusst erlebte Rachsucht ist unbewusst eigentlich
Sehnsucht. Ahab muss sterben, weil er seine frühkindlichen und alle folgenden
Traumatisierungen nicht verarbeiten, sondern nur ausagierend in Szene setzen
kann, während Ismael durch die Verarbeitung seiner Traumatisierungen die
Freiheit zu leben gewinnt. Eindrucksvoll zeigt der Film, wie es dem am Rande
einer Psychose stehenden Kapitän gleichwohl gelingt, seine Mannschaft auf
sich und seine Ziele einzuschwören. Die dabei ablaufenden psychologischen
Prozesse können am besten mithilfe von Freuds Arbeit über die Massenpsychologie beschrieben werden: Die Gruppe tritt ihr Ideal-Ich an ihren Kapitän
ab, der dadurch noch erhöht wird und die einzelnen Gruppenmitglieder
verschweißen ihre individuelle Identität zu einer kollektiven. Ahab bedient
sich dabei seiner Mannschaft als eines Selbstobjektes zur Stabilisierung seines
Selbst ebenso wie zur Realisierung seiner Rachepläne. Der Film konfrontiert
den Zuschauer mit eigenen libidinösen und destruktiven Strebungen ebenso
wie mit seinem eigenen Sozialverhalten.

Anmerkungen

1 Aus der Ehe sind vier Kinder hervorgegangen: Der Sohn Malcolm wurde am 16. Februar 1849 in Boston geboren, die weiteren Kinder in Pittsfield: Stanwix am 22. Oktober 1851, Elizabeth am 22. Mai 1853 und Frances am 2. März 1855. Den ältesten Sohn, Malcolm, hat Melville am 11. September 1867 mit Kopfschuss nach dem Waffenreinigen in seinem Zimmer aufgefunden, der zweite Sohn, Stanwix, ist am 23. Februar 1886 in San Francisco an Tuberkulose verstorben.

2 1850 erschien *White Jacket*, in dem Melville über seine Erlebnisse auf der »United States«

berichtete. Bereits 1846 war sein Roman *Typee* erschienen, in dem seine Abenteuer auf der Insel Nukuhiva verarbeitet sind, 1847 erschien *Omoo*, in dessen Mittelpunkt sein Aufenthalt auf Tahiti steht, 1848 wurde *Mardi* verlegt, eine erweiterte und fiktivere Fassung von *Typee* und im selben Jahr erschien auch *Redburn*, ein Roman, der Melvilles Erfahrungen seiner ersten Seereise als Kajütenjunge beschreibt. In seinen folgenden Veröffentlichungen hat sich Melville zunehmend vom naturalistischen Erlebnisroman abgewandt, sehr zum Missfallen vieler seiner Leser und Kritiker.

3 J. Bauer (2007, S. 122f.) führt aus, dass diese darwinistische Sichtweise (»war of nature«) ein Modell darstelle, das aufgrund der heutigen wissenschaftlichen Datenlage so nicht (mehr) haltbar sei: »Darwins Modell übersieht die grundlegende Bedeutung des am Anfang aller Biologie stehenden Phänomens der Kooperation«, d.h. in seiner Theorie ist die Rolle der Kooperation bei der Entwicklung von komplexen biologischen Systemen nicht berücksichtigt. J. Bauer hat an das Ende seines Buches *Prinzip Menschlichkeit – Warum wir von Natur aus kooperieren* kommentarlos einen hoffnungsvollen Nachtrag mit der Überschrift »Kooperation, ganz unwissenschaftlich« gestellt, bei dem es sich um eine dpa-Meldung vom 16.12.2005 handelt, die ich nachfolgend wiedergeben möchte: »Ein großer Buckelwal ist vor der Küste von San Francisco in einer dramatischen Rettungsaktion aus Fischernetzen befreit worden. Zum ersten Mal sei damit ein solcher Wal an der US-Westküste vor dem sicheren Tod in den Netzen bewahrt worden, sagte eine Wal-Expertin am Mittwoch (Ortszeit) dem ›San Francisco Chronicle‹. Krabbenfischer hatten Taucher zu Hilfe gerufen, um den etwa 50 Tonnen schweren und 16 Meter langen Wal aus seiner lebensbedrohlichen Lage zu befreien. Die schweren Netze und Krabbenkästen zogen das bewegungsunfähige Tier unter Wasser. Vier Taucher brauchten mehr als eine Stunde, um die Nylonseile zu zerschneiden. Das Tier sei anschließend auf jeden Taucher zugeschwommen und habe sich mit einem kleinen Nasenstoß bei seinen Rettern ›bedankt‹, sagte der Rettungstaucher James Moskito. ›Der Wal war fast anhänglich, wie ein Hund, der sich freut, seinen Besitzer zu sehen‹. ›Die Aktion war nicht ungefährlich, denn ein Schlag mit der riesigen Schwanzflosse könnte einen Menschen töten‹, sagte die Biologin Shelbi Stoudt vom Marine Mammal Center bei San Francisco. Moskito nannte es ein ›unheimlich bewegendes Erlebnis‹, dem riesigen Meeressäuger zu helfen. Er habe sich dabei überhaupt nicht bedroht gefühlt. Der Bestand der gefährdeten Buckelwale wird weltweit auf etwa 7000 Tiere geschätzt. Die sehr verspielten Meeressäuger sind für ihre akrobatischen Sprünge aus dem Wasser und ihre Gesänge bekannt« (ebd., S. 225f.).

4 Ismael führt im Eingangskapitel aus, dass es jeden Menschen zum Wasser ziehe. Wasser sei den Alten heilig, ja göttlich gewesen. Den tieferen Sinn dieser Sehnsucht enthülle der Mythos von Narziss: Aus dem Wasser schaue uns das Trugbild des Lebens an. »Das ist der Schlüssel zu allem« (zit.n. Henseler 1983, S. 274). Sándor Ferenczi (1924, S. 361) spricht im Zusammenhang mit der Sehnsucht nach dem Meer vom »thalassalen Regressionszug«, in dem es um den Weg zurück zu dem Ursprung allen Lebens gehe, zu den Weiten des Urozeans.

5 Im Einführungskapitel von *Moby Dick* berichtet Ismael, dass er immer dann, wenn er sich dabei ertappt, vor Sargmagazinen stehenzubleiben und hinter Leichenzügen herzutrotten, zur See muss, »und zwar sofort. Das ersetzt mir den Pistolenschuss« (zit.n. Henseler 1983, S. 274). Wie Cato sich ins Schwert stürzte, begebe er sich an Bord. Das sei seine Art, Trübsinn zu verjagen.

6 Drewermann (2004, S. 151) kommt, auf den abwesenden Vater fokussierend, zu einem ganz

anderen Schluss, wobei er wie folgt argumentiert: Er nimmt Bezug auf Ahabs Worte, als dieser die züngelnden Flammen auf den Masten seines Schiffes gewahrt: »... du bist nur mein feuriger Vater, rief er in das Elmsfeuer hinein, die sanfte Mutter kenn ich nicht. Was hast du, Grausamer, ihr angetan? Diese Worte sprechen von Gott, was aber sagt damit Ahab über Ahab? (CXIX 772). In einer psychoanalytischen Betrachtung dürften Sätze wie diese als ein klarer Beweis für den ödipalen Grundkonflikt in der Psychologie des Kapitäns der Pequod gelten: Es ist die gnadenlose, mutterlose Welt, die Ahab derartig erbost und die er seinem ›Vater‹ zum Vorwurf macht. Insbesondere wenn er vor seiner Mannschaft davon spricht, dass es Moby Dick gewesen sei, der ihn entmastet und zu einem erbärmlichen, humpelnden Krüppel gemacht habe (XXXVI 272), drängt sich der Gedanke förmlich auf, die Verkrüppelung dieses gequälten Mannes als Kastration durch den Vater zur Strafe für seinen Zorn auf den Vater zu deuten – ganz so, wie Stubb in seinem Traum sein Bein verliert, als er in Vergeltung für den erlittenen Tritt seinen Kapitän zu treten sucht (XXXI 223).

Diese klassische These der psychoanalytischen Literaturinterpretation bestätigt sich, wenn Ahab in einem Wortspiel den alten Manxmann von der Insel Man einen Man entwöhnten und entmannten Mann nennt (CXXV 790); da wird die Trennung von der mütterlichen Heimaterde mit ›Entmannung‹, mit der strafweisen Kastration durch den Vater, gleichgesetzt. Es wird sich vor diesem Hintergrund kaum leugnen lassen, dass Ahabs Psyche: seine Rachephantasien, sein Verletzungstrauma, der Wiederholungszwang, die Verdrängung der ursprünglichen Themen und Gefühle, alle Anzeichen eines ödipalen Grundkonfliktes in sich trägt.«

7   Der Film ist 1975 in den USA unter der Regie von Steven Spielberg gedreht worden.

Literatur

Adams, M. V. (1988): Madness and Right Reason, Extremes of One: The Shadow Archetype in Moby-Dick. Bucknell Review 31, 97–109.
Adamson, J. (1997): Melville, Shame and the Evil Eye. A Psychoanalytic Reading. Albany, N.Y. (State University of New York Press).
Bauer, J. (2007): Prinzip Menschlichkeit. Hamburg (Hoffmann und Campe).
Daniels, M. (1969): Pathological Vindictiveness and the Vindictive Character. Psychoanalytic Review LVI, 169–196.
Drewermann, E. (2004): Moby Dick oder vom Ungeheuren, ein Mensch zu sein. Melvilles Roman tiefenpsychologisch gedeutet. Düsseldorf, Zürich (Walter).
Edinger, E., F. (1978): Melville's Moby-Dick: A Jungian Commentary. New York (New Directions).
Ferenczi, S. (1924/2004): Versuch einer Genitaltheorie. In: Ders. (Hg.): Schriften zur Psychoanalyse II. 2. Aufl. Gießen (Psychosozial-Verlag), S. 317–400.
Henseler, H. (1983): Moby Dick – Überlegungen zur narzisstischen Wut. Jahrbuch der Psychoanalyse. Beiträge zur Theorie und Praxis 15. Stuttgart (frommann-holzboog), S. 269–289.
Melville, H. (1852): Moby-Dick; Or, the Whale. New York, 1851. Übers. v. Matthias Jendis. 2. Aufl. 2003. Wien, München (btb Verlag).

Piegler, T. (2005): Zwischen Allmacht und Ohnmacht – Gedanken zum 11. September 2001. Freie Assoziation 8, 77–85.
Robinson, Z. D. (1991): A Semiotic and Psychoanalytic Interpretation of Herman Melville's Fiction. Ph.D. Diss. Mellen Research University.
Sievers, B. (2003): Rache und Vergeltung aus der Sicht Melanie Kleins. Freie Assoziation 2, 7–28.
Sievers, B.; Mersky, R. R. (2004): Die Ökonomie der Vergeltung: Einige Überlegungen zur Ätiologie und Bedeutung des »Geschäfts der Rache«. Freie Assoziation 2, 65–92.
Stone, M. H. (1996): Mord. In: Kernberg, O. (Hg.): Narzisstische Persönlichkeitsstörungen. Stuttgart (Schattauer), S. 155–162.
Volkan, V. D. (1996) Bosnia-Herzegovina: Ancient Fuel of a Modern Inferno. Trauma, Transmission. Transfiguration 7 (3), 110–127.
Volkan, V. D. (1999): Das Versagen der Diplomatie: Zur Psychoanalyse nationaler, ethnischer und religiöser Konflikte. Gießen (Psychosozial-Verlag).
Volkan, V. D. (2002) Bosnia-Herzegovina: Chosen Trauma and its Transgenerational Transmission. In: Shatzmiller, M. (Hg.): Islam and Bosnia: Conflict Resolution and Foreign Policy in Multi-ethnic States. Montreal (McGill-Queen's University Press), S. 86–97.

Wilde Erdbeeren
(Regie: Ingmar Bergman; Schweden, 1957)

»Nur wer bereit zu Aufbruch ist und Reise,
Mag lähmender Gewöhnung sich entraffen.
Es wird vielleicht auch noch die Todesstunde
Uns neuen Räumen jung entgegen senden,
Des Lebens Ruf an uns wird niemals enden ...
Wohlan denn Herz, nimm Abschied und gesunde.«
Hermann Hesse: »Stufen«

1 Einleitung

Ingmar Bergman war 38 Jahre alt, als er im Frühjahr 1956 das Drehbuch für *Wilde Erdbeeren* schrieb. Bergman war damals in aller Morgenfrühe von Stockholm nach Dalarma gefahren. Einer Eingebung folgend bog er von der Straße ab und fuhr zum Haus seiner Großmutter nach Uppsala, wo er als kleiner Junge gelebt hatte. Er wurde, als er über das Kopfsteinpflaster des Hofes lief und in die einzelnen Zimmer des alten Hauses sah, so von der Vergangenheit eingeholt, dass er beschloss, einen Film in dieser Art zu machen. Schon ein Jahr später kam dieser Film in die Kinos. Dabei ist der deutsche Titel etwas irreführend, denn »Smultronstället« – so der schwedische Originaltitel – meint den Ort, an dem man, irgendwo versteckt im Wald, wilde Erdbeeren finden kann. Eine solche Stelle verrät man niemandem, denn die Früchte sind klein und selten. Und so geht es diesem Film auch nicht um das Begehren, das wilde Erdbeeren verheißen, sondern um die Suche nach etwas Kostbarem.

Valtentine (2000) weist darauf hin, dass Bergman, in jenem Jahr gerade den Kontakt zu seinem Vater, einem lutherischen Pastor und Minister abgebrochen hatte. Wir wissen heute im Rückblick, dass die beiden in den folgenden 20 Jahren keinen Kontakt mehr miteinander hatten. Bergman beschreibt seine Kindheit als beherrscht von Unterdrückung, Furcht und Hass. Als schlimmste Strafe empfand er nicht die Schläge des Vaters, sondern sein Schweigen. Beide Eltern lebten in einem zermürbenden Zustand von Krisen, die keinen Anfang und kein Ende hatten. Der Film ist so auch eine Art tiefgründiger Auseinandersetzung mit seinem Vater, auch dem internalisierten, wobei sich etwas von der hochproblematischen Beziehung bei den Dreharbeiten reinszenierte, dergestalt, dass es zu erheblichen Auseinandersetzungen zwischen dem damals schon betagten Hauptdarsteller, dem von Bergman sehr verehrten Stummfilmregisseur und Schauspieler Victor Sjöström, und ihm selbst kam.

Als Erikson 20 Jahre nach der Erstaufführung (1976) auf den Film stieß, war er begeistert, denn der Film erschien ihm wie eine Bestätigung des von ihm beschriebenen menschlichen Lebenszyklus mit seinen je alterstypischen Konflikten und zu bewältigenden Aufgaben. Sein Enthusiasmus gipfelte in dem Ausspruch, dass wir in dem Film Zeugen einer Art »moderner Selbst-Analyse« seien (Kettell 2001, S. 10). Über diesen vielfach preisgekrönten Film ist natürlich viel geschrieben worden. Nicht nur von Erikson (1976), sondern auch von Greenberg (1970, 1976) und zuletzt von dem Mannheimer Analytiker-Ehepaar Schneider, das seine Analyse des Filmes 2003 in der *Psyche* publiziert hat (vgl. auch Bach 1970; Kaminsky/Hill 1975; Diamond 1990; Arlow 1997; Valentine 2000; Cowie 2003). Die folgende Interpretation lehnt sich in vielen Punkten an diese brillanten Ausführungen an.

2 Filminhalt

Der fast 80 Jahre alte Arzt Isak Borg (Victor Sjöstrom) soll am 50. Jahrestag seiner Promotion von der medizinischen Fakultät Lund geehrt werden. In der Nacht zuvor sieht er in einem surrealistisch anmutenden Traum seinen eigenen Tod. Am nächsten Morgen tritt er mit seiner Schwiegertochter Marianne (Ingrid Thulin) die Fahrt zu den Feierlichkeiten an. Diese wird zu einer Reise durch die Stationen seines Lebens, wobei Vergangenheit und Gegenwart, Traum und Realität wechseln. In seine Jugend versetzt beobachtet er, ohne wahrgenommen zu werden, sich und seine Familie. Auch die weitere Fahrt ist eine Begegnung mit sich selbst und mit seiner Geschichte. Der Film schildert seinen damit verbundenen Erkenntnis- und Veränderungsprozeß. Seine Schwiegertochter und ein paar Anhalter, die Marianne und er mitnehmen, haben großen Anteil daran. In Lund angekommen, lässt er die universitären Ehrungen über sich ergehen. Dabei wirkt er verändert. Nicht nur er, auch sein Sohn Evald (Gunnar Björnstrand) und seine Schwiegertochter Marianne ... Um unnötige Redundanzen zu vermeiden, wird auf weitere Einzelheiten an dieser Stelle verzichtet.

3   Interpretation

3.1 Psychoanalytische Interpretation: Die Prologszene offenbart die zentralen Themen

Die zentrale Figur ist Isak Borg, Arzt und 76 Jahre alt. Er hat es in seinem Leben weit gebracht. In jungen Jahren war er ein angesehener Kreisarzt, von dem selbst die Kinder seiner früheren Patienten noch schwärmen. Denken Sie nur an die Tankstellenszene! Später hat er eine akademische Laufbahn eingeschlagen und sich auch in diesem Metier einen Namen gemacht. Sein 50-jähriges medizinisches Doktorjubiläum wird zum Anlass, seine hervorragende akademische Laufbahn zu würdigen und ihm in der Kathedrale des südschwedischen Ortes Lund die Ehrendoktorwürde zu verleihen. Isak ist ein sympathischer alter Kauz, grundanständig, ein Mann mit Prinzipien, auf den stets Verlass ist. Kein Seitensprung und auch sonst, wie es zunächst den Eindruck erweckt, keine Probleme. Alles scheint in seinem Leben in Ordnung zu sein. So ordentlich wie sein Schreibtisch. Sein Leben verläuft gleichförmig. Ein Leben, auf das man zufrieden zurückblicken kann, ein erfülltes Leben im Dienste von Menschen und Wissenschaft. Frau (Gertrud Fridh) und Haushälterin (Jullan Kindahl) haben ihm stets den Rücken frei gehalten, sodass er sich uneingeschränkt seiner Arbeit hingeben konnte. So wie das früher eben war. Höhepunkt des Genusses: eine dicke Zigarre. – Aber: Ist das alles?

Man muss genau hinsehen: Der Film beginnt mit einem Prolog, in dem Borg an seinem pedantisch aufgeräumten Schreibtisch sitzt. Das Zimmer und seine Gesten lassen erkennen, wie zwanghaft und streng er ist. Seine Haushälterin und seine Schwiegertochter benennen einen weiteren Charakterzug, seine Selbstbezogenheit. In der Art, wie er sich und seine Familie vorstellt, wird seine Kühle und Distanz den Menschen gegenüber spürbar.

In dieser Prologszene kommt so schon das zentrale Thema des Filmes zum Ausdruck. Auf der einen Seite die Starre und Unlebendigkeit des alten Arztes, die in der folgenden Traumszene als lebendiges Totsein verortet werden kann und dazu kontrastierend Leben und Werden. Sieht man doch zu Füßen Isaks eine Hündin liegen, die, ihre Zitzen zeigen es, vor kurzem Junge geworfen hat. Die Schwangerschaft der Schwiegertochter greift das nämliche Thema auf. Gibt es für Borg auf seine alten Tage noch einen Weg aus seiner narzisstischen Selbstbezogenheit, die ein Leben lang sein Selbst stabilisiert hat? Kann er in diesem Alter noch zu mehr Leben, mehr Lebendigkeit finden, zur Entdeckung der ihn umgebenden Menschen, zu echter zwischenmenschlicher Beziehung, zu intersubjektiver Begegnung? Was ließ ihn so erstarren?

An dem Tag, den der Film eingefangen hat, mitten im Hochsommer, einem 2. Juli, werden wir als Zuschauer Zeugen einer nicht mehr für möglich gehaltenen Entwicklung des alten Isak Borg, die schon im Heraufdämmern dieses Tages, in seinem ersten Traum, als offene Frage ihren Anfang nimmt. Der Rückblick auf sein Leben und seine Entwicklung, die ich im Folgenden im Detail nachzeichnen werde, sind im Film in ungeheurer Verdichtung auf diesen einen Tag komprimiert. Im übertragenen Sinne nimmt uns der Film mit auf eine Reise durch Borgs Leben mit seinen verschiedenen Stationen. Es ist eine Reise, wie jeder von uns sie macht und die im günstigsten Falle eine Entwicklung darstellt. Wie weit ein jeder von uns auf dieser Reise in seinem Leben vorankommt, ist sicher sehr unterschiedlich. Auch gibt es Entwicklungssprünge wie beim Hauptdarsteller, der durch das Zusammenwirken verschiedener Ereignisse und Begegnungen zunehmend über sich selbst nachdenkt und so zu mehr menschlicher Reife findet. All das findet sich andeutungsweise bereits in der Eingangsszene des Filmes. Aber da ist noch mehr:

Borg stellt sich und seine Familie vor. Seine Frau ist bereits verstorben. Eine wichtige Person erwähnt er überhaupt nicht. Ist es Ihnen aufgefallen? Er erwähnt seinen Vater mit keinem Wort, so als existiere dieser innerlich nicht für ihn. Das muss natürlich eine Bedeutung haben! Oft sind es ja gerade die Auslassungen, die wichtig sind! Später erfahren wir nur noch, dass der

Vater mit der Mutter zehn Kinder hatte und Isak der einzig noch lebende ist. Die Mutter (Naima Wifstrand) erzählt von der schwärmerischen Liebe der Töchter zu ihrem Vater. Bei einem Besuch bei ihr spielt die zeigerlose Taschenuhr des Vaters eine Rolle und stellt eine Verbindung her zu den zeigerlosen Uhren im ersten Traum Borgs. Und Isaks Beziehung zum Vater? Wir sehen ihn, wie er beim Besuch der Mutter, ganz in seine Gedanken versunken, die Spielzeuglok des Vaters zur Hand nimmt und sie streichelt ... Und noch etwas: Borg trägt den Vornamen Isak. Die gleichnamige alttestamentarische Gestalt war der Sohn von Abraham. Abraham, der biblische Vater Israels, war dort der Mann Sarahs. Im Film aber war Sara die Jugendliebe Isaks, also des Sohnes von – ich nenne ihn jetzt einmal – »Abraham«. Wird hier eine ödipale Verstrickung angedeutet? Also die Verstrickung von Vater Borg und Sohn Borg, denen es beiden um die gleiche Frau geht, nämlich Isaks Mutter? Später mehr dazu!

3.2 Der Initialtraum:
Ein Blick in den narzisstischen Spiegel

Jetzt vorerst noch einmal zurück zum Anfang: Zu Anfang des Filmes dominiert die Erstarrungs- und Todesseite Borgs, wie am ersten Traum deutlich wird. Hier verirrt sich Borg in einem ausgestorbenen, tot wirkenden Stadtviertel. Auf seinem Weg erschreckt ihn eine große Uhr ohne Zeiger, und auch seine eigene Taschenuhr ist zeigerlos. Das wirkt wie ein Hinweis darauf, dass seine (Lebens-)Zeit so gut wie abgelaufen ist. Diese zeigerlosen Uhren lassen uns aber auch an den Vater und seine zeigerlose Taschenuhr denken, welche sich noch im Besitz seiner Mutter befindet. Sie will das väterliche Stück in der Folge der Generationen an ihren Enkel weitergeben. Die Uhr ist höchst symbolträchtig. Im Roman *Momo* ist Meister Hora, umgeben von seinen Uhren, der Meister der Zeit. Und auch in den mittelalterlichen Zeichnungen des Knochenmanns mit der Sanduhr ist der, welcher im Besitz der Uhr ist, Herr über Leben und Tod. Wird es gelingen, der zeigerlosen Uhr in der Generation nach Borg wieder Leben einzuhauchen? Ich denke an die Schwangerschaft Mariannes, die ja erbitterter Streitpunkt zwischen Borgs Sohn Evald und Marianne ist. Auch hier in der Generation nach Isak Borg: Tod oder Leben?

In Borgs erstem Traum ist der Vater durch die Uhr gleichsam abwesend anwesend (vgl. Schneider 2003). Das könnte ein Hinweis darauf sein, wie Borg den Vater in sich selbst auslöscht. Also: Borg in seinem Inneren ein Mörder wie Ödipus? Gleichzeitig könnte die zeigerlose, nicht tickende, gleichsam tote Uhr Ausdruck einer Selbstbestrafung für seine inzestuösen Wünsche der Mutter gegenüber sein. Also: klassischer Ödipus-Komplex. In der griechischen Sage erschlägt Ödipus unwissentlich seinen Vater und heiratet seine Mutter. Als das Verbrechen ruchbar wird, blendet er sich, was einer Kastration gleichkommt. Die unter der Geschäftsuhr angebrachte beschädigte Brille kann als Hinweis für die Richtigkeit dieser Annahme verstanden werden. Wenn dem so wäre, dann wäre Borgs Unlebendigkeit ein Selbstopfer zur Tilgung seiner ödipalen Schuld.

Borg begegnet nun im Traum einem Mann mit einem embryonal unausgeformten Gesicht, der, als er ihn berührt, tot zusammenbricht und ausblutet. Ein lebendig Toter. Ein Selbstbild? Fantasiert er mitmenschliche Berührung für sich als tödlich? In der nun folgenden Szene verfängt sich ein von Pferden gezogener Leichenwagen mit einem Rad an einer Laterne, und unter dem wimmernd-ächzenden Knarren und Kreischen des Wagens, Geräuschen, die das Schreien eines Neugeborenen assoziieren lassen, öffnet sich die Flügeltür des Wagens, und wie in einem Geburtsvorgang rutscht ein Sarg nach draußen auf die Straße (vgl. Schneider 2003). Borg tritt heran und begegnet sich selbst als Totem, der aus dem Sarg nach ihm greift und ihn zu sich hineinziehen will. Auch im Sarg ist er übrigens ganz korrekt gekleidet und trägt sogar Manschettenknöpfe. Ein kurzer Kampf zwischen Leben und Tod beginnt. Im Traum gibt es keine Lösung; infolge der nicht mehr aushaltbaren Konfliktspannung erwacht der Träumer aus seinem schrecklichen Albtraum. Der Traum endet also offen: Kann sich Borg gegen seinen toten Doppelgänger behaupten oder ihn gar zu sich herüberziehen? Damit stellt sich erneut die zentrale Frage des Films: Kann der lebendig Tote, der psychisch versteinerte Borg, zum Lebendigsein finden? Oder wie Erikson (1976) es ausdrückt: »Er muss sein ermordetes Selbst entdecken, um sein lebendiges, wahres Selbst finden zu können.«

3.3 Reise nach Lund – Abstecher ins einstige Sommerhaus der Familie: Regression

Der Todestraum löst in Borg den Entschluss aus, die Reise nach Lund mit dem Auto zu unternehmen. Das Auto erinnert an das griechische »autos«, das Selbst. So wie er erstmals den – zwar scheiternden – Versuch macht, seinen Koffer selbst zu packen, so will er sich jetzt aktiv ans Steuer seines Autos setzen. Übersetzt heißt das, den Versuch zu unternehmen, sein Leben selbst zu steuern. So kann seine schwangere Schwiegertochter Marianne – Sinnbild für Leben und Lebendigkeit – mitkommen. Sie hatte sich in einer existenziellen Ehekrise von ihrem in Lund ansässigen Mann getrennt und Unterschlupf bei ihrem Schwiegervater gesucht. Die gemeinsame Reise eröffnet die Möglichkeit, Borg mit seiner formalistisch strengen Moral und seiner emotionalen Distanz zu ihr und seinem Sohn Evald zu konfrontieren, also mit all seiner Arroganz und seinem Egoismus! Marianne wirft ihm Gefühllosigkeit und Selbstbezogenheit vor und sagt ihm, dass sein Sohn ihn hasse. Das erschüttert Borgs Abwehr und löst bei ihm Betroffenheit aus.

Seine innere Berührung beinhaltet natürlich die bereits gestellte Frage, warum er so geworden ist, wie er ist. Eine Frage, die nicht geradewegs und leicht zu beantworten ist. Filmisch besteht die Antwort in einer Abzweigung vom direkten Weg nach Lund. Die nächste Station seiner Reise besteht in einem Rückblick in die Kindheit, wo alles seinen Anfang nahm. Auf der inneren Entwicklungsschiene zeigt das Abbiegen vom direkten Weg aber auch, dass Borg sich auf das Abenteuer eines Abweges einlässt und damit seiner inneren Starrheit eine Absage erteilt. Schon das dritte Mal an diesem Tag! Erst entscheidet er sich entgegen der ursprünglichen Planung, mit dem Auto zu fahren, dann nimmt er sehr spontan Marianne mit und nun fährt er auch noch von der Hauptstraße ab! Was ist nur mit ihm los?!

Borg fährt zum Sommerhaus seiner Kindheit und Jugend. In einer Art Tagtraum, filmisch einer Rückblende, begegnet er dort seiner Jugendliebe Sara (Bibi Andersson), die für den Geburtstag von Onkel Aron (Yngve Nordwall) wilde Erdbeeren pflückt. Diese würzigen roten Früchtchen, die für den deutschen Filmtitel namensgebend waren, sind in Schweden ein höchst libidinöses Symbol für Frühling und Wiedergeburt. In der Art der nun folgenden Darstellung von Szenen aus Borgs Jugend wird deutlich, wie er in seinen Erinnerungen und Tagträumereien sein Lebensskript verändert und damit quasi neu schreibt (vgl. Schneider 2003). Isak stellt sich vor, wie sein vitaler Bruder Sigfrid sich Sara annähert, mit der er selbst damals als 18-jähriger verbunden war. Im Tagtraum macht Isak, der in den imaginierten Szenen selbst nicht direkt anwesend, sondern mit seinem Vater beim Fischen ist, einen wichtigen Schritt. Er sieht sich selbst nicht (mehr) als das von Sara verlassene, unschuldige Opfer, sondern lässt darin, wie Sara ihren Konflikt mit ihm einer Cousine schildert, erkennen, dass er durch sein eigenes gefühlsarmes und übermoralisches Verhalten dazu beigetragen hat, dass Sara, die später Sigfrid heiratet, ihn verließ. Schon hier erkennen wir, wie sehr sich Isak abgrenzt, ein Charakterzug, der sich im Lauf seines Lebens immer mehr verfestigt (vgl. Erikson 1976). Gleichzeitig spiegelt diese Szene, nach Erikson, aber auch den für dieses Lebensalter typischen adoleszenten Konflikt wider. In der geschilderten Weise – und das ist für seine weitere Entwicklung sehr wichtig – nimmt Isak Sara innerlich wieder mit in sein psychisches Leben auf. Im Film wird das zum Ausdruck gebracht, indem Borg ein Anhaltertrio mitnimmt: ein lebenslustiges junges Mädchen – ebenfalls namens Sara (Bibi Andersson), von derselben Schauspielerin gespielt, die seine Jugendliebe Sara im Film darstellt – sowie ihre beiden sie begleitenden studentischen Freunde, den Theologen Viktor (Björn Bjelfvenstam) und den Mediziner Anders (Folke Sundquist). Die beiden verkörpern unterschiedliche Teile seines Selbst. Gleichzeitig verkörpern die drei aber auch die Identitätskrise Borgs, als er in ihrem Alter war.

Im weiteren Verlauf des Filmes kommt es zur Begegnung mit dem Ehepaar Alman (Gunnel Broström und Gunnar Sjöberg). Unter anderem ist es dieses Paar, das, nach Erikson, das nächste Lebensalter, nämlich das Erwachsenenalter verkörpert. Diese beiden konfrontieren Isak mittels ihrer destruktiven, auf die Demütigung des jeweils anderen zielenden ehelichen Auseinandersetzung, wie man später hört, mit seiner eigenen gescheiterten Ehe. Filmisch wird dies abrupte und heftige Bewusstwerden seiner Erinnerungen intensiv als unerwarteter Fast-Zusammenstoß Borgs mit den Almans dargestellt, deren Wagen aus dem Dunkel eines Waldes wie aus dem Unbewussten auftaucht (vgl. Schneider 2003). Jetzt gibt Borg das Steuer an Marianne ab. Das ist ein bemerkenswerter Schritt. Er liefert sich Mariannes Fahrkünsten aus – und damit einem anderen

Menschen. Dies ist bildlicher Ausdruck für einen förderlichen Verzicht auf Kontrolle. Nach einem Stück gemeinsamen Wegs wirft Marianne die Almans aus dem Wagen, und zwar zum Schutz der jungen Leute, wie sie sagt. Aber es geht wohl auch um den Schutz ihres eigenen ungeborenen Kindes, von dem sie später spricht.

Auf der nächsten Station der Reise, beim Tankstop, hören wir von der glücklichen Zeit Borgs als Kreisarzt vor seiner wissenschaftlichen Laufbahn und von der liebevollen Wertschätzung, die ihm sogar noch von den Kindern seiner damaligen Patienten entgegengebracht wird. Es folgt die schöne Szene, als Isak beim Essen im Freien zu fünft erstmals sichtbar auftaut und über die gemeinsame Rezitation eines Gedichts eine emotionale Brücke zu Marianne und den jungen Leuten findet. Das schwedische Gedicht, das er, bezeichnenderweise mithilfe Mariannes, rezitiert, wirkt wie ein sehnsuchtsvoller, auf Gottvater, den Schöpfer der herrlichen Natur, verschobener Wunsch nach Kontakt zum eigenen Vater: »Wo ist der Freund, den überall ich suche [...,] / [...] dort eine Spur, wo seine Kraft sich zeigt, wo Blumen duften, eine Ähr' sich neigt [...].«

Wie in der Tankstopszene wird emotionale Berührtheit auch hier im Freien gezeigt, während umgekehrt die Szenen in geschlossenen Räumen oft bedrohlich, starr und eng wirken, wie wenn Räume das Innere Borgs, also sein zwanghaft-starres Selbst spiegeln würden.

3.4 Begegnung mit der Mutter: Der Ursprung des Dilemmas

Besonders ausgeprägt ist das zuvor Beschriebene in der nachfolgenden Begegnung Isaks mit seiner 96-jährigen Mutter zu spüren, einer Frau, die große Kälte ausstrahlt. Bei diesem Zusammentreffen wird wieder die Abwesenheit des Vaters präsent. In Isaks Mutter ist kein lebendiger Bezug zu ihrem schon länger verstorbenen Mann spürbar. Man weiß nicht, ob er vielleicht der stattliche Mann auf dem Bild im Hintergrund ist. Sie erwähnt ihn zwar – der Hinweis auf seine Uhr, die ödipalen Fantasien ihrer Töchter –, aber das sind lediglich Worte, emotional herrscht eine kalte, leblose Starre, die sich im stummen Entsetzen der mit anwesenden Marianne spiegelt. Ein unkommentiertes, rein als Bild präsentes Detail weist zum Ende der Szene noch einmal auf den Vater hin. Wie unbewusst über die Abwesenheit des Vaters nachsinnend, hält Isak gedankenverloren, von der Mutter abgewandt, ein Spielzeug in seinen Händen, das auf seinen Vater verweist: eine alte Spielzeuglokomotive. Die Lok ist ein eindrucksvolles Symbol für männliche Kraft, also den Vater.

Allein mit filmischen Mitteln entsteht so durch den szenischen Zusammenhang eine innere Verbindung zwischen drei Beziehungen: Borg und der innerlich verlorene bzw. tot gewünschte oder ausgestoßene Vater, Borg und die Mutter, Mutter und Vater. Damit wird zugleich das Dreieck Vater-Mutter-Sohn präsent. Und neben den genannten Zweierbeziehungen entsteht eine weitere: Elternpaar-Sohn. Es entsteht also gedanklich, gespiegelt in der stummen Zeugenschaft Mariannes, die den Vater einschließende Familie Borgs. Der Vater wird nicht mehr wie früher verleugnet. Ein wichtiger, wenn vielleicht auch noch nicht ganz bewusster Schritt (vgl. Schneider 2003).

3.5 Examenstraum: Narzisstischer und ödipaler Konflikt

Auf der Weiterfahrt hat Borg einen zweiten Traum. Zunächst begegnet er darin erneut der Sara seiner Jugend, die ihm einen Spiegel vorhält und ihn mit seiner Starrheit konfrontiert. Als sie ihn verlässt und zu einem weinenden Baby läuft, es aus seinem Wagen nimmt, um es in ihren Armen zu beruhigen und vor den Schrecken der Natur, d. h. des Lebens zu beschützen, verkörpert sie jene Lebendigkeit, die bei ihm auch jetzt noch kaum Platz hat. Sein nachfolgender Aufbruch im Traum ist vom Geschrei von Dohlen, Todesvögeln also, begleitet. In der nächsten Kameraeinstellung ist er der ausgeschlossene Beobachter, der von außen durch ein Fenster Zeuge einer liebevoll-zärtlichen Szene zwischen Sara und ihrem Mann Sigfrid wird.

Borg läuft weiter und sucht Einlass in ein Nebengebäude, wobei er sich an einem Nagel die Handinnenfläche verletzt, vielleicht ist dies Ausdruck einer Identifizierung mit dem Gekreuzigten, mit allen Größenfantasien, die das beinhaltet, vielleicht aber auch einer Verbindung zum Lebendigsein über den Schmerz. Herr Alman, jetzt Repräsentant eines gnadenlos strengen Über-Ichs, unterzieht ihn einer Art Lebensprüfung, die er im Gegensatz zu allen Prüfungen, die er in seinem realen Leben früher ablegen musste und mit Bravour bestand, nun nicht bewältigt. In einer kafkaesk anmutenden Gerichtsszene erlebt er sich zunächst als einen in seinem Beruf Scheiternden: Er kennt nicht das erste ärztliche Gebot, um Verzeihung zu bitten; bei einer anschließenden Fachprüfung erkennt er, obwohl Experte, beim Blick ins Mikroskop nicht die Mikroben, sondern nur den Reflex des eigenen Auges. Hier wird auf das Narziss-Motiv der Selbstbespiegelung angespielt. Im weiteren erklärt er die zu untersuchende, scheinbar leblose Frau Alman für tot – er kann Lebendiges und Totes nicht voneinander unterscheiden, was zugleich wie eine Assoziation zur zerbrochenen Brille des ersten Traums wirkt. Wie sehr ist ihm doch durch seine »neurotische« Brille oft der Blick in die Herzen seiner Mitmenschen versperrt. Dies betrifft ganz besonders seinen Blick für Frauen, selbst für die einst eigene!

In der letzten Traumszene wird Isak von Alman mit einem realen Ereignis aus seinem Leben konfrontiert. Es wird genau datiert. Man sieht Isak neben einer verkohlten Leiter stehend. Man kann sie traumsymbolisch wohl als Hinweis auf die Zerstörung seiner Sexualität deuten. Isak beobachtet auf einer kleinen Lichtung seine Frau Karin mit ihrem Liebhaber (Åke Fridell). Angewurzelt, ohne jeden erkennbaren Impuls, dazwischen zu gehen und um seine Frau zu kämpfen, schaut er dem Treiben der beiden zu. Er wird Zeuge einer sexuellen Begegnung ohne Zärtlichkeit und Liebe, gekennzeichnet durch besitzergreifende Heftigkeit und Gewaltsamkeit. Der Kern dieser Traumszene ist eine reale Erinnerung an seine Ehe mit Karin. Es bedarf der Klärung, warum er sich so voyeuristisch verhält und nicht eingreift. Warum darf es nicht zu einer liebevollen, zärtlichen Begegnung kommen? Es ist anzunehmen, dass Isak als einer von zehn Kindern weder bei seiner Mutter – wie kalt und abweisend sie war, haben Sie ja in einer Filmszene erlebt – noch bei seinem Vater landen konnte. Er muss in ödipaler Weise heftig um sie gerungen haben, doch ohne Erfolg. Alle seine Versuche, die für uns Menschen in der Kindheit fürs emotionale Überleben so dringend erforderliche gefühlsmäßige Zuwendung zu erhalten, scheiterten offensichtlich weitestgehend. Wir wissen heute aus der Säuglingsforschung, wie die Erfahrung, geliebt, anerkannt und gehalten zu werden, einen emotionalen Dialog zu finden und zu erleben, etwas beim Gegenüber bewirken zu können, für Kleinkinder überlebensnotwendig sind, um Urvertrauen, Bindungsfähigkeit, Autonomie und Lust auf Leben entwickeln zu können. Isaks Beziehungserfahrung bestand offensichtlich darin, niemanden erreichen zu können. Und so wählte er den einzig gangbaren Weg und machte aus seiner Not quasi eine Tugend. Er verließ sich nur noch auf sich selbst, machte sich unabhängig von anderen Menschen und kontrollierte alles, was mit Gefühl zu tun hatte, um nicht verletzt zu werden. Seine Enttäuschungswut über das Widerfahrene spiegelt sich in seinem Beziehungsverhalten. Er kann zynisch und verächtlich sein, auch wenn er noch so sehr versucht, seine Gefühle zu kontrollieren, was ihm nie ganz gelingt. Eine Art Wiederholungszwang leitet ihn, denn er kennt kein anderes Muster. Liebe kann eben nur der geben, der selbst Liebe erfahren hat.

Mit dieser Hypothese können wir sein Verhalten verstehen, seinen Mangel an Zärtlichkeit, an liebender Sexualität, seine Starrheit und Unlebendigkeit, seine kalt-überlegene Unverletzbarkeit und Unberührtheit und sein Gefühl moralischer Überlegenheit. Jedenfalls entsteht ein solches Bild von ihm, wenn man die oben erwähnte Bemerkung Saras ernst nimmt und von der resignativen Verzweiflung seiner Frau erfährt, die ihrem Liebhaber gegenüber von ihm sagt, er verhalte sich so unendlich überlegen wie Gott selber. Isak ist letztlich ein ungeliebter kleiner Junge geblieben, der seine tiefen Minderwertigkeitsgefühle nur mit Größenfantasien kompensieren kann. So können wir Borgs kaum bewusstseinsfähige »Schuld« am Scheitern seiner Ehe sowie seine Unkenntnis des Primärgebots des Verzeihens verstehen, wozu ja gehören würde, die Schuld anderer und die eigene fühlen zu können.

Dass ein Entwicklungsprozess in Borg begonnen hat, wird an seiner betroffenen Reaktion auf den Traum und im darauffolgenden Gespräch mit Marianne deutlich, in dem er sich als im Leben tot bezeichnet. Zum ersten Mal erleben wir, wie er emotional beteiligt zuhört, als Marianne ihm von der Auseinandersetzung zwischen ihr und Evald erzählt. Wir erfahren, dass jener die Ehe seiner Eltern als »Hölle« erlebt hat. Ohne es zu wollen, hat sich Evald mit der Kälte und Leblosigkeit seines Vaters identifiziert, wie es das Schicksal von Kindern eben ist. Er hat den abgrundtiefen Lebensekel und die Todessehnsucht seines Vaters übernommen, die nur durch sein Pflichtgefühl in Schach gehalten werden. Kein Wunder, dass er keine Kinder will. Die Destruktivität Evalds droht seine Ehe zu zerstören, nachdem Marianne ihm von ihrer Schwangerschaft erzählt und sich gegen sein vehementes Abtreibungsverlangen gestellt hat: Sie will dieses Kind auf jeden Fall behalten, womit sie sich gegen den Tod und für das Leben entscheidet.

3.6 In Lund:
Der selbstreflexive Prozess trägt Früchte

Der letzte Teil des Films spielt am Spätnachmittag und Abend in Lund. Im Anschluss an die Ankunft bei Evald – die Haushälterin Agda ist bereits dort – folgt die hoch ritualisierte Jubiläumsfeier in der Kathedrale von Lund. Eine Fehlhandlung weist auf Borgs innere Veränderung hin: Auf dem Defiliermarsch zur Kathedrale durchbricht er die starre Ordnung, als er seinen Kopf freundlich der jungen Mitfahrerin Sara zuwendet, die ihm etwas zuruft. Mehr noch, auf dem Höhepunkt des narzisstischen Erhöhungsaktes, während er den Jubiläumsdoktorhut aufgesetzt bekommt, ist er mit seinen Gedanken bei etwas viel Wesentlicherem, wie sein innerer Kommentar erkennen lässt: Er denkt an die für ihn psychisch so wichtigen Ereignisse des Tages zurück.

Auch die Stimmung, die der Film vom Abend des Tages vermittelt, ist hoffnungsvoll, und zwar für beide Generationen. Von Seiten Evalds, der als Erbe seines Vaters auf der destruktiven, todesorientierten Seite stand, gibt es eine fühlbare Annäherung an Marianne, die das Lebendige verteidigt: Evald sagt, er könne ohne sie nicht leben. Wie sehr Isak Borg ein anderer geworden ist, zeigt sich in einer Reihe kleiner Szenen: Es gibt einen anrührenden Fast-Flirt mit Agda, die er schon 40 Jahre kennt. Der Abschied von den nach Italien weiter ziehenden jungen Leuten ist liebevoll-herzlich und Evald und Marianne gegenüber ist er offener und emotional zugewandter.

3.7 Aussöhnung mit den internalisierten Eltern

In seinem zweiten Tagtraum, in dem es um die Suche nach dem Vater zu gehen scheint, mehr aber noch um das Elternpaar, indem er sagt: »Ich habe schon nach ihm gesucht, aber ich finde weder Vater noch Mutter«, läuft Sara auf ihn zu. Mit ihr begann im ersten Tagtraum die Konfrontation mit seiner Vergangenheit. Ihre Person ist mit den wilden Erdbeeren, dem Symbol des neu erwachenden Lebens, verbunden. Sie also nimmt ihn bei der Hand und zeigt ihm am jenseitigen Ufer in einer kleinen Bucht die beiden in Weiß gekleideten Eltern. Man muss an den Styx denken, der das Totenreich von der Welt der Lebenden scheidet. Weiß ist die Farbe der Engel. Die beiden sitzen da, der Vater friedlich fischend, die Mutter ein Buch lesend, der Vater ihm zuwinkend, die Mutter nickend. Das letzte Bild dieses Tagtraums zeigt einen warm lächelnden, zum Leben aufgetauten Isak. Ein Stück innerer Aussöhnung mit einem Elternpaar, das, wie sicherlich alle Eltern, seinen Kindern das Beste geben wollte, aber eben nicht mehr geben konnte, als es hatte. Wir wissen heute, dass »Täter« immer auch selbst »Opfer« waren – eine schicksalhafte Verknüpfung ... Das ist bei Isak nicht anders als wohl bei seinem Vater und bei Evald nicht anders als bei Isak. Darin liegt vielleicht eine Aufgabe unseres Lebens, diese transgenerationale Weitergabe von Problemen zu überwinden oder zumindest unseren Teil dazu beizutragen ... Greenberg (1975), der den Film ebenfalls analysiert hat, schreibt zu dieser Szene, dass – obwohl Borg in diesem Traum als distanzierter Beobachter erscheint – doch eine bedeutungsvolle Entwicklung stattgefunden habe. Aller Neid und alle Bitterkeit seien verschwunden. Die Szene, die er beobachte, sei lieblich, harmonisch, und zu einem gewissen Grad könne er an dem Frieden, den sie ausstrahlt, teilhaben. Denn er hat zu guter Letzt die Anerkennung warmherziger Frauen gewonnen, was ihm ermöglicht, seinen Wert als Kind und als Mann zu erkennen. Es ist ihm möglich geworden, sich mit seinem Vater zu identifizieren, und er kann nun die Intimität seiner Eltern ertragen, ohne dass ödipaler Neid in ihm hochkommt. Dass er diese heilsamen Einsichten erst an der Schwelle zum Tod gewonnen hat, ist tragisch, dass es diesem in seinem Gefühlsleben so eingeschränkten Mann aber überhaupt vergönnt war, dies zu erleben, ist wie ein kleines Wunder.

4   Epilog

Es ist eine Stärke von *Wilde Erdbeeren*, dass das Filmende die Entwicklung Borgs nicht idealisierend darstellt. Denn trotz der eindrucksvollen Bilder sowie der versöhnlichen und hoffnungsvollen Szenen am Ende des Filmes, denen das ästhetische Gelingen des Films als Kunstwerk entspricht, bleiben offene Fragen und Unsicherheiten. Es wird keine abgeklärte Zufriedenheit vorgegaukelt, die unwahr wäre. Eine melancholische Traurigkeit liegt über dem Ganzen: Sara sagt Isak in seinem Tagtraum, dass es hier keine wilden Erdbeeren mehr gebe. Es geht also auch um Abschied und Betrauern dessen, was unwiederbringlich vorbei ist. Und dem entspricht, dass Isak seine Entwicklung zum Leben hin eben erst in seinem letzten Lebensabschnitt, vielleicht am Vorabend seines Todes, hat machen können.

Der Film stimmt hoffnungsvoll, da er aufzeigt, dass es in jedem Lebensalter Entwicklungsmöglichkeiten gibt. Leben ist eng verknüpft mit der Bereitschaft, infrage zu stellen, zu verändern und einander intersubjektiv, auch transgenerational zu begegnen. Ist man dazu bereit, eröffnen sich jene Perspektiven, die Hermann Hesse in seinem Gedicht von den »Stufen des Lebens« so trefflich ausgedrückt hat. So wie auch Ingmar Bergman mit seinem Film von den wundervollen »wilden Erdbeeren«!

5 Zusammenfassung

Ein früher Film des schwedischen Regisseurs Ingmar Bergmanns wird unter psychoanalytischem Blickwinkel betrachtet. Auf einen Tag verdichtet gibt der Film einen Rückblick auf das Leben des ergrauten Protagonisten. Regressive Prozesse und neue zwischenmenschliche Begegnungen auf der Fahrt zu einer Jubiläumsfeier in Lund setzen bei dem alten Arzt einen selbstreflexiven Prozess in Gang, der es ihm ermöglicht, sein Verhalten in einem neuen Licht zu sehen und einen Weg aus seiner narzisstisch-ödipalen Verstrickung zu suchen. Die zeitlose und zugleich hoffnungsvolle Botschaft dieses ergreifenden Filmes ist, dass es in jedem Lebensalter, auch noch im höchsten, eine Chance für Entwicklung und Veränderung gibt.

Literatur

Arlow, J. A. (1997): The end of time: a psychoanalytical perspective on Ingmar Bergman's »Wild Strawberries«. I. J. Psycho-Anal. 78, 595–599.
Bach, S. (1970): Discussion of Greenberg's paper on Bergman's »Wild Strawberrries«. American Imago 27 (1), 194–199. Nachgedruckt in: Kaminsky, S. M.; Hill, J. F. (Hg.) (1975): Ingmar Bergman: Essays in Criticism. London (Oxford University Press).
Cowie, E. (2003): The cinematic dream-work of Ingmar Bergman's »Wild Strawberries« (1957). In: Birksted-Breen, D. (Hg.): The Couch and the Silver Screen. Hove, New York (Brunner-Routledge), S. 181–203.
Diamond, D. (1990): On wild strawberries and YPI: Reflections on postdoctoral training. Yale Psychiatric Quarterly 12, 22–24.
Erikson, E. (1976): Reflections on Dr. Borg's life cycle. In: Ders.: Adulthood. New York (W. W. Norton).
Greenberg, H. R. (1970): The rags of time. American Imago 27 (1), 66–82. Nachgedruckt in: Kaminsky, S. M.; Hill, J. F. (Hg.) (1975): Ingmar Bergman: Essays in Criticism. London (Oxford University Press).
Greenberg, H. R. (1975): The Movies on Your Mind. New York (E. P. Dutton).
Kaminsky, S. M.; Hill, J. F. (Hg.) (1975): Ingmar Bergman: Essays in Criticism. London (Oxford University Press).
Kettell, M. (2001): Reminiscence and the late life. Search for Ego integrity: Ingmar Bergman's Wild Strawberries. J. of geriatric psychiatry: official journal of the Boston Society fr 34, Madison, Conn. (Internat. Univ. Press), 9–41.
Schneider, G.; Witt-Schneider, G. (2003): Wilde Erdbeeren. Psyche – Z Psychoanal. 57, 751–756.
Valentine, M. (2000): Wild Strawberries. Film review. British J. Psychotherapy 16 (4), 522–524.

Belle de Jour
(Regie: Luis Buñuel; Frankreich, 1966)

»Ohne eine gewisse Fetischisierung [...] erlischt das Sexualbegehren bei normaler Sexualität sehr schnell. Das Geheimnis jener Paare, die viele Jahre immer wieder erregend miteinander sexuell verkehren, liegt offenbar darin, dass sie durch eine milde perverse Inszenierung wirksam aufeinander bezogen und miteinander verbunden sind.«
V. Sigusch: Leitsymptome süchtig-perverser Entwicklungen

1 Einleitung

Eigentlich sollte *Belle de Jour* der letzte Film des damals 66-jährigen Buñuel werden – sein finanziell erfolgreichster und wohl berühmtester wurde er, aber sein letzter blieb er nicht. Im Rückblick auf sein Lebenswerk, das mehr als 50 Jahre umspannt, kann man sagen, dass *Belle de Jour* der Auftakt zu seiner vierten und letzten Schaffensepoche war (vgl. Wood 2000). Seine Arbeit als Regisseur und Drehbuchautor, besonders ihr Beginn in Frankreich, war vom Surrealismus durchdrungen und so wundert es nicht, dass auch dieses Spätwerk deutlich surrealistische Züge trägt, die sich, infolge der engen Verknüpfung von Surrealismus und Psychoanalyse, in primärprozesshaften Abläufen, Symbolik und zahlreichen Fantasie- und Traumsequenzen wiederfinden. Die Schwierigkeit, sich im Film zwischen Anfang und Ende, zwischen Traum, Fantasie und Realität zurechtzufinden, führte bei Filmkopien mit Untertiteln dazu, dass kursive Schriftzüge eingesetzt wurden, um dem Publikum wenigstens die Unterscheidung zwischen Realität und Nicht-Realität zu erleichtern. All das macht wohl hinreichend deutlich, dass dieser vielschichtige Film in unterschiedlicher Weise interpretiert werden kann. *Belle de Jour* kann gleichermaßen als Darstellung weiblicher sexueller Perversion, als Lehrstück einer sadomasochistischen Beziehungskollusion, als entlarvende Gesellschaftskritik mit Aufdeckung der voyeuristischen Tendenzen der Zuschauer als Teil derselben und als Darstellung einer Entwicklung – nämlich der Protagonistin Séverine – verstanden werden. Darüber hinaus zeigen viele Elemente des Filmes eine enge Verkoppelung mit der Kirche, wobei gerade Kirche und Surrealismus die Spur auf Buñuel selbst lenken, was die Sache noch verwirrender macht. Ein für ihn bedeutsamer Onkel war Priester und so war er bereits früh Messdiener und Mitglied im Kirchenchor. Er wurde in eine Jesuitenschule eingeschult, die er acht Jahre besuchte. In der letzten Phase seines Studiums befasste er sich intensiv mit Freuds »Psychoanalyse des Alltags«, verließ schon bald nach seinem Abschluss seine spanische Heimat und ging nach Paris, wo er mit dem Surrealismus in Kontakt kam. Dort schrieb er 1929 innerhalb einer Woche gemeinsam mit seinem Freund S. Dalí das Drehbuch zu seinem ersten Film *Ein andalusischer Hund*. Dabei gingen beide nach dem surrealistischen Prinzip des »automatischen Schreibens« vor, das stark am Primärprozess orientiert ist. Dieser surrealistische Film (Schneider 2006, S. 253f.) wurde ein großer Erfolg und führte zur Aufnahme Buñuels in die französische Surrealistengruppe, die sich um André Breton gebildet hatte. Die Surrealisten, die sich, wie gesagt, Freud sehr verbunden fühlten – Breton und Dalí haben ihn persönlich aufgesucht – schöpften aus der Quelle der Psychoanalyse und vertraten die Ansicht, dass das freie Spiel der Gedanken nicht durch die Vernunft kontrolliert werden dürfe, da nur so die Erkenntnis einer höheren Wirklichkeit möglich sei. In diesem Zusammenhang betonten die Surrealisten die Bedeutung von Träumen, Fantasien und unterdrückten Gefühlswelten und stellten tradierte soziale Werte wie Bürgertum und Kirche massiv infrage, ja schockierten sie geradezu.[1] Breton (1924) brachte es folgendermaßen auf den Punkt: »Ich glaube an die künftige Auflösung dieser scheinbar so gegensätzlichen Zustände von Traum und Wirklichkeit in einer Art absoluter Realität, wenn man so sagen kann: Surrealität. Nach ihrer Eroberung strebe ich, sicher, sie nicht zu erreichen, zu unbekümmert jedoch um meinen Tod, um nicht zumindest die Freuden eines solchen Besitzes abzuwägen.« Die dargestellte Haltung durchzieht Buñuels gesamtes filmisches Schaffen. In *Belle de Jour* hat sich der Surrealist durch einen kurzen Cameo-Auftritt ein kleines Denkmal gesetzt: In der Szene, in welcher Georges Marchal als Herzog aus seiner Kutsche steigt, sitzt Buñuel als einer der Gäste vor dem Café.

Die ganze Menschheitsgeschichte ist geprägt von dem alles andere als problemlosen Schnittpunkt, der aus der Begegnung der Geschlechter resultiert. Was *Belle de Jour* so faszinierend macht, ist die Beschäftigung mit der Dialektik dieser Begegnung, deren eine Seite das ur-menschliche Streben nach Beziehung, Geborgenheit und Fürsorge verkörpert und deren andere Seite die nach wollüstiger Befriedigung drängende eigene Sexualität darstellt. Diese, spätestens seit Freud natürlich jedermann rational hinlänglich bekannte, archaische Thematik fasst der deutsch-türkische Schriftsteller Zafer Senocak feinsinnig in zeitgemäße Sprache (2006, S. 26f.):

»Sexualität ist immer noch jenes Grenzgebiet, in dem sich der Mensch häufig verläuft. Der dunkle Kontinent, wie die Dichterin Ingeborg Bachmann einmal die Liebe nannte, erweist sich trotz einer hundertjährigen Emanzipationsgeschichte, trotz Freud und der Aufklärung, dunkler als je zuvor. Die Entdeckungen der Psychoanalyse und der auf sie folgenden Sexualwissenschaft waren zugleich immer Verhüllungen, deuteten sie doch darauf hin, dass der Forscher sich auf unsicherem, weil rätselhaftem Terrain bewegt.

Nach wie vor trägt jeder Mythos im Kern ein sexuelles Paradigma, das sich der Entschlüsselung verweigert und somit der Entmythologisierung unserer Welt Grenzen setzt. Die großen Weltreligionen als Sammelbecken der Mythen, aber auch zahllose gnostische und häretische Glaubensvarianten sind und bleiben eine Zone des Geschlechterkampfes.

Ob es sich dabei um die katholische Morallehre handelt, die protestantische Sexualmoral oder die muslimische Libidodiktatur, alle religiösen Lehren räumen der Sexualität und der Ordnung der menschlichen Triebe einen zentralen Platz in ihren Denkgebäuden ein. Und was die Ordnung betrifft, scheitern sie alle. Denn die soziale Funktion der Triebe ist anarchisch, ihre Kontrolle nicht nur Kulturleistung, sondern auch Auslöser von pathologischen Folgereaktionen. Das gesunde Patriarchat als funktionierende Fortpflanzungsanstalt, aber auch die romantische oder auch göttlich sanktionierte Konstruktion der Liebesidee verlaufen sich im Urwald der Triebe. Nicht einmal durch konsequente Enthaltsamkeit gibt es ein Entrinnen. [...] Unsere gesamte Werbeindustrie [entspricht] vollkommen dem muslimischen, männlich dominierten Entwurf der Sexualität. Verfechter von Emanzipationstheorien und gut gemeinter Gleichheitsrituale verlaufen sich ebenso im dunklen Kontinent der Triebe wie die Ordnungshüter mit ihren scheinbar einfach modulierten Lösungen. Doch keiner Seite fällt es leicht, dies zu akzeptieren. Deshalb wird der Diskurs über Sexualität nach wie vor stark ideologisiert geführt, um Männer und Frauen, die eher Kopfgeburten

sind als jene leibhaftigen, melancholischen, euphorischen, mal passiv, mal exzessiv genießenden, ihrer Macht und Ohnmacht nicht habhaften, Schmerz und Lust in sich vereinenden, widersprüchlichen Wesen aus dem gewöhnlichen Leben.
Sexualität ist eben mehr als ein soziologisch fassbares Verhaltensmuster, mehr als ein Körper, den man verhüllen kann, mehr als eine fallengelassene Hülle. Sie ist Schmiede der Persönlichkeit, ein Urmuster der Schöpfung, das die gesamte Widersprüchlichkeit des Menschen abbilden kann.«

Als Vorlage für seine Literaturverfilmung diente Buñuel der gleichnamige Roman des erfolgreichen französischen Schriftstellers und Mitgliedes der Académie Française, Joseph Kessel, aus dem Jahre 1928. Bei den Filmfestspielen von Venedig wurde *Belle de Jour* 1967 als »Bester Film« prämiert. Die Rolle der Hauptdarstellerin Séverine festigte Catherine Deneuves Ruf als herausragende französische Schauspielerin und brachte der bei den Dreharbeiten 23-Jährigen als »beste Hauptdarstellerin« den wichtigsten britischen Filmpreis BAFTA ein.

2 Filminhalt

Eine Kalesche, von zwei Pferden gezogen, fährt mit Glöckchengeläut durch den Bois de Bologne. Das darin sitzende junge Paar, Séverine Serizy (Catherine Deneuve) und ihr Mann, der erfolgreiche Chirurg Pierre Serizy (Jean Sorel), beteuert sich seine gegenseitige Zuneigung, die von Tag zu Tag größer werde. Im weiteren Dialog wird freilich rasch deutlich, dass das Paar sexuelle Probleme hat. Das Ganze endet damit, dass die Frau, als die Sprache auf ihre »Kälte« kommt, sich abrupt abwendet, und der Ehemann, als sie seine »Zärtlichkeit« abweist, sich über ihre Boshaftigkeit beklagt. Sie entschuldigt sich und es tritt Schweigen ein, das nach einiger Zeit durch den Befehl des Ehemannes an die Kutscher, anzuhalten, unterbrochen wird. Die Kutscher zerren die Frau in den Wald und peitschen sie auf Geheiß des Mannes, der unbeteiligt zusieht, aus und vergewaltigen sie anschließend, wobei der Gesichtsausdruck der Geschändeten Zweifel an ihrem Leiden aufkommen lässt. Die nächste Szene spielt im Schlafzimmer des Paares und macht deutlich, dass alles ein Traum von Séverine war. Der Strang der Erzählung von *Belle de Jour* scheint einfach. Séverine, diese attraktive 23-jährige Blondine, deren Lebensinhalt sich in ihrem Dasein als Ehefrau, in Shopping und gelegentlichem Tennisspiel, also in einem richtig großbürgerlichen Luxusleben erschöpft, liebt ihren Mann in einer asexuellen Weise. Als Grund wird angedeutet, dass sie als Kind das Opfer sexuellen Missbrauchs war. Sexuelle Lust erlebt sie nur in Form sie bedrängender masochistisch-sexueller Fantasien. Als sie von ihrer Freundin Renée (Macha Méril) hört, dass eine gemeinsame Bekannte, Henriette, stundenweise als Prostituierte in einem Bordell arbeitet, und ihr ein Verehrer, gleichzeitig Freund ihres Mannes, der Lebemann Henri Husson (Michel Piccoli), genießerisch erzählt, er kenne solche Etablissements gut, und ihr die Adresse des von ihm hoch geschätzten Etablissements von Madame Anaïs (Geneviève Page) ins Ohr flüstert, bröckelt die Abwehr der jungen Frau mehr und mehr. Im teuren Yves-Saint-Laurent-Kostüm wirkt sie ebenso adrett wie unschuldig. Das ist ihre bürgerliche Fassade. Innerlich aber schwankt sie zwischen Angst und Neugier, schlechtem Gewissen gegenüber Pierre und dem Drang nach Verwirklichung ihrer sie überwältigenden Träume. Schließlich wagt sie den Schritt und nimmt ihre Arbeit als Edel-Prostituierte im Bordell von Madame Anaïs unter dem Pseudonym »Belle de Jour« auf. Zwischen zwei und fünf Uhr nachmittags empfängt sie dort ihre Kunden. Ihre Kolleginnen sind die schwarzhaarige Charlotte (Françoise Fabian) und die rothaarige Mathilde (Maria Latour). So unnahbar und kühl wie ihrem Mann Pierre begegnet sie anfangs auch ihren Kunden. Ihr erster ist Monsieur Adolphe (Francis Blanche), ein reicher Bonbonfabrikant, der die Frauen wie seine Ware abschätzt. Ihm folgt der bekannte Frauenarzt, Professor Henri (Marcel Charvey), der mit einem Koffer das Etablissement betritt, worin sich die Utensilien für seine masochistisch-perversen Handlungen befinden. Als Diener verkleidet will er seine Wünsche nach einem von ihm festgelegten Ritual mit der Peitsche erfüllt sehen. Angewidert von diesem Spiegelbild wendet sich »Belle de Jour« ab. Sie wird gegen Charlotte ausgetauscht, muss die Szenerie aber durch ein Guckloch in der Wand mitverfolgen, um zu lernen. Der nächste ist ein bulliger asiatischer Kunde (Iska Khan) mit einer einschlägigen »Geisha-card« (fernöstliche Kreditkarte, über die Bordellbesuche bargeldlos abgerechnet werden können), der eine chinesische Lack-Schattule präsentiert, aus der, als er sie öffnet, ein wie von Insekten erzeugter, vibrierender Ton dringt. Angewidert wendet sich Mathilde, welcher er das geöffnete Kästchen unter die Nase hält, ab: »Nein, vielen Dank, Monsieur, mit mir nicht« und lässt den Freier stehen. »Belle de Jour« ist zwar ob der zu erwartenden Perversion auch nicht begeistert, lässt sich aber auf das Liebesabenteuer mit diesem exotischen Kunden ein. Das Zimmermädchen, das nach dem Zusammensein Mitgefühl mit der anscheinend vergewaltigten, erschöpft auf dem Bett liegenden Séverine äußert, erfährt Zurückweisung: »Was verstehst Du denn davon?!« »Belle de Jour« findet ganz offensichtlich Gefallen an der ausgefallenen Befriedigung ihrer masochistischen Fantasien. Ihre Erstarrung löst sich und sie wird lockerer. Pierre erklärt sie geradezu fröhlich, sie komme ihm von Tag zu Tag näher, denn sie habe keine Angst mehr vor ihm. In ihrer Fantasie lässt sie sich allerdings für ihr Tun bestrafen. Während des Angelus-Läutens wird sie, nur mit einer zarten weißen Tunica bekleidet, auf einer Stierweide an Pfählen festgebunden, von Husson mit schwarzem Schlamm beworfen und als Hure gedemütigt.

In einem Café lässt sich Séverine beim Trinken eines Glases Milch von einem Herzog (Georges Marchal) dafür engagieren, in einem offenen Sarg, gehüllt in einen hauchdünnen, transparenten schwarzen Umhang, die Leiche seiner verstorbenen Tochter (Buñuel 1985, S. 234) zu spielen. Nach Abschluss des nekrophilen Zeremoniells wird sie, die Nutte, vom Diener des Herzogs in den strömenden Regen geschickt. Ihren schwarzen Lackmantel wirft er ihr hinterher. Zuletzt lernt Séverine den Gangster Hyppolite (Francisco Rabal) und seinen in Schwarz gekleideten Kompagnon Marcel (Pierre Clémenti) bei Madame Anaïs kennen. Marcels Körper trägt Spuren brutaler Gewalt. Man hat ihm die Zähne herausgeschlagen und an seiner linken Schulter hat er eine lange Narbe. Anfangs behandelt er »Belle de Jour« wie eine Ware, die er fast zurückgehen lässt, da er auf ihrem makellosen Körper einen kleinen Leberfleck entdeckt. Doch bald verliebt er sich in sie, will mehr von ihr und beginnt ihr nachzustellen. Auch sie entwickelt Gefühle für ihn und bietet ihm ihre Dienste auch ohne Bezahlung an. Als unverhofft auch noch der Freund ihres Mannes, Henri Husson, im Bordell aufkreuzt, kündigt Séverine überstürzt. Schnell findet Marcel heraus, wer »Belle de Jour« in Wirklichkeit ist, sucht sie zu Hause auf und droht, Pierre alles über sie zu erzählen, wenn sie ihm nicht zu Willen ist. Schließlich erhört er das Flehen seiner Geliebten und ändert seinen Plan. Er beschließt den zu erschießen, der zwischen ihnen steht. Pierre wird sein Opfer. Schwer verletzt muss er sein Leben fortan gelähmt im Rollstuhl verbringen, wobei er von Séverine aufopfernd gepflegt wird. Marcel wird auf der Flucht von einem Polizisten erschossen. Henri besucht die Serizys und erzählt Pierre von Séverines Tätigkeit bei Madame Anaïs, um den Gelähmten von Schuld, seiner jungen Frau gegenüber für das eingeschränkte Leben, das nun vor ihr liegt, zu entlasten. Die Uhr schlägt fünf. Henri ist gegangen. Bangend geht Séverine zu Pierre. Fragend sieht sie ihn an. Da nimmt dieser seine dunkle Brille ab, steht auf und geht frohgemut und scheinbar gesundet zu Séverine, die, als sie den Glöckchenklang trabender Pferde hört, auf den Balkon tritt. Dieselbe Kutsche, in der sie zu Beginn des Filmes gesessen hatte, fährt jetzt leer vorüber. Anfang und Ende des Films schließen sich so wie ein Zirkel. Aber wo ist der Anfang, wo das Ende? Was ist Fantasie, was Traum, was Realität. Der Film entlässt die Zuschauer mit vielen Fragen.

3 Interpretation

Buñuel hat keine der ihm zu diesem Film gestellten Fragen richtig beantwortet (Forcer 2004, S. 20). Auf die Frage etwa, was sich in dem Kästchen befunden hätte, das der asiatische Kunde »Belle de Jour« zeigte, antwortete er lapidar: »Was sie wollen.« Und zum unerwarteten Ende des Filmes führte eine Stipendiatin von Buñuel, Julie Jones, aus, dem Regisseur sei selbst nicht klar gewesen, was das Ende des Films wirklich meine.

3.1 Gesellschaftskritik

Der manifeste Inhalt des Filmes greift ein Kernthema des Surrealismus auf. Er stellt die bourgeoise Zweiklassengesellschaft bloß. Henri Husson – Repräsentant der Reichen – äußert beiläufig, er habe eine besondere Schwäche für die armen Leute, die arbeiten müssen: »Ich denke besonders an sie, wenn es schneit: Ohne Pelze, ohne Hoffnung, ohne alles.« Renée charakterisiert die »Probleme« ihres Freundes: »Er ist reich und übersättigt, das sind seine hauptsächlichen Krankheiten.« Und »die ewige Unruhe [nach sexuellen Abenteuern; T. P.]«, ergänzt Husson selbst. Ein ähnlich – letztlich – leeres Leben führt auch Séverine, die nur die Rolle der Ehefrau zu spielen hat, alles andere besorgt die Haushälterin. Die anderen Akteure im Film sind entweder hochgestellte

Persönlichkeiten und reiche Herren, die ein Doppelleben führen, wobei sie im Bordell ihre nicht integrierten perversen Neigungen befriedigen, oder Ganoven, die auf ihre Weise den Reichen das Ihre abnehmen. Auch Pierre, diesen ebenso pflichtbewussten und fleißigen wie gutmütigen Chirurgen, kann man aus der Aufzählung nicht ausnehmen, denn Masochismus und Sadismus sind zwei Seiten ein und derselben Medaille, und das kollusive Muster des Paares Séverine-Pierre ist nicht vorstellbar ohne irgendeine Form von Sadomasochismus auf seiner Seite. Dazu später mehr. Die geschilderte, verlogene Gesellschaft besteht aus – auf eine bestimmte Art – beziehungsgestörten Individuen. Es ist eine ausbeuterische Gesellschaft, im Bordell gleichermaßen wie außerhalb. Der Staat hat die Bordelle offiziell verboten, aber die gleichen Bürger, die für dieses Verbot offiziell votiert haben, benötigen diese Institutionen insgeheim, die so in aller Heimlichkeit und verachtet weiterexistieren. Die bigotte Spaltung der Gesellschaft, der man im Film auf Schritt und Tritt begegnet, spiegelt sich in der Protagonistin des Filmes, Séverine, wider, und natürlich gilt dies auch umgekehrt. Die Doppelmoral der Akteure bestimmt die Verlogenheit der Gesellschaft. Die Frage nach Anfang und Ende des Filmes begegnet uns hier in anderer Form wieder: Was war zuerst, die Bigotterie der Gesellschaft oder die des Einzelnen?

3.2 Die patriarchale Gesellschaft als Boden für weibliche Perversion

Ohne es zu ahnen, hat Buñuel einen Beitrag zur Darstellung nicht nur der männlichen, sondern auch der weiblichen Perversion geliefert, wobei seinerzeit die Perversion noch als »pathologisches Privileg des Mannes« (Becker 2005, S. 244) galt. Es sollte noch ein Vierteljahrhundert vergehen, bis die erste Publikation zur *Weibliche[n] Perversion* – so der Titel des Buches von Louise Kaplan – erschien. Unter wissenschaftlichen Aspekten deckt die Analytikerin jene gesellschaftlichen Zusammenhänge weiblicher Perversionsentwicklung auf, die Buñuel in seinem Film anprangert. Sie schreibt:

> »Das Mädchen, das in einer [männlich dominierten; T.P.] Gesellschaft mit fest definierten männlichen und weiblichen Rollen aufwächst, entdeckt jeden Tag von

neuem, dass der Weg zum Frausein mit preisgegebenen Aspekten seines eigenen Selbst gepflastert ist. Manchmal [...] werden die Geschlechtsstereotypen es dazu veranlassen, seine Weiblichkeit abzulehnen. Es wird versucht, Frauen in jeder Weise herabzusetzen, um die Macht zu erlangen, die Männer haben. Häufiger ist jedoch die umgekehrte und gleichermaßen unglückliche Lösung. Wenn das Mädchen nämlich seinen infantilen Kastrationskomplex durch die Übernahme der Geschlechtsstereotypen seiner Gesellschaft bewältigt hat, lernt es seine maskulinen Wünsche und Identifikationen abzulehnen. Dieses Ergebnis ist verhängnisvoll für die weibliche Entwicklung. Das Mädchen entdeckt, dass eine Reihe intellektueller Wünsche und sexueller Begierden, die es als Teil seiner selbst geschätzt hatte, als männlich angesehen werden. Es lernt, dass solche Wünsche und Begierden sich für tugendsame kleine Mädchen nicht schicken und dass es, wenn es einen Mann abbekommen will, besser daran tut, seine Identität in zwischenmenschlichen Beziehungen, Kochen, Putzen und der Sorge um andere zu suchen. Spätestens mit dem Eintritt in die Pubertät muss es seine aktiven sexuellen Wünsche und seine intellektuellen Ambitionen aufgeben oder so gut verstecken, dass niemand etwas davon merkt. Wie ich zeigen werde, hat ein typisches weibliches perverses Szenario die Maskierung als erniedrigte, unterwürfige Frau zum Inhalt, hinter der die verbotenen und gefährlichen ›männlichen‹ Wünsche versteckt werden« (Kaplan 1991, S. 207f.).

Nach Kaplan ist es ein zentrales Ziel der perversen Strategie, Unterschiede zu leugnen:

»Der Unterwürfige identifiziert sich mit den Kräften des Dominierenden. Der Dominierende lebt im Unterwürfigen die Teile seiner selbst aus, die er als verboten und beschämend erlebt. Diese Phantasien von der Verwandlung in das andere Geschlecht oder in die andere Generation sind bewusst oder unbewusst in jeder sexuellen Beziehung vorhanden. Bei einer Perversion jedoch werden wir Zeuge einer Tyrannei der Geschlechterrollen, eines zwanghaften, sich wiederholenden, stereotypen Szenarios, in dem männliche Wünsche sich als Karikatur unterwürfiger Weiblichkeit und weibliche Wünsche sich als Karikatur vitaler Männlichkeit verkleiden müssen« (Kaplan 1991, S. 258).

Und weiter schreibt sie:

»Abraham war der Verwandtschaft zwischen Frigidität und Prostitution auf der Spur. Indem sie [die perverse Frau; T.P.] die aktive, dominierende Rolle

> übernimmt und den Anschein erweckt, dass ihr an Sex genauso viel oder sogar noch mehr gelegen sei wie dem Mann, macht die Prostituierte, die trotz ihres vorgegebenen sexuellen Interesses typischerweise frigide ist, etwas bewusst, das ihren anständigen Schwestern aus der Mittelschicht nicht bewusst ist – den Wunsch nämlich, mehr zu sein und potenter zu sein als ein Mann. Der Kastrationskomplex, der sich in der Frigidität äußert, hängt mit der Frustrierung männlicher Wünsche und natürlich mit dem Penisneid zusammen. Aber weitere Aspekte der Frigidität sind die Angst, aktive sexuelle Wünsche in einer Gesellschaft zu äußern, die ›netten‹ Frauen solche Wünsche verbietet, und der Neid auf diejenigen, denen die Konvention das Recht zugesteht, im Bett oder anderswo in der Welt aktiv zu sein, einzudringen und zu erobern« (Kaplan 1991, S. 203).

Buñuels Botschaft ist genau diese, nämlich dass erst die patriarchale Männergesellschaft Séverine durch Missbrauch und Vergewaltigung zur Hure gemacht hat,

> »um die großen phantasmatischen Gefahren in den Griff zu bekommen, die von Frauen ausgehen: Kastration und Verschlungenwerden. Und nicht nur zur Hure, sondern auch andererseits zu der madonnenhaften Ikone einer asexuellen Hausfrau und Mutter, deren höchste Aufgabe die Bearbeitung eines Stickrahmens sein soll, wie es Buñuel noch in der zweiten Hälfte des 20. Jahrhunderts als Metapher für diese Rollenzuschreibung spöttisch verwendet« (Hirsch 2002, S. 218).

Den Zuschauer als Teil dieser bigotten Gesellschaft bezieht Buñuel in das Filmspektakel ein. Er wird durch seinen Kinobesuch, ob er will oder nicht, zum Voyeur, der die Perversionen wie Séverine durch ein Guckloch verfolgt. Buñuel spöttisch dazu: »›Belle de Jour‹ war wahrscheinlich der größte kommerzielle Erfolg meines Lebens, was ich aber mehr den Nutten in dem Film zuschreibe als meiner Arbeit« (Buñuel 1985, S. 235).

3.3 Masochismus als eine Form weiblicher Perversion

Freilich greift der gesellschaftliche Aspekt in der skizzierten Form zu kurz, um weibliche Perversion und somit auch Séverines Verhalten wirklich zu verstehen. Die gesellschaftlichen Bedingungen sind nur Substrat für die sexuelle Traumatisierung von Frauen, die wiederum die Entwicklung einer Perversion zur Folge haben kann. Becker (2005, S. 243f.) verweist darauf, dass diese sich bei der Frau in anderer Weise zeigt als beim Mann, da die Sexualität der Frau nicht derart auf ein Organ fixiert sei wie bei ihm, sondern der ganze Körper (mehr oder weniger) Geschlechtsorgan sei. Insofern bezieht sich bei weiblicher Perversion die Externalisierung der intrapsychischen Pathologie und die Fetischisierung auf den ganzen eigenen Körper. Die perverse Szene ist als Umkehrung des infantilen Traumas zu verstehen. Sexualität und Aggression sind darin amalgamiert.

Im Film wird das trefflich in einer Fantasie Séverines vor Augen geführt, in welcher sie mit einem abgebrochenen Flaschenhals zusammen mit Henri Husson unter dem Tisch Sex praktiziert. Renée beschreibt Pierre diese Szene – mit einem Blick in Richtung des Geschehens – allegorisierend: Henri fülle Séverine »in einen kleinen Briefumschlag Samen von Acodil«. In der perversen Szene gilt die Gleichsetzung von Liebe und Hass. Kernberg dazu: »Die sadomasochistische Komponente sexueller Erregung erlaubt die Rekrutierung der Aggression im Dienste der Liebe« (Kernberg 2006). In der perversen Szene wird eine Rachefantasie inszeniert, die das Trauma gleichzeitig ungeschehen machen und heilen soll, was natürlich nicht gelingen kann. Dabei geht es der traumatisierten Frau wie Sisyphos in der griechischen Mythologie, der immer wieder von neuem vergeblich versucht, den Felsbrocken den Berg hinaufzurollen. Die ständige, suchtartige Wiederholung der perversen Szene dient der überlebensnotwendigen Regulierung des Selbstwertgefühls im Sinne einer »narzisstischen Plombe«.

Aufgrund der Traumatisierung musste Séverine als Kind um ihres emotionalen Überlebens willen Beziehungsempfindung und körperliche Erregung getrennt halten. Die destruktive, traumatische Objektbeziehung trägt sie aber als quälendes Introjekt in sich. In ihren Objektbeziehungen kann sie nicht anders, als das erlebte Beziehungsmuster in einer scheinbar rettenden Umkehr zu wiederholen. Indem sie Pierre unbewusst kastrierend behandelt, wird sie in der Übertragungsbeziehung zu ihm zu ihrer eigenen Rächerin. Noch deutlicher wird dies im Bordell, wo sie unbewusst die traumatische Situation immer wieder herstellt, um sie eigentlich ungeschehen zu machen und das ideale Objekt im Täter doch noch zu entdecken. Sie verführt dort durch die Sexualisierung ihres Hasses die Freier und nimmt so Rache an ihnen. Ein weiterer Aspekt liegt in der Abwehr der mit der kindlichen Missbrauchssituation verbundenen unerträglichen Hilflosigkeits- und Ohnmachtserfahrung, denn es ist leichter, selbst herbeigeführtes und somit kontrollierbares Leid zu ertragen, als fremd zugefügtem Leid hilflos ausgeliefert zu sein. Die Vorstellung von der eigenen moralischen Überlegenheit im Leiden gewährt der Masochistin in den Vergewaltigungssituationen sowohl narzisstische Gratifikation sowie schmerzhafte und überwältigende Affekte, wie Trennungsängste und Verlassenheitsdepressionen, die durch eine unterwürfige Haltung gebannt werden können (Wöller 1998, S. 119). Dieser Aspekt wird besonders in Séverines Haltung Pierre gegenüber deutlich, bei dem sie sich immer wieder entschuldigt, dem sie sich unterwirft und ihre Liebe beschwört (»Ich habe auf der Welt nur dich«). Durch die Spaltung von liebender Beziehung und Sexualität gelingt es ihr, den Konflikt zwischen sexueller Erregung und Schuldgefühlen klein zu halten. Solange sich Séverine an die Spielregeln der Prostitution hält und jegliche emotionale Beziehung vermeidet, erfüllt die perverse Plombe ihre Funktion. Das Desaster beginnt da, wo sie, ebenso wie Marcel, gegen die Regeln verstößt, indem sie Gefühle ins Spiel bringt.

3.4 Séverine

Séverines Problem wird im Film schon in der ersten Einstellung – nämlich während der Kutschfahrt – offenbar, allerdings primär nicht als individuelles Problem, sondern als kollusives Thema des jungen Paares.

PIERRE: »Soll ich dir mal was verraten, Séverine? Ich liebe Dich von Tag zu Tag mehr.«
SÉVERINE: »Ich Dich auch, Pierre – ich habe auf der Welt nur Dich, aber ich ...«
PIERRE: »Aber was? – Ich möchte auch, dass alles vollkommen wäre; dass du nicht mehr so kalt bist.«
SÉVERINE: »Sprich nicht davon, Pierre« – sie wendet sich abrupt ab.
PIERRE: »Ich wollte dir wirklich nicht weh tun, ich empfinde dermaßen viel Zärtlichkeit für dich.«
SÉVERINE: »Ach, was soll ich mit deiner Zärtlichkeit ...«
PIERRE: »Du kannst manchmal sehr boshaft sein.«
SÉVERINE: »Bitte verzeih mir, Pierre.«

Es kommt hier nicht zum klärenden partnerschaftlichen Gespräch, sondern sie wird auf Geheiß Pierres aus der Kutsche gezerrt und ausgepeitscht. Erst dann folgt Severines wunscherfüllende Traumfantasie, die in der sexuellen Überwältigung durch die Kutscher ihren Höhepunkt findet. Pierre steht als Voyeur abseits. Das hier aufgezeigte Muster, dass der sexuellen Erfüllung sozusagen die Bestrafung dafür vorausgehen muss, findet sich im Film fast durchgängig. Das findet der erste Kunde, Monsieur Adolphe, sehr schnell heraus, »du hast es gern auf die brutale Tour«, und das durchschaut auch Madame Anaïs bald: »Ich glaube, dir muss man erst mit dem Stock zureden ...« Die Bestrafung, derer Séverine »bedarf«, ist für sie erforderlich, um eigene sexuelle Erregung tolerieren zu können, d.h. um ihre Schuldgefühle im Zusammenhang mit Sexualität zu mindern. Schon als Heranwachsende glaubte sie, nicht zu sühnende Schuld auf sich geladen zu haben und verweigerte deshalb die dargereichte Hostie.

Séverines traumatische Missbrauchserfahrung – in Kessels Buch als Prélude dem Roman vorangestellt – wird im Film in einer Rückblende angedeutet, als sie sich intensiv mit ihren Prostitutionsgedanken auseinandersetzt. Weitere Hinweise auf das Trauma liefern ihr Traum vom Herzog, der nach seinen Worten die eigene Tochter »zu sehr« geliebt hat, und auch die Tochter der Zimmerfrau im Bordell, die immer wieder auftaucht und bei den Bordellbesuchern begehrliche Wünsche weckt, gegen die sie von ihrer Mutter kaum geschützt wird. Man muss annehmen, dass das Schicksal des kleinen Mädchens mit dem von Séverine im gleichen Alter korrespondiert. Séverines Missbrauch, von der Mutter mit vorwurfsvollen Worten »Séverine, kommst du endlich, kannst du nicht hören!« konnotiert, ist in Séverines Sicht ihre eigene Schuld – ein Denken, das typisch ist für Kinder, die von bedeutsamen Angehörigen missbraucht werden – und wird zum Grundstein ihrer perversen Entwicklung, die sich in Abspaltung der Sexualität, Frigidität in der Ehe und Masochismus manifestiert. Dabei liegt eine doppelte Abwehr vor, die deutlich macht, wie massiv traumatisierend der Missbrauch gewesen sein muss und/oder wie archaisch quälend Séverines Über-Ich ist. Sie muss ihre Sexualität in einem ersten Schritt abspalten bzw. in Form der Frigidität verleugnen, was sich auch in ihrer prüde-abweisenden Haltung, ja selbst ihrer unschuldig schulmädchenhaften Art, sich zu kleiden, widerspiegelt, sodass Pierre äußert: »Wirst du denn nie erwachsen?« Da diese Form der Abwehr nicht ausreichend ist, muss sie in einem zweiten Schritt die Sexualität zudem in eine Form verwandeln, in der sie selbst das Opfer ist. Aber das Verdrängte drängt zur Wiederkehr und so wird man als Zuschauer Zeuge von Séverines quälenden Ambivalenzkonflikten. Als der Lebemann Henri Husson, Vertreter der sündigen Welt, ihr rote Rosen schickt, wächst die Versuchung. Nur eine Fehlleistung – durch eine Ungeschicklichkeit fällt ihr die Vase zu Boden und zerspringt – schafft etwas Linderung. Aber der anschließende Blick in den Spiegel zeigt ihr die andere Séverine, jene, die von ihrem sexuellen Verlangen getrieben ist, und von der sie später Henri Husson gegenüber äußert: »Ich komme einfach nicht dagegen an, ich wehre mich, aber es ist stärker als ich. Ich weiß, eines Tages muss ich für alles, was ich getan habe, büßen. Aber ohne das könnte ich nicht leben.« Eine zweite Fehlleistung folgt, ein Parfum-Flacon fällt zu Boden und zerbricht.[2] Und nicht nur er! Auch in Séverine zerbricht etwas, nämlich der Damm ihrer Abwehr, der bis dahin noch gehalten hatte und das Abgewehrte nur in den Träumen Séverines hatte sichtbar werden lassen. Pierres einziger Kommentar zu ihren Träumen, von denen sie ihm zu erzählen versucht: »Immer wieder die Kutsche.« So bleibt Séverine mit ihrem Problem allein, das sie selbst nicht versteht: »Was ist denn […] nur los mit mir?«

Der Versuch, über Pierres gelegentliche voreheliche Bordellbesuche ins gemeinsame Gespräch zu kommen, scheitert rasch, da Pierres Schilderung des Bordellbesuchs mit der Traurigkeit im Anschluss an den »petit mort« ebenso wie seine entschuldigende mittelalterlich-medizinische Bemerkung, dass zurückgehaltener Samen eben Gift sei, so mit Séverines Über-Ich kollidiert, dass sie das Ganze mit den Worten abbricht: »Sei ruhig. Erzähl mir bitte nie mehr so was.« Gefangen in ihrer Ambivalenz wird der Weg zu Madame Anaïs fast zur Ewigkeit. In einem von Herbstsonne durchfluteten Park, in dem eine Kinderschar herumtollt, weint sie – freilich sehr kontrolliert, wie es ihrer Art entspricht – einige Tränen über die geraubte Kindheit und das, was sie in der Beziehung zu Pierre mit ihrem Schritt zu Madame Anaïs verlieren wird.[3]

Dabei kann man davon ausgehen, dass es Séverine durch ihren (unbewussten) Schritt der Spaltung in Heilige und Hure gelingt, ihre durch Henri Hussons Annäherungsversuche geschwächte Abwehr wiederaufzurichten. Sie empfindet ihre Liebe zur idealisierten Vaterfigur Pierre als rein. In ihren Träumen schützt sie ihn, indem sie die Aggression auf andere, etwa Husson verschiebt. Das ist das eine. Das Ausleben ihrer pervertierten Sexualität im Bordell ist das andere.

Nach ihrem ersten Nachmittag dort versucht sie, sich unter der Dusche rein zu waschen und verbrennt ihre Unterwäsche wie etwas Beschmutztes. In voller Überzeugung äußert sie nach ihren ersten Abenteuern Pierre gegenüber: »Ich hab mehr und mehr den Wunsch dir ganz nahe zu sein. Ich hab keine Angst mehr vor dir. Ich hab das Gefühl, dass ich dich besser verstehe. Ich glaube, ich komme dir näher, ich liebe dich von Tag zu Tag mehr, Pierre.« Für Marcel, der es gewohnt ist, die Dinge unkompliziert und direkt zu sehen, ist Séverines spaltende Haltung in Sachen Liebe unverständlich. Das typische Klischee der Prostituierten trifft in mancher Hinsicht auf Séverine nicht zu. Sie prostituiert sich nicht wegen des Geldes, sondern bedient sich des Bordells in der Art ihrer männlichen Kunden, um ihre abgespaltene Sexualität auszuleben.

Ihr Ausbrechen aus der ihr zugeschriebenen Rolle als Anhängsel des Mannes, Vorzeige-Ehefrau und künftige Mutter, die ihr bedeutungsloses Leben am Stickrahmen zu verbringen hat, kann ebenso als emanzipatorischer Schritt gesehen werden wie als Realisierung ihrer sexuellen Wunschträume. Das ist Rebellion gegen die weibliche Identitätszuschreibung in der bürgerlichen Gesellschaft (Hirsch 2002, S. 218). Sie zeigt noch eine weitere Verhaltensänderung, die einen Entwicklungsschritt signalisieren könnte, als sie im nekrophilen Zeremoniell vom strengen Protokoll abweicht und neugierig über die Sargwand schaut, um zu sehen, welches perverse Spiel der Herzog da unter dem Sarg treibt. Auch Pierre spürt ihre Veränderung. Aus seiner steifen, zugeknöpften Gattin mit dem bezeichnenden Namen Séverine, d. h. die Strenge (lat. severus), ist eine geradezu lockere, zumindest aber fröhliche Frau geworden. Er traut der Veränderung nicht so recht und vermutet einen anderen Mann dahinter. Gefühle von Eifersucht veranlassen ihn, mit ihr ans Meer zu fahren, wo man die beiden in einer die ganze Unfruchtbarkeit der Beziehung widerspiegelnden sandigen Landschaft erlebt. Ein abgestorbener Baumstamm ist das einzige Requisit. Die Küstenlandschaft mit ihrem in die Unendlichkeit gerückten Horizont wirkt surreal und erinnert an Gemälde Dalís.

Das labile Abwehrgebäude Séverines kommt erneut ins Wanken, als sich der junge Gangster Marcel in sie verliebt und Tag und Nacht mit ihr zusammen sein will. Séverine trifft sich in bester Laune mit Pierre zum Essen und da passiert etwas Merkwürdiges: Sie beteuern sich ihre Liebe, und dann sagt Pierre zu ihr: »Na denk mal nach, was ich mir schon so lange wünsche – ein Kind.« Sinnend bleibt er auf dem Weg zum Auto vor einem Rollstuhl stehen. Séverine versteht das nicht: »Was guckst du denn da.« Pierre antwortet: »Der Rollstuhl fiel mir plötzlich auf. Ich weiß auch nicht, der ist irgendwie eigenartig.« Schon wenige Zeit später sitzt er ein für allemal im Rollstuhl und wird wie ein Kind von Séverine rührend, sicher im Sinne einer altruistischen Abtretung, gepflegt. Diese Szene führt Pierres eigene Versorgungswünsche im Sinne Kaplans vor Augen, die er als Mann aber eben nicht offen zu zeigen wagt.[4]

Ein Bordellbesuch von Séverines früherem Verehrer Henri Husson, welchen ihre bürgerliche Unnahbarkeit gereizt hatte und der auf diese Weise von ihrem Doppelleben erfährt, verschärft die Sache weiter. Séverine träumt von einem Duell ihres Mannes mit Henri Husson, anders ausgedrückt von einem Kampf der beiden befreundeten Rivalen, um sie im Sinne der narzisstischen Aufwertung, oder, auf wieder einer anderen Ebene: vom Kampf der reinen mit der sündigen Seite in ihr. Ganz im Sinne ihres Masochismus wird sie, im roten (!) Kleid an einen Baumstamm gefesselt, von Pierres Kugel an der Schläfe getroffen. Er kommt zu ihr, streicht über ihre Wunde und sie küssen sich. Ein anrührender Wunscherfüllungstraum. Am Ende ist es Marcel, der tot ist und Pierre, der, von diesem Rivalen getroffen, querschnittsgelähmt an den Rollstuhl gefesselt ist.[5] Séverine pflegt ihn aufopferungsvoll. Von ihren quälenden sexuellen Träumen ist sie befreit. Eine schlüssige Erklärung könnte sein, dass mit Marcel symbolisch der Missbrauchstäter ihrer Kindheit erledigt ist (Hirsch 2002, S. 217). Pierre ist nun völlig kastriert – im Roman klärt der Chefarzt Séverine über den Zustand ihres Mannes mit folgenden Worten auf: »Vom Becken ab ist alles abgestorben« (Kessel 1929, S. 215). Nun kann sie ihn endlich auf ihre Weise asexuell lieben und bemuttern, »wie sie selbst wohl, im Roman klingt es jedenfalls an, zu wenig mütterliche Liebe bekommen haben mag« (Hirsch 2002, S. 218). Man sieht Séverine ruhig am Stickrahmen sitzen und Pierre pflegen. Diese makabre Idylle wird jäh zerstört, als Henri Husson zu Besuch kommt und Pierre vom Doppelleben Séverines erzählt – ein Freundschaftsdienst, den der von Séverine nicht Erhörte glaubt, seinem Freund Pierre schuldig zu sein. Damit wird Séverines Spaltung aufgehoben und ihre Abwehr bricht endgültig zusammen. Die Uhr schlägt fünf, also die Zeit, die die Nahtstelle zwischen ihrem Leben als Prostituierte und ihrem bürgerlichen Leben markiert, als Henri Husson die Wohnung verlässt und Séverine sich vorsichtig-ängstlich zu Pierre begibt.

Was dann folgt, sind Wunscherfüllungsfantasien, die Séverine ihre Schuld nehmen und ihr einen Neuanfang ermöglichen sollen. Katzenmiauen und Glöckchengeläut begleiten dieses verwirrende Ende des Filmes resp. die verwirrte Séverine. Diese akustischen Symbole dürften für Sexualität und Kirche stehen. Letztlich ist der angedeutete emanzipatorische Schritt gescheitert.[6]

3.5 Sadomasochistische Kollusion

Zurück zum Anfang des Filmes: Masochismus und Sadismus sind untrennbar miteinander verbunden, und natürlich passen auch individuelles Verhalten und partnerschaftliches Verhalten wie Schlüssel und Schloss zusammen, sodass man auch bei Pierre und in der Partnerbeziehung der beiden nach entsprechenden Mustern fahnden kann. Pierres Aggression könnte in seinem Beruf als Chirurg untergebracht sein, wobei diese Form der Abwehr natürlich sozial sehr akzeptiert ist. Seine masochistische Seite wird im sanften Erdulden des ihn kastrierenden Verhaltens Séverines offensichtlich. In der Kollusion der beiden scheinen beide Muster im Wechsel vorhanden zu sein, wenn auch subtil. Einmal ist Séverine die, die sich unterwirft und brav bei Pierre um Entschuldigung bittet, dann wiederum ist er es, der sich aus dem Bett werfen lässt. Einmal weist Séverine Pierre scharf zurück, ein andermal ist er es, der sie mit, ihrem Entwicklungsstand völlig unangemessenen, Wünschen nach einem Kind überfordert und so gleichzeitig demütigt.

3.6 Symbolik

Belle de Jour ist voller Symbole (vgl. Sabbadini 2004), denen im Folgenden nachgespürt werden soll. Séverine träumt in der Nacht nach ihrem ersten Tag im Bordell einen Traum, in dem es in eindrucksvollen Bildern um ihren Über-Ich-/Es-Konflikt geht: Eine Herde Stiere, Symbol männlicher Kraft und Phallizität, wird zusammengetrieben. Pierre und Husson bereiten am Lagerfeuer ihre Suppe zu. Pierre: »Ist die Suppe heiß?« – Husson: »Sie ist eiskalt.« Darauf erwidert Pierre: »Ich bringe es einfach nicht fertig, sie warm zu kriegen.« In der Sprache der Oralität drückt er aus, dass es ihm nicht möglich ist, Séverine sexuell zu erregen und – um auf dieser Ebene zu bleiben – zu vernaschen. Er ist es, der nun pechschwarzen Schlamm in einen Eimer schaufelt, mit dem Husson wenig später Séverine bewerfen wird. Dann fragt Pierre Husson, ob Stiere eigentlich auch Namen so wie Katzen haben. Dieser antwortet, dass es so sei, die meisten würden »Gewissensbiss« heißen, bis auf den letzten, der heiße Sühne. Damit dürfte gemeint sein, dass Männer wie Frauen beim ungehemmten Ausleben ihrer Sexualität Gewissenbisse quälen bis zuletzt das Gewissen zuschlägt und es zur Sühne kommt. In der Ferne hört man Kirchenglocken läuten. Es ist das Angelusläuten, das zur Zeit des Abendgebetes ertönt, wenn die Kirchen ihre Pforten schließen. Es soll an die Menschwerdung Christi erinnern. Millet hat Mitte des 19. Jahrhunderts ein Bild mit dem Titel »Angelusläuten« gemalt, das ein bäuerliches Paar in der Abendsonne, ins Gebet vertieft, auf dem Felde stehend zeigt. Dalí hat das Motiv mehrfach aufgegriffen und Buñuel stellt das Religiöse im Traum Séverines dar, wobei die Betenden die beiden in ihrem Leben so wichtigen Männer Pierre und Husson sind, welche je eine Seite von Séverines innerem Konflikt verkörpern. Pierre beantwortet die Frage, wie spät es sei, mit »zwischen zwei und fünf – später als fünf ist es noch nicht«. Die Anspielung auf die Zeit von Séverines verbotenem Tun leitet über zur Erniedrigung und Verhöhnung der in eine blütenweiße Tunica gehüllten, rein und unschuldig erscheinenden Séverine. Sie bestraft sich in diesem Traum für ihr Tun und verliert ihre Reinheit. Lust, Strafe, madonnenhafte Reinheit und Menschwerdung amalgamieren sich hier.

Die Bordellwirtin trägt den Namen Anaïs. In einer Bordellszene fragt eine der Prostituierten, die gerade ein Kreuzworträtsel löst, Séverine, ob sie wüsste, wer das sein könnte: »Er trug seinen Vater auf dem Rücken mit sechs Buchstaben.« Séverine antwortet wie aus der Pistole geschossen: »Aeneas!« Aeneas hat, als Troja zerstört wurde, seinen alten Vater auf den Rücken genommen und so aus der brennenden Stadt gerettet, so wie der junge Marcel dem wesentlich älteren Hippolyte das Leben gerettet hat. War es – um den Faden weiter zu spinnen – Madame Anaïs, die durch die Aufnahme Séverines in ihr Bordell dieser neue Lebensmöglichkeiten eröffnet hat wie einst Aeneas seinem Vater?

Katzen bzw. deren Miauen spielt immer wieder eine Rolle, etwa als Séverine Pierre in der Eingangsszene anfleht: »Lass die Katzen nicht los!« Oder in der Frage Pierres, ob Stiere Namen so wie Katzen trügen. Auch in der nekrophilen Zeremonie spielen Katzen eine Rolle. Man hört sie eingangs miauen und der Diener fragt während des Rituals durch die Tür, ob er die Katzen hereinlassen solle. Der Herzog erwähnt, dass er einmal eine Katze namens »Belle de l'ombre« besessen habe. Und auch in der Schlussszene des Filmes miauen Katzen, nachdem sich Pierre aus dem Rollstuhl erhoben hat. Mit Katzen kann man sehr Unterschiedliches assoziieren: einmal die neunschwänzige Katze (»cat o'nine tails«), also die berüchtigte große Lederpeitsche zur Züchtigung von Gefangenen – eine Variante spielt in der Sado-Maso-Szene eine Rolle – und zum anderen erinnert Katze in der kindersprachlichen Ausdrucksweise »Muschi« an die Vulva der Frau, die umgangssprachlich so bezeichnet wird. Katze bzw. Miauen dürfte also im Sinne der Amalgamierung der unterschiedlichen Bedeutungen als Hinweis auf masochistische Sexualität zu verstehen sein.

Eindrucksvoll ist die Farbsymbolik im Film, die Séverines innere Spaltung in eine reine, »weiße« und eine schmutzige, »schwarze Welt« widerspiegelt. Im Skiurlaub anlässlich des Hochzeitstages und auf dem Tennisplatz dominiert weiß, beim Gang ins Bordell und beim Herzog ist sie dunkel oder schwarz gekleidet. In der letzten Szene des Filmes kommen zwar schwarz und weiß in Séverines Kleidung zusammen, aber nicht im Sinne integrierender Grautöne, sondern als schwarz neben weiß in einer Aufmachung, die an eine frühreife Schülerin erinnert, wie Henri Husson bissig, aber treffend konstatiert.

Viele Fragen hat die schwarze Schatulle aufgeworfen, mit der der asiatische Bordellbesucher die Prostituierten verschreckt. Forcer (2004, S. 24f.) erkennt darin das Tabernaculum der katholischen Kirche, wobei er sich in seiner Auffassung durch das Ritual mit den Glöckchen im Anschluss sowie das Geläut bei den Kutschfahrten bestärkt fühlt und darauf hinweist, dass Glöckchengeläut in der katholischen Liturgie eine wichtige Rolle spiele. Eine weit näher liegende Erklärung findet sich dann, wenn man den Inhalt mit einer perversen Praktik in Verbindung bringt. Cleopatra soll aus Papyrus eine Tüte geformt haben, in die sie brummende Bienen setzte. Mit diesem vibrierenden Sammelsurium soll sie sich sexuell stimuliert haben. Die Redewendung vom »Hummeln im Bauch haben« soll sich von dieser ägyptischen Praxis herleiten. Die Szene im Film wäre dann als Auftakt einer perversen Praktik zu verstehen.

4 Zusammenfassung

Überblickt man die Perversionslehren der letzten 100 Jahre, so lassen sie sich hinsichtlich der moralischen und klinischen Bewertung der Perversion zwei gegensätzlichen Positionen zuordnen. Die eine stellt den zerstörerischen und deformierenden Charakter der Perversion heraus, ihre Negativität. Die andere betont dagegen die aufbauende, selbstheilende und lebenserhaltende Funktion der Perversion, ihre Positivität. Die erste Position vertritt heute vor allem die französische Psychoanalytikerin Janine Chasseguet-Smirgel. Sie wird nicht müde, die Perversion als den Inbegriff des Bösen vorzuführen. Die zweite Position geht vor allem auf den Schweizer Psychoanalytiker Fritz Morgenthaler zurück, der die kreative und reparative Ich-Leistung des Perversen gewürdigt hat. Nach Morgenthaler ist die Perversion eine Überbrückungsstruktur, eine »Plombe«, die die narzisstische Lücke im Selbst ausfüllt. Ohne diese Überbrückungsstruktur würde das Individuum durch Selbstauflösung und Selbstbeschädigung untergehen. Tatsächlich ist die Perversionsbildung oft die einzige Möglichkeit, die einem Menschen zur Verfügung steht, um eine äußerst bedrohliche seelische Disharmonie bis hin zur Selbsttötung zu bannen (Sigusch 2002).

> »Buñuel nimmt nicht die in der menschlichen Natur enthaltene tragische Schwierigkeit oder letztliche Möglichkeit, triebhafte, leidenschaftliche Sexualität mit langdauernden Beziehungen zu verbinden, aufs Korn, [auch nicht die oft grotesken Ausformungen von Perversion; T. P.] sondern die Verlogenheit einer Gesellschaft, die vorgibt, eine solche Integration zu schaffen, gleichzeitig aber heimlich in der Welt ›verkehrt‹, die sie projektiv zur unmoralischen, nicht diskutabel ›schlechten‹ macht« (Hirsch 2002, S. 218).

In den Mittelpunkt stellt Buñuel Séverine, deren Missbrauchsgeschichte für sie zum Schicksal wird. Mithilfe verschiedener Abwehrmechanismen – Spaltung, masochistische Unterwerfung und Prostitution – versucht sie ihres verinnerlichten Dilemmas, das sie selbst nicht versteht, Herr zu werden. Letztendlich scheitert sie. Der Mann an ihrer Seite ist im Sinne einer Kollusion untrennbar mit ihrem Schicksal verwickelt und wird wie sie selbst zum Opfer. In beeindruckender surrealistischer Bildersprache führt der Film so ein urmenschliches Thema vor Augen, nämlich Begegnung und Umgang der Geschlechter, die sich oft so kompliziert gestalten. Hirsch kommt zu dem Schluss, dass Roman und Film eine spöttisch-gewaltsame Lösung des Problems der prinzipiellen Unvereinbarkeit von Leidenschaft und dauerhafter Beziehung in unserer Gesellschaft zeige (Hirsch 2002, S. 218). Diesem traurigen Resümee widerspricht Sigusch, dessen Gedanken ich diesem Aufsatz vorangestellt habe.

Anmerkungen

1 In der ursprünglichen Fassung von *Belle de Jour* fand sich ein solches schockierendes Element in einer nekrophilen Szene, die der Zensur zum Opfer fiel und von der Buñuel in seinen Memoiren (1985, S. 234) schreibt: »Ich ärgerte mich über ein paar idiotische Schnitte in diesem Film, auf denen die Zensur bestanden haben soll. Vor allem spielte die Szene zwischen Georges Marchal und Catherine Deneuve, in der sie im Sarg liegt und er sie seine Tochter nennt, in einer Privatkapelle, nach einer Messe, die unter einer großartigen Kopie des Christus von Grünewald zelebriert wurde. Dessen gemarterter Körper hat mich schon immer sehr beeindruckt. Dass die Messe fortfiel, änderte die Stimmung der Szene empfindlich.«
2 Hirsch (2002, S. 216) sieht in den beiden zerbrochenen Gefäßen Repräsentationen der »schwarzen« (Vase mit den roten Rosen) und der »weißen« Welt. Für letztere, die reine, bürgerliche Welt steht der Parfum-Flacon.
3 Forcer (2004, S. 23) spricht hier vom Betrauern ihrer Identität als sexuelle Entität.
4 Forcer (2004, S. 28) versteht das in ähnlicher Weise und führt in diesem Zusammenhang aus: Wood (2000, S. 64) stellt die Frage: »[W]arum trägt er [Pierre; T.P.] einen Morgenrock und eine Sonnenbrille?« Und Forcer antwortet: »Pierre trägt sie genau deshalb, weil sie Symbole der Trauer sind, das Pendant zu den Farben (schwarz und braun) und Dingen (Brille und Mantel), die Belle trug, als sie im Park Tränen der Trauer vergoss« (Übers. T.P.).
5 Forcer (2004, S. 26f.) sieht in Marcels Tod und der Querschnittslähmung Pierres den Triumph von Séverines Sadismus.
6 Ganz anders die Deutung des Filmendes durch A. Haase (1998, S. 46): »Séverines persönliches Bemühen um eine Öffnung und Erweiterung ihrer Rolle als Ehefrau auf ihre eigenen Bedürfnisse hin, erhält auch durch Buñuels Wahl der filmischen Mittel eine formale Unterstützung. Insbesondere das Ende der Geschichte zeigt eine ganze Reihe von Möglichkeiten auf, welchen Weg die Beziehung zwischen Pierre und Séverine nehmen kann. Dem Zuschauer wird es unmöglich zu sagen, ob eine und wenn ja welche der Wendungen ›wirklich‹ eintritt. Folgende Möglichkeiten werden in Bildern festgehalten: Séverine findet Erfüllung in der Beziehung zu Pierre und Marcel / ihr Doppelleben wird gestört durch Marcel bzw. Husson / Pierre wird durch einen Überfall Marcels körperlich versehrt, so dass Séverine ihn wie ein Kind pflegen muss / oder er bleibt gesund / Pierre erfährt von ihrem Leben im Bordell und ist seelisch zerstört / oder es ermöglicht den beiden einen neuen Anfang / Séverine hat keine sexuellen Wunschträume mehr / oder sie träumt weiter / die beiden befinden sich in der

Wohnung oder im Bois de Bologne.« Allen (1995, S. 934) interpretiert das Ende des Filmes eindeutig positiv und konstatiert: »Ein trauriges Ende? – Nein, ein ›happy end‹! Die patriarchale Autorität ist überwunden und Séverine kann nun ihren Ehemann in ihre wunderbare Fantasiewelt aufnehmen, ungestört durch Forderungen nach Habachtstellung« (Übers. T. P.).

Literatur

Allen, R. (1995): Belle de Jour and Marnie. Film Notes. Psychoanalytic Review 82 (6), 934–936.
Becker, S. (2005): Das weibliche Körperselbst und die Perversion. Forum Psa. 21, 242–254.
Breton, A. (1924): 1. Manifest des Surrealismus. Reinbek 1986 (Rowohlt).
Buñuel, L. (1985): Mein letzter Seufzer. Frankfurt a. M., Berlin, Wien (Ullstein).
Forcer, S. (2004): Trust me, I'm a director: sex, sadomasochism and institutionalization in Luis Buñuel's *Belle de Jour* (1967). Studies in European Cinema 1 (1), 19–29.
Haase, A. (1998): Die weiblichen Figuren in den Filmen Luis Buñuels – Inhaltsanalyse der Filme *Viridiana, Le journal d'une femme de chambre* und *Belle de Jour*. Hochschule der Künste, Fakultät Gestaltung, Gesellschafts- und Wirtschaftskommunikation, Berlin. Im Internet unter: www.gendernet.hdk-berlin.de/downl/ha-bunuel.pdf [05.06.2006].
Hirsch, M. (2002): Belle de Jour (Die Schöne des Tages). Ein psychoanalytischer Kommentar. Freie Assoziation 5 (2), 213–219.
Kaplan, L. (1991): Weibliche Perversionen. Hamburg (Hoffmann und Campe).
Kernberg, O. (2006): Narzissmus, Aggression und Selbstzerstörung. Stuttgart (Klett-Cotta).
Kessel, J. (1929): Belle de Jour. Paris (Gallimard).
Sabbadini, A. (2004): Of boxes, peepholes and other perverse objects. A psychoanalytic look at Luis Buñuel's Belle de Jour. In: Evans, P. W.; Santaolalla, I.: (Hg.): Luis Buñuel. New Readings. London (BFI Publishing), S. 117–127.
Schneider, G. (2006): Luis Buñuel »Ein andalusischer Hund« – Schock und Traum als Methode. Psyche – Z Psychoanal 60, 253–261.
Senocak, Z. (2006): Gebotene Befriedigung – Wie die Libidodiktatur des Islam ein pathologisches Verhältnis zur Sexualität befördert. Die Welt, 26.05.2006, 27–28.
Sigusch, V. (2002): Leitsymptome süchtig-perverser Entwicklungen. Deutsches Ärzteblatt 99 (50), A–3420.
Wöller, W. (1998): Die Bindung des Missbrauchsopfers an den Missbraucher. Psychotherapeut 43, 117–120.
Wood, M. (2000): Belle de Jour. London (BFI Publ.).

Der letzte Tango
(Regie: Bernardo Bertolucci; Frankreich/Italien, 1972)

»Für das Verständnis von Orpheus' Trauer ist es wichtig, das Schauen von dem Zurückblicken zu unterscheiden. Zurückblicken ist ein Schauen in die Vergangenheit. Ein anderes Wort dafür ist: sich erinnern. [...] Orpheus' Blick zurück, sein Erinnern, tötet Eurydike endgültig.«

E. Haas

1 Einleitung

Bevor Bertolucci Filmregisseur wurde, war er in Italien bereits als Lyriker bekannt. Häufig begleitete er seinen Vater, den Dichter und Filmkritiker Attilio Bertolucci, ins Kino, wo Godards *Außer Atem* (1959) ihn so beeindruckte, dass er beschloss, selbst Filme zu machen. Einer Assistenz bei Pier Paolo Pasolinis *Accatone* (1961) folgte ein Jahr später sein erster eigener Film *Die dürre Gevatterin* (1962). 1969 begab sich Bertolucci in eine mehr als ein Jahrzehnt währende Psychoanalyse. Zeitweise war er Mitglied der KPI. Ab den 1970er Jahren verband er Psychoanalyse und Marxismus in seinen filmischen Analysen der Neurosen des Bürgertums. Unter dem Eindruck seiner ersten psychoanalytischen Erfahrungen entstand 1970 *Die Strategie der Spinne*. In einem Interview äußerte er zum Einfluss der Psychoanalyse auf sein filmisches Schaffen: »Sie [die Psychoanalyse] war wie eine zusätzliche Linse in meiner Kamera, keine von Zeiss, sondern eine von Freud« (The Observer, 2001). Psychoanalyse wurde für ihn fortan zum »Teil seiner Vor-Produktion« (ebd.; Übers. T.P.). Mit *Der letzte Tango in Paris* erlangte Bertolucci 1972 Weltruhm. Der Film, dessen Budget lediglich 1,2 Millionen Dollar betrug (Thompson 1998, S. 16), spielte insgesamt über 40 Millionen Dollar ein (Kuhlbrodt,

S. 170)! Obwohl *Ultimo tango a Parigi* in den USA als Pornofilm vermarktet wurde (ebd.), erkannte die Filmkritik schon früh seine künstlerische Qualität. Die berühmte amerikanische Kritikerin Pauline Kael sah in ihm gar »the most powerfully erotic movie ever made« und verglich seine Bedeutung für die Filmgeschichte mit der Stellung von Strawinskys *Le Sacre du Printemps* für die Musikgeschichte des 20. Jahrhunderts (Kael 1972, S.130). Ob seiner Tabubrüche löste der Film, als er 1972 in die Kinos kam, heftige Debatten um Kunst, Sexualität und Pornografie aus[1], was aus heutiger Perspektive allerdings kein Thema mehr ist. Unverändert ist er allerdings ein Zeugnis der sexuellen Revolution Ende der 1960er Jahre geblieben. Zeitlos ist seine Darstellung des Ringens um Identität in einer sich vollständig umstrukturierenden Gesellschaft und der scheiternde Trauerprozess – zumindest – des männlichen Protagonisten. Darüber hinaus trägt er autobiografische Züge.[2] Trotz seiner auch heute noch verstörenden Brutalität, Morbidität und Beziehungslosigkeit hat er etwas, dem man sich als Zuschauer schwerlich entziehen kann. Als der Film nach nur zehnwöchiger Drehzeit fertig gestellt war, äußerte Bertolucci: »Das ganze Team war niedergeschlagen. Wir dachten: ›Wer würde jemals in einen solch tragischen, hoffnungslosen Film gehen?‹ Nur Alberto Grimaldi, der Produzent, tanzte vor Freude. Wir schauten ihn ungläubig an und fragten: ›Wieso?‹ Und er sagte: ›Weil der Film eine unglaubliche Wirkung auslöst‹« (Ruthmann 1999, S. 103). Und in der Tat hat der Film nicht nur Massen von Zuschauern bewegt, sondern gleichermaßen auch viele Filmkritiker und Psychoanalytiker[3], letztere vielleicht auch deshalb, weil Bertolucci die Psychoanalyse explizit sehr wertschätzt, was schon im Vorspann sichtbar wird, wo er den Freud-Enkel und Maler Lucien Freud auf einem Gemälde von Bacon ins Bild setzt.

2 Der Filminhalt

Jeanne (Maria Schneider), eine blutjunge in Paris lebende Französin, sucht nach einer Wohnung für sich und ihren Verlobten Tom (Jean-Pierre Léaud). Die beiden wollen bald heiraten. Als sie eine leer stehende Vier-Zimmer-Wohnung in einem Altbau besichtigt und die Rollläden hochzieht, erschrickt sie: In einer Ecke kauert der 45-jährige Paul (Marlon Brando). Er war ihr zuvor schon unter einer Eisenbahnbrücke aufgefallen, da er einen Kaschmirmantel trug, die Kleidung darunter jedoch einen verwahrlosten Eindruck gemacht hatte. Unvermittelt schließt er die Tür und umarmt die junge Frau. Ohne auch nur den Mantel auszuziehen, nimmt er sie im Stehen, und sie klammert sich an ihn, vor Lust und Schmerz schreiend. Nachdem die beiden sich offenbar darauf verständigt haben, dass er die Wohnung für weitere Rendezvous anmietet, gehen sie grußlos auseinander. Er lässt Möbel anliefern, aber sie richten die Wohnung nur behelfsmäßig ein. Seinen Namen verrät er nicht, und als sie ihren sagen will, hält er sie brüsk davon ab: »Ich will nichts wissen! Wir treffen uns hier und wissen nichts von den Dingen, die sich da draußen abspielen.«

Im weiteren Verlauf des Filmes erfährt der Zuschauer, dass der 45-jährige Amerikaner Paul vor fünf Jahren seine Frau Rosa (Veronica Lazare) hier in Paris in einer billigen Absteige kennengelernt hat. Früher hatten Rosas Eltern das Hotel betrieben. Seine Frau hatte sich am Vortag die Pulsadern geöffnet. Man kann als Zuschauer nur vermuten, dass es einen Zusammenhang damit gibt, dass sie ein Jahr lang mit einem Hotelgast namens Marcello (Massimo Girotti) ein Verhältnis hatte. Paul kann den Tod nicht verkraften. Als seine Schwiegermutter (Gitt Magrini) erfährt, was geschehen ist, reist sie unverzüglich an, nicht nur um nach einer Erklärung für den Suizid ihrer Tochter zu suchen, sondern auch, um alles für das Begräbnis vorzubereiten. Es findet sich weder ein Abschiedsbrief noch irgendein anderer Hinweis auf das Motiv. Paul nimmt hin, dass sie für eine stilvolle Aufbahrung und Bestattung sorgt; nur als sie einen Priester dabeihaben möchte, wird er wütend: Rosa sei nicht gläubig gewesen, und die Kirche habe etwas gegen Selbstmörder.

Jeanne bringt Paul bei einem ihrer Treffen dazu, doch von sich und von seiner Kindheit zu erzählen. Seinen Vater charakterisiert er als gewalttätigen Säufer; die Mutter habe zwar auch getrunken, war aber poetischer. Zu seinen Aufgaben habe es gehört, morgens und abends die Kuh zu melken. Als in der Folge Jeanne von sich erzählen will, hört er ihr seinerseits ostentativ nicht zu. Da wendet sie sich ab, legt sich auf die Matratze und befriedigt sich selbst. Paul beginnt zu weinen. Als Jeanne das nächste Mal die halb leere Wohnung betritt, wartet Paul bereits auf sie und fordert sie ohne weitere Erklärung rüde auf, Butter aus der Küche zu holen. Ohne ein Wort zu sagen, packt er sie dann an den Fußgelenken, dreht sie brutal auf den Bauch, reißt ihr die

Jeans ein Stück herunter, gräbt mit den Fingern in die Butter und streicht sie ihr ungeachtet ihres Protests in den Anus. Während er sich in ihr befriedigt, muss sie blasphemische Sprüche nachsprechen. Ein anderes Mal erwartet sie ihn bereits unten am Aufzug und entschuldigt sich, weil sie ihn verlassen wollte. »Aber ich kann es nicht.« In der Wohnung versucht sie ihn zu provozieren, indem sie von einem Mann schwärmt, mit dem sie regelmäßig schläft. Als sie offenbart, er selbst sei dieser Mann, verlangt er barsch, sie solle sich zwei Fingernägel kurz schneiden und streckt ihr sein Hinterteil entgegen. Dabei beschreibt er ein noch ekelhafteres Szenario mit einem kotzenden, krepierenden Schwein, und fordert sie auf, ihm zu versprechen, dass sie auch bereit wäre, das von dem Tier Erbrochene aufzuessen, wenn er es von ihr verlangen würde.

Eines Tages stellt Jeanne verwundert fest, dass die Möbel aus der Wohnung verschwunden sind. Die Concierge kann nicht helfen. Sie weiß weder, wie der ehemalige Mieter heißt, noch wo er zu finden ist. Daraufhin ruf Jeanne Tom an und zeigt ihm die Wohnung, die ihm aber nicht gefällt. Er findet, dass sie stinkt. »Da kann man nicht leben«, urteilt er. Später beggenen sich Paul und Jeanne zufällig und er spricht sie an. Sie wehrt ihn ab: »Es ist aus.« Doch er entgegnet unbekümmert: »Wir haben die Wohnung verlassen. Jetzt fangen wir neu an.« Paul erzählt ihr vom Suizid seiner Frau, seinem Hotel und von seiner vergrößerten Prostata. In einen Ballsaal, in dem gerade ein Tangowettbewerb stattfindet, bestellt er eine Flasche Whisky, gesteht ihr seine Liebe und dass er mit ihr zusammen auf dem Land leben möchte. Sturzbetrunken schleppt er sie zwischen die steifen Turniertänzer und versucht, einen Tango mit ihr zu tanzen. Noch einmal wiederholt Jeanne: »Es ist aus«. Er will nicht begreifen. Da lässt sie ihn einfach sitzen und geht. Er läuft ihr nach, lässt sich nicht abschütteln, obgleich sie um Hilfe ruft. Er folgt ihr bis in die Wohnung, in der sie mit ihrer verwitweten Mutter lebt, die jedoch nicht zu Hause ist. Er bemerkt nicht, dass sie den Armeerevolver ihres Vaters aus einer Schublade nimmt. »Mademoiselle, wie hätten Sie Ihren Helden gern? Halb durch oder blutig?«, fragt er und drückt sie an sich. Noch einmal gesteht er ihr seine Liebe. Da kracht ein Schuss, der ihn im Unterleib trifft. Paul taumelt hinaus auf den Balkon, bricht zusammen und bleibt bewegungslos liegen. Jeanne greift nach dem Telefon und übt wie geistesabwesend, was sie sagen will, wenn die Polizei kommt.

3 Bertoluccis Orpheus

Am Anfang muss Ovids Orpheus-Mythos stehen, denn seine Kenntnis ist die Voraussetzung, um Bertoluccis Bearbeitung verstehen zu können. Er wird in der Fassung von E. Haas (2002, S. 138f.) wiedergegeben:

> »Eurydike starb, von einer Viper in den Knöchel gestochen. Der herzueilende Orpheus traf sie nicht mehr lebend an. Ihre Seele war schon von Hades in das Schattenreich entführt. Orpheus war gelähmt vor Entsetzen. Als die Betäubung wich, erfuhr er, daß der verliebte Bienenzüchter Aristaios seiner Braut nachgestellt hatte. Sie floh und stolperte, bevor sie von der Schlange gebissen wurde. So berichteten es Eurydikes Gefährtinnen und versuchten, ihn zu trösten. Doch ihr Trost vermehrte seinen Schmerz. Sie taten recht, aber auch Orpheus tat recht, indem er allein sein wollte. Dennoch ließ sich die Qual kaum mildern. Er, der Sohn der Muse Kalliope, die ihn das Singen lehrte, und Apollons, der ihm die Leier geschenkt und darauf zu spielen gelehrt hatte, suchte vergeblich Ruhe und Fassung wiederzugewinnen.
> Andere vermochte sein Gesang zu mäßigen und zu heilen. Vasenmaler, Dichter und Komponisten können über die Jahrtausende bis heute nicht aufhören, von der Kraft seines Gesangs zu künden. Wilde Tiere wie Luchs, Löwe und Reh gaben sich seiner Musik hin. Selbst Bäume vermochten sich im Rhythmus der Klänge zu bewegen. Bevor er Eurydike heiratete – Schmerz verband sich plötzlich mit diesem lieblichen Namen – hatte er auf der Argo mit seinem Gesang den Sturm besänftigt, singend unter der streitenden Mannschaft Frieden gestiftet und das Schiff vor dem Untergang bewahrt, indem er den Gesang der Sirenen übertönte. Doch den Sturm in sich vermochte er nicht zu besänftigen. Quälend wühlte ein infernalischer Schmerz in seinem Innern, gaukelte ihm lebende Bilder der geliebten Eurydike vor, und er ahnte, dass eine Prüfung ganz anderer Art auf ihn wartete. Er musste gegen die Höllenmächte in sich selbst antreten. Die Alten erzählten es wie folgt:
> Voll Gram und Wehklage, nur seinem Gesang und der Leier vertrauend, betrat er das Totenreich. Nur wenige Lebende waren ihm vorausgegangen, so auch Dionysos, der seine Mutter Semeie rettete. Der Fährmann Charon, der sich an alle erinnerte, soll sogar seinen Kahn verlassen haben und den Klängen Orpheus' gefolgt sein. Kerberos hörte auf zu bellen. Sisyphos setzte sich auf seinen Stein. Tantalus vergaß Hunger und Durst. Die Erinnyen wurden sanftmütig, und die Totenrichter weinten. Es weinte die grenzenlose Schar der blutlosen Seelen. Nur Eurydike war nicht dabei. Sie weilte noch unter den neuangekommenen Schatten. Von der Liebe in Gestalt eines fliegenden Eros wird sie herangeführt.

Orpheus hält den Blick gesenkt, dem Gebot der Unterirdischen entsprechend. Mit abgewandtem Gesicht opfert man den Gottheiten der Toten. Kein Anblick, nur die Stimme war im Totenreich, das Persephone beherrschte, erlaubt. Eurydikes Schatten durfte dem liebenden Mann folgen. Das hatte Orpheus mit seinem Gesang bewirkt. Doch er durfte sie auf dem Weg zur Sonne und zum Leben nicht anschauen, er durfte nicht zu Eurydike zurückblicken.

Es ist bekannt, dass Orpheus diese Chance verspielt, indem er das göttliche Gebot bricht und zurückblickt. Doch was ist das für ein Spiel, das die Götter der Unterwelt mit ihm spielen! Es gibt Spiele, in denen man nur verlieren kann; und dieses ist von dieser Art. Was wie eine Chance aussieht, Hoffnung auf Wiederbelebung verspricht, kann in Wahrheit nur eines bedeuten: die unüberbrückbare, endgültige Trennung zwischen Lebenden und Toten schmerzlich anzuerkennen. Indem Orpheus zurückblickt, das Tabu verletzt, beugt er sich dem unabänderlichen Schicksal, anerkennt er, dass er Eurydike für immer verloren hat. Zurückblicken und Erinnern sind ebenso eng miteinander verwandt wie Erkennen und Zerstören.

So starb Eurydike zum zweiten Mal. Bei Ovid heißt es, dass Orpheus wie betäubt stand, ob des doppelten Mordes an der Gattin. Eurydike klagte mit keinem Wort; denn worüber hätte sie klagen sollen als darüber, dass sie geliebt wurde. Vergeblich versuchte Orpheus, die wie Rauch in den Lüften Verwehende festzuhalten, ihren Schatten zu umfangen. Auch in die Unterwelt konnte er nicht noch einmal zurück. Charon verweigerte die erneute Überfahrt, so sehr Orpheus auch darum bat. Was Dionysos vermochte, seine Mutter Semeie aus dem Hades heraufzuholen, vermochte Orpheus nicht. Gerade darin, im Respekt vor der Realität, vor der Macht des Schicksals, ist Orpheus dem Weingott überlegen. Dennoch, der Schatten, der von da an auf sein apollinisches Wesen fiel, war dionysisch (Kerenyi 1966). Sieben Tage, heißt es bei Ovid, saß Orpheus am Ufer, von Gram entstellt, ohne zu essen. Kummer, Sorge, Seelenschmerz und Tränen waren seine Speise. Vergil zufolge weinte und klagte er sieben Monde in einer eisigen Grotte am makedonischen Flusse Strymon.

Merkwürdig ist die Auffächerung seines Schicksals, nachdem er sich dem Leben wieder zuwendet. Vor allem verwundern die vielen Tode, die Orpheus stirbt; vom Totschlag über rituellen Mord und sakrale Opferung bis hin zum Suizid. Einer Quelle zufolge soll ihn Zeus mit seinem Blitz erschlagen haben, weil er die Jünglinge durch Mysterien belehrte und erzog [...].«

Auch im *Letzten Tango* steht am Anfang ein Mann, der nicht weniger verzweifelt als Orpheus ist. Die erste Einstellung des Filmes überhaupt zeigt Paul auf einer Brücke in Paris, während über ihm eine Metro-Bahn dahin donnert. Er hält sich die Ohren zu, sieht schmerzverzerrt zum Himmel und schreit: »Scheiße!« Dieser Aufschrei erinnert an Edward Munchs berühmtes Gemälde *Der Schrei*. Auch Bacon, von dem im Vorspann zwei Bilder gezeigt werden und zu dem Bertolucci eine enge Beziehung hat, hat ein Bild eines ähnlich verzweifelt Schreienden (*Study of Pope Innocent X by Velasquez*; 1953) gemalt. Moormann (2004, S. 3) dazu: »Der Mund des schmerzverzerrten Gesichtes [...] ist so weit geöffnet, dass das Innere der Figur nach außen zu treten scheint. Gerade diesen veräußerlichten Schmerz verkörpert Paul [...] und seine Worte verbalisieren den Inhalt des Gemäldes von Bacon« (vgl. Claretta Micheletti Tonetti. a.a.O., S. 126f.).[4] Erst später erfährt der Zuschauer den Grund seiner Verzweiflung: Seine Frau Rosa hat sich kurz zuvor umgebracht. Rosa hat ihn vor einigen Jahren aufgenommen und, als er gehen wollte, geheiratet.[5] Sie ist – so kann man aus dem pathologischen Trauerprozess ableiten, der sich im Film offenbart – beides: Sie repräsentiert ein ambivalent besetztes Mutterobjekt, immerhin musste er vor jener auf vielen Umwegen bis nach Europa »fliehen«, sie ist aber auch die libidinös hoch besetzte Ehefrau. Ein Jahr lang hat sie Paul mit einem anderen Mann, in gewisser Weise einem seiner »Alter Egos«, betrogen und ihn dann auch noch auf bestialische Weise – als man sie findet, ist das Badezimmer blutverschmiert wie auf einem Schlachthof –, ohne jede Abschiedsbotschaft im Stich gelassen. All diese Umstände machen seine tiefe narzisstische Gekränktheit und drohende Selbstfragmentierung verständlich. Was ihn von Ovids Orpheus allerdings unterscheidet, ist seine nur geringe musikalische Begabung, wobei er aber immerhin Mundharmonika spielt. Auch hat es durchaus den Anschein, als wäre er wie jener in der Lage, andere Menschen für sich einzunehmen, wie seine Beziehung zu Jeanne zeigt. Bei einem ihrer Treffen äußert sie ihm gegenüber konsterniert über sich selbst: »Es macht mich rasend, dass du so verdammt sicher bist, dass ich jedes Mal wiederkomme.«

Dieses im Film 20 Jahre alte Mädchen – genauso alt wie die sie verkörpernde Schauspielerin zum Zeitpunkt, als der Film gedreht wurde – erinnert in ihrem kurzen Minirock und mit ihrem blumengeschmückten Hut ein bisschen an ein Flower-Power-Hippie-Mädchen, voller Sehnsucht nach ein bisschen Liebe, bereit, dafür alles zu geben. Vaterlos aufgewachsen und wohl deshalb umso mehr an ihre Mutter gebunden – jedenfalls wohnt sie noch dort und ruft diese sofort an, als sie die Wohnung in der Rue Jules Verne besichtigen will – wirkt sie wie ein emotional völlig ausgehungertes Mädchen. Sie beobachtet genau und springt, wie es scheint, über Hindernisse – etwa in der Art des Besens eines Straßenkehrers – mit jugendlicher Leichtigkeit. Auch sie hat einen Menschen verloren, nämlich ihren Vater, einen Oberst, der in Algerien gedient hat, und zwar zu einer Zeit, als sie noch Kind war. Sie: »Der Oberst hatte grüne Augen und blanke Stiefel. – Ich liebte meinen Papa. Er war schön in seiner Uniform. 1958 ist er […] gefallen …« Im Film kniet sie – bei ihrer Reise in die Vergangenheit – im Garten am Grab ihres Hundes Mustapha nieder, den sie so sehr geliebt hat: »Mein Freund, als ich klein war.« Stundenlang hätte er neben ihr gesessen und sie angesehen und wohl auch verstanden. Der Hund erscheint wie ein Brückenobjekt zum verlorenen Vater. Als Paul sie bei einem ihrer Treffen wie ein Kind über die Schulter wirft und im Kreis herumwirbelt, ehe er sie auf dem Waschtisch absetzt, ist sie voll kindlicher Freude und ruft: »Nochmal, tu's noch mal!« Der Vater fehlt ihr, umso mehr fliegt sie auf Paul, der durch sein Erinnerungsverbot erst recht zum Projektionsschirm ihrer Fantasien wird, wobei sich beide schon beim ersten Treffen – ödipal getriggert – gleichsam inzestuös verstricken, Paul sich aber, wohl auch aus diesem Grund, je mehr sie sich kennenlernen, als Vatersubstitut immer weniger geeignet erweist.

Beide, Paul und Jeanne, begegnen sich auf einer gewaltigen stählernen Brücke, die die Seine quert. Beide nehmen einander zur Kenntnis, ahnen aber noch nicht, dass sie das gleiche Ziel haben. Die Seine im Film steht für den Styx, die Brücke ist die Verbindung zur Unterwelt, dort vom Höllenhund Cerberus, hier von uniformierten Polizisten bewacht. Die Brücke befindet sich in diesem fiktiven Paris am Quai de Passy, was sowohl auf den Moment der Passage als auch jenen des Todes – das französische »trépasser« bedeutet sterben – verweist. Sie ist der Ort der Grenzüberschreitung, d. h. sie stellt den Übergang von einem Zustand in einen anderen dar.

Die nächste Einstellung zeigt Jeanne, wie sie vor einer großen, mit Eisenbeschlägen verzierten Eingangstür in der »Rue de Jules Verne« steht.[6] Sie schaut zunächst hinauf zu den oberen Etagen des alten Hauses und dann auf ihre Uhr. Es folgt ein Blick in Pauls Gesicht, der ebenfalls dorthin blickt. Denkt man an Parallelen zum Orpheus-Mythos, dann sind die beiden nach Überquerung des Styx jetzt am Höllentor angelangt, durch dessen Scheiben orangefarbenes Licht nach draußen dringt. Sie sind also dort, wo alle Uhren stehen bleiben. Mythisch verankert ist auch die Figur der Pförtnerin, auf die Jeanne in der Eingangshalle des Hauses trifft. Im Mythos werden die Vorhallen zur Hölle von den Eumeniden bewacht, die in Käfigen sitzen. Hier ist es die Concierge, die Jeanne den Wohnungsschlüssel durch eine kleine Öffnung in ihrer Pförtnerloge reicht, deren zahlreiche Metallverstrebungen im Film die Käfigstruktur betonen. Gleich den Eumeniden erschreckt die Concierge Jeanne, indem sie ihre Hand festhält und auf ihr Erschrecken hin in ein hysterisches Gelächter ausbricht. Weiterhin fällt auf, dass die Pförtnerin nichts von der Außenwelt mitbekommt – sie weiß nichts von einer freien Wohnung. Dann sieht man, wie sich eine Tür einen Spalt weit öffnet und davor eine Flasche lautlos abgestellt wird. All das betont die Unwirtlichkeit des Ortes, der wie eine andere Welt wirkt.

Schließlich steigt Jeanne in einen alten eisernen Aufzug und fährt aufwärts. Bertolucci pervertiert mit diesem Bild, so Moormann (2004, S. 8), nicht nur die christliche Auffahrtsikonografie, sondern visualisiert eine weitere Grenzüberschreitung, die Jeanne mit dem Etagenwechsel vollzieht. Denn die leere Wohnung, die sie dann erreicht, wird in der Folge zu dem Ort, an welchem in den folgenden Tagen soziale und sexuelle Grenzüberschreitungen stattfinden. In einer Ecke entdeckt sie Paul auf einem Stuhl, depressiv in sich versunken. Die leere und abgedunkelte Wohnung mit ihren mittels Tüchern verhängten Möbeln und dem toten Telefon wirkt wie eine Höhle. Filmaufnahmen der beiden durch stumpf gewordene Spiegel lösen die Grenze zwischen Wirklichkeit und Virtuellem auf. Die kargen Dialoge drehen sich um die Wohnung, dann nimmt Paul Jeanne im Stehen und beide gehen grußlos auseinander, wohl einig, sich künftig hier zu ihren sexuellen Eskapaden zu treffen.

Beim nächsten Mal fragt sie ihn: »Ich weiß gar nicht, wie ich dich anreden soll.« Er: »Ich habe keinen Namen.« Sie: »Willst du meinen Namen wissen?« Er ganz aufgebracht: »Nein, nein, nein, ich will deinen Namen nicht wissen. Ich habe keinen Namen und du hast auch keinen Namen. Es gibt keine Namen hier.«[7] Paul macht Jeanne hier mit den Regeln des Totenreichs bekannt. Es darf keinen Blick zurück geben, keine Verbindung mit der Welt der Lebenden. Wen aber verkörpert Jeanne in diesem Szenario? Sie ist das Abbild Rosas, ihren Hut schmücken dieselben Blumen, die jene auf dem Totenbett zieren. Jeanne ist Pauls externalisiertes Introjekt Rosa, in der Sprache der Selbstpsychologie: ein mehr oder weniger gefügiges Selbstobjekt desselben. Die Paradoxie besteht für Paul wie für jeden Trauernden darin, die Geliebte nicht loslassen zu können und zu wollen. Sein Wunsch ist es vielmehr, die Tote erinnernd zu verlebendigen. Viele Trauernde sehen auf der Straße Menschen, die sie als den Verlorenen oder die Verlorene verkennen, und müssen sich doch gleichzeitig von dem geliebten Wesen und der übermächtigen Erinnerung trennen, müssen das Gute des Objektes internalisieren – wie es symbolisch im Leichenschmaus geschieht – um so frei zu werden für ein Leben allein oder mit einem anderen Partner.

Die jugendliche Jeanne hilft Paul darüber hinaus, sein Alter zu negieren, mittels ihrer kann er sich vorgaukeln, noch einmal von vorne anfangen zu können. Er vitalisiert sich durch den grenzenlosen Sex mit ihr, hält so seine Verlassenheitsängste in Schach, schützt sich durch dieses intensive Körpererleben vor Selbstfragmentierung und vereinnahmt ihren jugendlichen Körper für sich, eine maniforme Abwehr des kränkenden Partnerverlusts und eigenen Zerfalls. Für Jeanne wiederum ist Paul die Reinkarnation ihres Vaters. Die Kollusion der beiden ist von vornherein zum Scheitern verurteilt, schon deshalb, weil von Seiten Pauls, aufgrund seiner Trauersituation dem Gebot des Hades unterworfen, keine reale zwischenmenschliche Beziehung entstehen darf. Sie würde jedem der beiden die Identität des jeweils anderen enthüllen, nicht nur sexuellen, sondern auch emotionalen Austausch ermöglichen und beide in ihrer seelischen Entwicklung voranbringen können, was für Paul aber auch bedeuten würde, dass er den Tod seiner Frau als Realität anerkennen und seine Libido von Rosa abziehen müsste, wozu er aber noch nicht bereit und in der Lage ist. Pauls Verhalten ist aus seiner pathologischen Trauer und Angst vor dem Altern allein nicht zu erklären, wenn auch – da Überbau des Ganzen – damit verquickt: Es geht um seine frühen internalisierten Objektbeziehungen, die teils explizit, teils implizit abgespeichert, sein konkretes Handeln bestimmen. Von seinen Eltern berichtet er, dass sein Vater »'n zäher Hund [war], ein Säufer, ein Hurenbock, ein Raufbold, supermännlich, […] 'n berüchtigter Schlägertyp«. Und er assoziiert eine Erinnerung an ihn als Heranwachsender. Er wollte damals mit einem Mädchen zu einem Basketball-Spiel gehen, war fix und fertig angezogen und wollte gerade das Haus verlassen, da herrschte ihn sein Vater an: »Du musst aber erst die Kuh noch melken.« Paul bat den Vater, er solle ihm das ausnahmsweise abnehmen. Als Antwort herrschte dieser ihn an: »Scher dich raus du Scheißkerl!« Mit Kuhschiet an den Schuhen stieg er ins Auto und es stank entsetzlich. Dieses beschämende Erlebnis ebenso wie die demütigenden Äußerungen, die er Jeanne im Rahmen ihrer tiefen Erniedrigung – beim erzwungenen Analverkehr – nachzusprechen zwingt, machen deutlich, in welch hohem Ausmaß er selbst Opfer von väterlicher Gewalt und Lieblosigkeit war. Auch im Auge der Mutter konnte er keinen Glanz der Freude über sich selbst erkennen. Hinreichend gute Affektspiegelung hat er von ihr nie erfahren, denn sie hat »gesoffen« oder war, wenn er mittags von der Schule heimkam, weg, »im Knast oder sonst wo …«. Ein Hauch von Idealisierung klingt an, wenn Paul sie als sehr poetisch beschreibt und voller Dankbarkeit betont, dass seine Mutter ihn die Natur zu lieben lehrte. »Das war wohl das höchste, was sie tun konnte.« Bruchstücke seines weiteren Lebensweges trägt ein Dienstmädchen im Hotel, das Rosa und ihm gehört, vor. Es ist die Fassung der Polizei. Die hätten gesagt, dass er »ein labiler Typ« sei, früher mal Boxer war, was nicht so richtig klappen wollte, sich anschließend als Schauspieler versuchte, dann als Bongosinger, danach als Revolutionär in einem südamerikanischen Land und schließlich als Journalist in Japan. Sein nächstes Ziel war Frankreich, wo er Französisch lernte. In Paris traf er auf Rosa, eine Frau, der er absolut »verfiel«. Er heiratete sie und muss bei ihr wohl erstmals ein Stück Heimat gefunden haben. Zusammenfassend kann man sagen, dass Paul ein Mensch ist, der ein mehr oder weniger desorganisiertes Bindungsverhalten hat und nach Rosas Tod wieder heimatlos ist. Grenzüberschreitend ist er auch. Das alles spricht für eine strukturelle Störung auf Borderline-Niveau.

Bei den Treffen von Paul und Jeanne regredieren beide, unter den von Paul gesetzten Rahmenbedingungen, in der Dunkelheit der spärlich möblierten Wohnung mehr und mehr, sodass Jeanne bei ihrem vierten Treffen äußert: »Ich komm mir wie ein Kind vor, hier drin!« Auch im Verhalten der beiden spiegelt sich das wider. Schon beim dritten Treffen werden die beiden immer animalischer und statt sich mit Namen zu nennen, läuft ihre Begegnung mit allerlei Grunz- und anderen Tierlauten ab. Die Sexualität bewegt sich vom genitalen Stadium zu früheren Stadien der Libidoentwicklung, bei den letzten Treffen auf analem und polymorph-perversem, auch oralem Niveau, wenn Paul Jeanne in sexualisierter Form eine tote Ratte als Leckerbissen anbietet oder sodomistische Fantasien äußert und die ihm verfallene Jeanne zwingt, das perverse Spiel mitzuspielen.[8] In dem Maß, in dem sich beide in dem artifiziellen Übergangsraum fast spielerisch emotional näher kommen – trotz aller Versuche Pauls, dies im »Komm, wir wollen uns nur ansehen« zu verhindern – versucht Paul immer brutaler und obszöner die Nicht-Beziehung[9] aus den genannten Gründen durchzusetzen, scheitert letztendlich aber damit, lässt das Mobiliar wieder fortschaffen und verschwindet.

Eine Szene, die das Scheitern ankündigt, soll herausgegriffen werden, nämlich jene, in welcher Paul ein Stück seiner Lebensgeschichte preisgegeben hatte und Jeanne bezüglich seiner Regeln, die er selbst überschritten hat, triumphiert: »Jetzt hab ich dich reingelegt!« Das Ganze spitzt sich zu, als sie von ihrer ersten Liebe mit ihrem Cousin Paul zu erzählen beginnt. Da schneidet er ihr das Wort ab und schreit auf: »Nein, keine Namen bitte!« Sie kann das nicht verstehen und beklagt sich, dass er ihr nicht zuhöre und dass sie das Gefühl habe, gegen eine Wand zu sprechen. Dann sagt sie weiter sehr treffend: »Dir fehlt die Nachsicht und die Güte, du bist ein Egoist! – Damit du's weißt, ich kann mich auch selbst befriedigen!« Gesagt, getan. Paul ist nun wieder mit seiner Verlorenheit und Einsamkeit konfrontiert. Er hält sich einen viel zu kleinen rosa Lampenschirm vor sein Gesicht – die Farbe desselben ist eine Anspielung an seine Frau Rosa – und beginnt bitterlich zu weinen, zusammengezogen wie ein Embryo. Hier deutet sich erstmals die Getrenntheit der beiden an. Gleichwohl gibt es seinerseits auch weiterhin Situationen, wo er ihr emotionale Nähe entgegenbringt, etwa wenn er die Durchnässte und Frierende fürsorglich in die warme Badewanne steckt, wie ein Kind einseift und mit einem Waschlappen wäscht, oder wenn er äußert: »Ich glaube, ich bin sehr glücklich mit dir!«

Bei Jeanne sieht die Sache anders aus. Sie versteht Pauls seltsame Verhaltensregeln nicht, auch wenn sie sich ihnen unterwirft. Sie sieht in Paul einen Mann, der bereit ist, mit ihr spielerisch Übergangsräume zu erkunden und sexuelles Neuland zu erforschen. Gleichzeitig leidet sie unter seiner Beziehungslosigkeit und darunter, dass er sie immer grußlos verlässt. »Saukerl, nicht mal Wiedersehen sagen!« Sie versucht sein Geheimnis zu lüften. Ihr Gefühl ist treffsicher, wenn sie ihn einen Egoisten nennt oder ihn entlarvt: »Soll ich dir sagen, warum du nichts von mir wissen willst? – Weil du die Frauen hasst!« Sie hat den Nagel auf den Kopf getroffen, er liebt und hasst Jeanne wie einst Rosa und zuvor seine Mutter. Und aus seiner Sicht tun sie ihm alle das gleiche an: Sie lassen ihn ihm Stich und dafür hasst er sie. In dieser Hinsicht sind die Frauen für ihn austauschbar. Und tatsächlich geht Jeanne nach ihren Treffen mit Paul unbekümmert zu ihrem Verlobten Tom, der freilich ein Doppelgänger von Paul sein könnte. Er ist gleichermaßen egoistisch wie Paul und vergewaltigt sie gleichermaßen – wenn auch mit anderen Mitteln. Sein Phallus ist das Mikrofon, das er ihr ständig unter die Nase hält bzw. halten lässt, oder die ratternden Filmkameras, die die beiden auf Schritt und Tritt verfolgen, denn Tom dreht – ohne zuvor die Zustimmung seiner Verlobten eingeholt zu haben – einen Film fürs Fernsehen, im dem sie beide die Hauptpersonen sind und am Ende heiraten. Getreu dem Drehbuch macht er ihr zu guter Letzt einen Heiratsantrag, bei welchem sie nicht weiß, ob sie ja oder nein sagen soll und ihrer beider Unsicherheit verdichtet sich zum Duett: »Ja, nein, ja, nein …«[10] Sie ahnt, dass es im Grunde nicht um sie, sondern um seinen Film, also seine Karriere geht, und das treibt sie wieder in die Arme Pauls. Freilich muss hervorgehoben werden, dass auch Tom keineswegs unsensibel ist. Als er nämlich spürt, dass Jeanne sich innerlich immer weiter von ihm entfernt, versucht er mit seinem Film im Film, ihre Kindheitsidylle heraufzubeschwören, um sie zurückzuholen. In gewisser Weise verhält er sich also komplementär zu Paul. Psychoanalytisch betrachtet, ist er ein »Alter Ego« von ihm.

Bei jenem forscht Jeanne derweil unbeirrt weiter. Sie durchsucht sein Sakko und verkündet spöttisch: »Immerhin wissen wir, dass er seine Anzüge in einem Warenhaus zu kaufen pflegt. Das ist nicht viel, doch das ist ein Anfang.« Eines Tages bringt sie ihren Plattenspieler mit und will ihm die Pop-Musik, die sie mag, vorspielen. Damit überschreitet sie in ihrer jungmädchenhaften Weise wieder einmal seine Grenzziehungen. Gleichzeitig spürt sie aber auch, wie sehr sie in Abhängigkeit zu ihm geraten ist und versucht sich zu befreien. Die Masturbationsszene ist nur der Auftakt. Ihren Verlobten Tom schreit sie im Sinne einer Verschiebung an, sie habe es satt, sich vergewaltigen zu lassen. Ein andermal steht sie im Eingang des Hauses und als Paul im Aufzug nach oben fährt, ruft sie ihm zu: »Ich wollte dich verlassen, aber ich konnte nicht – willst du mich noch?« Das, was Paul und Jeanne immer wieder aneinander bindet, ist ihr Festhalten an einem verlorenen Objekt – bei Jeanne ist es der Vater, bei Paul Rosa. Die innere Trennung gelingt ihr erst, als Paul sie ohne Nachricht verlässt und damit an ihr wiederholt, was Rosa mit ihm gemacht hat. Als sie, ein letztes Mal in der gemeinsamen Wohnung, ihn nicht antrifft, reißt sie die weißen Tücher weg, unter denen alte Schrottmöbel zum Vorschein kommen. Diese symbolisieren Pauls inneren Zustand der Zerbrochenheit und das Ende ihrer Beziehung. Jeanne ist verzweifelt und wütend. Sie bedrängt die

Concierge, ihr zu sagen, wo Paul hingezogen ist. Doch diese kann ihr das nicht sagen. Jeanne hält den Objektverlust kaum aus und ruft sofort Tom an, dass sie eine Wohnung gefunden habe und beschwört ihn unter Tränen sofort zu kommen. Er eilt herbei und nun verhält sie sich in ihrem Trennungsschmerz im Grunde kaum anders als Paul. Sie füllt die Lücke, indem sie mit Tom über die Namen ihrer Kinder, die Fidel (Jeannes Idee) und Rosa (Toms Idee) heißen sollen, fantasiert. Die beiden beschließen, alles zu verändern und den Zufall in Schicksal zu verwandeln. Bertoluccis Sicht ist da skeptischer, denn sie legt nahe, dass unbewältigte Beziehungs- und Trennungstraumata von einer Generation zur nächsten weitergereicht werden.

Das Scheitern der Beziehung von Paul und Jeanne in ihrer Wohnung in der Rue Jules Verne wird für Paul manifest, als Jeanne ihm ihre Liebe gesteht und er wenig später am Totenbett seiner Frau Rosa steht, die er erst wütend als »falsche Ophelia« beschimpft und später unter Tränen um Entschuldigung bittet. Er werde niemals im Stande sein, das wahre Wesen einer Frau zu erkennen. Er endet mit dem Satz: »Ich würde es auch tun, wenn ich wüsste wie. Aber ich weiß es nicht.« Aufgrund seiner internalisierten Objekterfahrungen verhält es sich für Paul so, wie er das einmal Jeanne erklärt hatte: »Du bist allein, ganz und gar allein, und von dem Gefühl ganz allein zu sein, wirst du erst befreit sein, wenn du dem Tod ins Auge sehen wirst!« Für Jeanne ist das Ende der Beziehung endgültig da, als Paul sie dem Anschein nach im Stich lässt. Die beiden sind sich zu nahe gekommen, haben zuviel von sich preisgegeben, mit anderen Worten sie haben im je anderen das projizierte tote Introjekt zu sehr belebt gesehen und damit den je anderen als Realperson verloren. Beide teilen so das Schicksal von Orpheus.

Es bedarf noch der Erwähnung, dass Paul ein weiteres »Alter Ego« hat, den Liebhaber seiner Frau, einen etwas zwanghaften Mann, der sich damit beschäftigt, Zeitungsausschnitte zu sammeln und im übrigen wie ein Spiegelbild Pauls erscheint. Er wohnt im selben Hotel wie Paul, trägt denselben Morgenmantel wie dieser, trinkt – dafür hat Rosa gesorgt – denselben Whisky wie er. Selbst die Tapete im Zimmer wollte Rosa so gestalten wie im Zimmer, das sie mit Paul bewohnte. Paul, Tom und Marcel verkörpern als »Alter Egos« Persönlichkeitsanteile ein- und derselben hypothetischen Gesamtperson, womit Bertolucci wahrscheinlich Spaltungen und Fragmentierungen Pauls verdeutlichen wollte. Jeanne wiederum scheint ihr Pendant in Rosa zu haben.

Nicht nur die Blumen ihres Hutes gleichen jenen am Totenbett Rosas, sondern auch ihr Hochzeitskleid und deren Totenkleid sind einander sehr ähnlich.

So wie Orpheus' Geschichte an dem Punkt, an welchem er Eurydike auf dem Weg aus der Unterwelt verloren hat, noch nicht zu Ende ist, geht es auch mit Bertoluccis Trauernden noch weiter:

Abschied liegt in der Luft. Der letzte Drehtag von Toms Film ist gekommen. Jeanne und Tom verabschieden sich ohne Kameraleute in der besichtigten Wohnung. Paul sitzt im Hotel, weint und blickt auf seinen gepackten Koffer. Jeanne quert die Brücke, mit der der Film begonnen hatte. Paul taucht auf, sieht ihr nach, folgt ihr dann und klopft ihr auf die Schulter: »Da bin ich wieder!« »Es ist aus.« Er beschwört einen Neuanfang, aber sie will nicht. Wie hieß es doch bei Ovid? »Vergeblich versuchte Orpheus, die wie Rauch in den Lüften Verwehende festzuhalten, ihren Schatten zu umfangen. Auch in die Unterwelt konnte er nicht noch einmal zurück.« So auch hier. Er versucht sie in einem morbiden Tangolokal für sich zurückzugewinnen, erzählt von sich, aber er scheitert. Der Tanzsaal wirkt steril und altmodisch. Das wird noch unterstrichen durch die mechanisch und leblos wirkenden Bewegungen der Tänzer mit ihren immer wieder zum abrupten Stillstand kommenden Tanzschritten. Die Kamera folgt ihren mechanischen Schritten am Boden entlang und betont so ihre Absurdität. Die Tänzer wirken mit ihren abgezirkelten Bewegungen wie Marionetten, emotionslos und ohne Blickkontakt. Am Ende des Tanzes verharren die Paare regungslos in ihrer Position und erstarren förmlich zu leblosen Schaufensterpuppen. Der Tanzsaal, in dem Paul freimütig erzählt, wer er ist und was er macht, wirkt wie eine starre Gegenwelt zur Höhle in der Rue Jules Verne, wo es im Vergleich dazu äußerst lebendig zuging. Die Welt hier, also die ganz reale Welt, erscheint im Gegensatz dazu steril, kalt und mechanistisch. Während des letzten Tangos[11] in dem Tanzwettbewerb versucht der betrunkene Paul Jeanne – wie ein Vater seine Tochter – huckepack auf die Tanzfläche zu tragen. Im Gegensatz zu disziplinierten, einstudierten Tanzfiguren, bewegen sich Jeanne und Paul völlig spontan und frei von Reglementierungen zur Musik.

> »Ihre parodistische Performance gleicht einem ›Danse macabre‹. [...] Wie ein Sterbender lässt sich [Paul] zu Boden fallen – eine Ankündigung seines bevorstehenden Todes – und wird von [Jeanne] wieder aufgerichtet. Eng umschlungen

drehen sie sich darauf um die eigene Achse und küssen sich hemmungslos vor der Tanzjury, deren hysterische Vorsitzende versucht, die beiden auseinander zu bringen und von der Tanzfläche zu entfernen. Paul greift sich diese, dreht sie herum und nimmt die wild um sich Schlagende wie eine Braut auf den Arm. Beim Abgang von der Tanzfläche präsentiert er sein entblößtes Hinterteil« (Moormann 2004, S. 16).

Unter gesellschaftskritischem Blickwinkel manifestiert sich in den tanzenden Paaren die bourgeoise Gesellschaft, deren erstarrtes Regel- und Normensystem von Paul und Jeanne »auf revolutionäre Weise« durchbrochen wird. Jeanne masturbiert Paul noch einmal, aber auch das ist, anders als früher, ein mechanischer Akt in burgeoiser Umgebung. Dann verlässt sie Paul und geht. Paul folgt ihr, will das Ende der Beziehung nicht wahrhaben, beschwört sie, aber sie bleibt bei ihrem Entschluss. Trotz ihrer Hilferufe folgt er der Flüchtenden bis in die Wohnung, wo sie mit ihrer Mutter lebt. Paul setzt das Offiziers-Képi von Jeannes Vaters auf, albert herum und in dem Moment, in welchem er sie nach ihrem Namen fragt und sie diesen sagt, fällt ein Schuss. Jeanne hat ihm mit der Pistole ihres Vaters in den Unterleib geschossen. Noch Kaugummi kauend wankt er auf den Balkon, murmelt: »Unsere Kinder, unsere Kinder werden sich erinnern«, klebt den Kaugummi unter die Balkonbrüstung, stürzt und bleibt in Fötalstellung liegen. Und sie überlegt laut, was sie am Telefon der Polizei sagen wird: »Ich weiß nicht, wer es ist. Ich kenne seinen Namen nicht. Er ist mir auf der Straße nachgegangen. Ein Verrückter! Ich weiß nicht, wie er heißt.«

Jeanne hat nicht nur Paul getötet, sondern in ihm auch ihren Vater und überwindet damit das inzestuöse Verhältnis zwischen Vater und Tochter. Allerdings weist ihre Äußerung, dass sie nicht wisse, wer er ist und wie er heiße, darauf hin, dass ihre psychische Verfassung noch äußert labil ist, denn sie versucht das Getane zu verleugnen und stellt sich damit wiederum nicht der Realität. Auf der mythologischen Ebene hat Paul so wenig wie Orpheus eine zweite Chance, Rosa alias Jeanne zurückzugewinnen. Indem sie ihre Identität zu erkennen gibt, wird sie, wie einst Eurydike in einer Version des Orpheus-Mythos, zur Mänade, die Paul zur Strafe kastriert.[12] Marie Bonaparte (zit. n. Haas 2002, S. 151) sah das Problem Orpheus in seiner ödipalen Fixierung an die Mutter Kalliope. Orpheus liebte in Eurydike eigentlich die Mutter. »Orpheus lost Eurydike because it is wrong to love incestuously.« Ein Aspekt des Dramas zwischen Paul und Jeanne, auf das ja bereits hingewiesen wurde.

Bleibt noch die absurde Kaugummiszene: Pauls Verhalten erscheint pubertär. Er gibt sich als »cooler« Sterbender und verleugnet die Realität des ihn ereilenden Todes. Seine Äußerung im Hinblick auf gemeinsame Kinder ist in gleicher, die Realität verleugnender Weise zu verstehen. Fast erscheint dieser klebrige Kaugummi wie ein Selbstbild Pauls: Wenn man ihn aus dem Mund nimmt, d. h. sich von ihm trennt, dann bleibt er hartnäckig kleben.[13]

Bei der letzten Begegnung Jeannes mit Tom kommt es zu folgendem Dialog. Tom: »Wir können so nicht weiterspielen, Jeanne. Wir können nicht mehr spielen wie Kinder, wir sind erwachsen.« Jeanne: »Erwachsen? – Das ist ja furchtbar!« Tom: »Ja, das ist furchtbar.« Sie: »Und was tun Erwachsene?« Tom: »Ich weiß nicht, was sie tun.« Ganz sicher werden Erwachsene nicht sagen »Ich weiß nicht, wer es ist.« »Ich weiß nicht, wie er heißt.« Sie werden nicht verleugnen, sondern zu ihrem Tun stehen und dafür Verantwortung übernehmen.

Fazit: Sowohl Paul als auch Jeanne sind im Verlauf des Films auf dem Weg zu der »depressiven Position« (Melanie Klein) keinen Schritt weiter gekommen. Und Tom? Das Material des Filmes reicht nicht aus, um diese Frage zu beantworten. Der zitierte Dialog am Schluss und sein Sich-auf-den-Weg-machen nach einer anderen Wohnung geben Anlass zur Hoffnung, dass zumindest er auf dem richtigen Weg ist. – Und die im Film vor Augen geführte beziehungs- »freie Liebe«? Sie ist eindeutig gescheitert!

4 Gesellschaftliche Aspekte: Bacon und der Tango

Im Vorspann des Filmes werden zunächst der linke Teil des Dipthyons *Double Portrait of Lucian Freud and Frank Auerbach* (1964)[14] und dann das im gleichen Jahr entstandene Gemälde *Study for a Portrait (Isabel Rawsthrone)*[15] des irischstämmigen Malers Francis Bacon[16] gezeigt.

Bacon hatte Bertolucci auf einer Ausstellung, die er drei Monate vor Beginn der Dreharbeiten von *Der letzte Tango in Paris* besucht hatte, tief beeindruckt. Im Mittelpunkt des Schaffens dieses Malers steht der moderne Mensch in seiner existenziellen Zerrissenheit, seiner sozialen Vereinsamung und seiner kreatürlichen Rohheit. Zwischen Abbild und Verfremdung schuf er eine einzigartige Galerie des Menschen im 20. Jahrhundert. Er malte schonungslose, von geradezu brutaler Leidenschaftlichkeit getriebenen Portraits seiner Freunde, Künstlerkollegen und von sich selbst. Seine Malerei imponiert bis heute durch die »Gegenüberstellung von verdrehten, zerstörten Körpern und Köpfen und leerem, unbestimmtem Raum. [...] Alle seine Bilder sprechen von Vereinzelung, Zerrissenheit, von Glaubensverlust und Selbstverlust« (Hamburger Kunsthalle 2005).

Es gibt folgenden Verweis Bertoluccis auf Bacon:

> »I took Storaro [den Kameramann; T.P.] to see Bacon's paintings, and Fernando Scarfiotti, and Gitt, the costume designer, and they were all very impressed. Vittorio and Fernando ended up playing a lot with frosted glass, and I remember we did these close-ups of Marlon behind the glass, which were very like Bacon. I would say, today we'll do a Bacon, bring the glass!« (Moormann 2004, S. 4)

Die Figuren Bacons verweisen auf eine morbide Gesellschaft, die im Film wiederzufinden ist. Mittels Spiegeln und Glasscheiben versucht Bertolucci das morbide Innenleben seiner Figuren in Bacons Manier zu veräußerlichen. Wie die Welt in den Gemälden Bacons, ist Bertoluccis Welt gekennzeichnet durch Hoffnungslosigkeit. Interpersoneller Sex – und nicht mehr – ist in dieser Gesellschaft die basale Begegnungsform einsamer Menschen. Und so wird der letzte Tango im Film zum Abgesang auf die moderne Gesellschaft. Veränderung, so verheißt der Film auf der sichtbaren Ebene, ist nur durch Negation der gesellschaftlichen Normen möglich, und auch dann noch schwer genug. Moormann (2004, S. 18) geht noch einen Schritt weiter: »Jeder Funke Hoffnung [...] wird ausgelöscht. Bertolucci hinterlässt mit Ultimo tango a Parigi einen Scherbenhaufen, eine apokalyptische Vision.« Zu dieser morbiden Welt passt der Tango. Der argentinische Psychoanalytiker Luis Fau hat sich in seiner Promotionsarbeit mit dem Tango beschäftigt. Er schreibt:

> »Um die Jahrhundertwende [19. zum 20. Jh.; T.P.] wanderten unzählige Europäer, vor allem Spanier und Italiener, aber auch Franzosen, Deutsche, Schweizer, Polen und Russen nach Argentinien aus. Sie waren mit dem Versprechen angelockt worden, hier neues, besseres Land zu finden und weiterhin als Bauern ihren Lebensunterhalt verdienen zu können. Doch die fruchtbaren Gebiete in der Provinz Buenos Aires waren seit langem in den Händen der Oligarchie, und da die wenigsten Immigranten das Geld für die Rückreise besaßen, mussten sie in Buenos Aires bleiben und in den Conventillos, den armseligen Mietwohnungen,

[einen] doppelten Verlust verkraften [...]: den Verlust der Heimat und den Verlust ihrer sozialen Lebensumstände. In den Innenhöfen dieser Mietskasernen, in denen sich die verschiedensten Sprachen und Kulturen miteinander vermischten, entstand die Musik, die bis heute mit Buenos Aires identifiziert wird: der argentinische Tango.

Es liegt auf der Hand, dass [...] die Tangolieder immer wieder das thematisieren, was die Immigranten beschäftigte: den Verlust, den Verlust der Jugend, der Geliebten und der Mutter, ein Synonym für die verlorene Heimat. Die Söhne und Enkelkinder der europäischen Einwanderer erbten die Sehnsucht ihrer Vorfahren nach der verlorenen Heimat. Doch da sie deren Heimat nie kennen gelernt, geschweige denn verloren hatten, verwandelte sich ihre Sehnsucht in ein unstillbares Verlangen. Und so begannen diese Generationen, auf der Suche nach einer Identität, sich [auch] für die Psychoanalyse zu interessieren, ein Interesse, das bis heute andauert« (Rüegg 1997, S. 29).

Die enge Verbindung von Filmtitel und -inhalt mit dem Tango ist damit erklärt.

5 Epilog

Serge July und Bruno Nuytten haben 2004 unter dem Titel *Es war einmal ... Der letzte Tango in Paris* – also 32 Jahre nach der Uraufführung des Filmes – eine Dokumentation über diesen gedreht. In Interviews mit Bernardo Bertolucci, Maria Schneider, dem Kameramann Vittorio Storaro und anderen wurde dabei u. a. deutlich gemacht, dass für die Rolle Pauls zunächst Jean-Louis Trintignant, Jean-Paul Belmondo und Alain Delon vorgesehen waren, von denen sich jedoch keiner auf das Experiment einlassen wollte. Dagegen war Marlon Brando von der Rolle schon fasziniert, ehe überhaupt ein fertiges Drehbuch vorlag. Im Nachhinein äußerte er, dass die Filmarbeit eine seiner größten persönlichen Herausforderungen gewesen sei. Maria Schneider legte offen, dass die Szene mit dem Analverkehr nicht im Drehbuch gestanden hätte. Marlon Brando und Bernardo Bertolucci hätten sich das beim Mittagessen ausgedacht und sie dann während des Drehs damit überrascht. Sie fühlte sich dadurch so erniedrigt, dass sie deshalb später kein Wort mehr mit dem Regisseur gesprochen hat.

Bertolucci hat Maria Schneider an der Seite von Marlon Brando zwar ganz groß herausgedacht und sie wurde in aller Welt als Star gefeiert, doch die Freizügigkeit des Films wurde ihr im Nachhinein zur Last, die auch ihr Privatleben überschattete. In seinem Film *1900* bot ihr Bertolucci vier Jahre später wieder eine Rolle an. Sie nahm zunächst an, stieg aber während der Dreharbeiten wieder aus. Dieser Film hätte ein weiterer Meilenstein ihrer Karriere werden können. Die darauffolgenden Rollenangebote waren auf den *Tango* hin ausgerichtet. Der enormen Aufmerksamkeit der Presse war sie nicht gewachsen. In der Öffentlichkeit provozierte sie durch exzentrische Auftritte, griff zu Drogen und Alkohol und war mehrfach in psychiatrischen Kliniken. In einem Interview äußerte sie 1985 im Nachhinein: »[...] If I had known what (the film) would bring down on my head, I wouldn't have done it« (Ruthmann 1999, S. 110).

6 Zusammenfassung

Heftige Beifallsstürme und lautstarke Buhrufe zugleich begleiteten die Vorstellung von Bernardo Bertoluccis *Der letzte Tango in Paris*, der beim Filmfestival im Oktober 1972 in New York uraufgeführt wurde. Was Ingmar Bergmans *Das Schweigen* für die 1960er Jahre bedeutete, das war dieser Film rund zehn Jahre später für die 1970er: Dieses Werk Bertoluccis beschwor aufgrund seiner freizügigen Sex-Szenen einen öffentlichen Skandal herauf. Auf der sichtbaren Ebene ist der Film zugleich Provokation und Abrechnung mit der als deformierend erlebten und jede Lebendigkeit erstickenden, muffigen Gesellschaft am Ende der 60er Jahre des letzten Jahrhunderts. Aus psychoanalytischer Sicht ist es eine moderne Version des Orpheus-Mythos, dessen Protagonisten ein alternder Amerikaner und eine junge Französin sind, die beide mit dem Verlust eines ambivalent erlebten Liebesobjektes – bei ihm ist es seine Frau, die ihn lange Zeit betrogen hat und sich schließlich suizidierte, bei ihr der geliebte, schon in ihrer Kindheit verstorbene Vater – nicht zurechtkommen und in einer maniformen, sexualisierten und interpersonell-kollusiven Abwehr Schutz suchen. Während Orpheus sich nach Eurydike nicht umdrehen darf, als er sie aus der Unterwelt zurückholt, ist das Gebot im Film, nichts von der eigenen Identität preisgeben zu dürfen, um so die Realität auszusperren. Als die Realität die beiden dann doch einholt und diese Abwehr nicht mehr aufrechtzuerhalten ist, befreit sich das junge Mädchen durch Töten des inzestuösen väterlichen

Introjekts, während der alternde Mann zu einem solchen Schritt nicht in der Lage ist. Keiner von beiden schafft es, die depressive Position i.S. von Melanie Klein zu erreichen und daran zu reifen.

Anmerkungen

1 Die Premiere des Films fand am 14.10.1972 statt und löste einen ähnlichen Skandal aus wie neun Jahre zuvor Ingmar Bergmans *Das Schweigen*. 1976 wurde der Film in Italien und später auch in Spanien ganz verboten. Marlon Brando, Bernardo Bertolucci, Maria Schneider und Alberto Grimaldi wurden vor Gericht gestellt und wegen zersetzender und herabwürdigender Darstellung menschlicher Beziehungen zu zwei Jahren Gefängnis auf Bewährung verurteilt. Außerdem wurden Bertolucci für fünf Jahre die Bürgerrechte aberkannt. Erst 1987 wurde der Film in Italien wieder freigegeben. Heute gilt der Film als Klassiker. Bertolucci hatte schon in den 1970er Jahren den Ruf eines Protagonisten des avantgardistischen Kinos, der durch gesellschaftskritische Verfilmungen von Literaturvorlagen auf sich aufmerksam machte (z.B. *Der letzte Kaiser* [1987]).
2 Bertolucci hat das Drehbuch selbst geschrieben. Zum Zustandekommen äußerte er, dass er – damals 32-jährig – zu der Zeit gerade dabei gewesen sei, sich von seiner damaligen Lebensgefährtin zu trennen. Er habe eines Tages eine sexuelle Begegnung mit einer anderen Frau gehabt, weswegen ihn große Schuldgefühle geplagt hätten. In seinen Tagträumen sei die Fantasie eines Paares entstanden, das sich an unbekanntem Ort trifft, ohne dass der eine den Namen des anderen kennt, und so eine sexuelle Beziehung miteinander lebt, ohne mehr voneinander zu wissen. Er wollte diesen Film dann »Un giorno, una notte, un giorno, una notte« nennen. Und so umfasst der Film auch nur wenige Tage (vgl. Ruthmann 1999, S. 104). Als die Arbeiten weiter fortgeschritten waren, lautete der Arbeitstitel »La Petite Morte«, in Anspielung an die französische Bezeichnung für den Orgasmus.
3 Psychoanalytische Filmbesprechungen gibt es u.a. von Kline (1976), Zeul (1997) und Ruthmann (1999).
4 Moormann (2004) hat in seiner Online-Publikation »Anatomie einer Leidenschaft« die Beziehung zwischen Bacon und Bertolucci eindrucksvoll herausgearbeitet.
5 In der Szene, in welcher Paul am Totenbett seiner Frau sitzt, erfährt der Zuschauer, wie Paul und Rosa zusammenkamen. Erinnernd sinniert er: »Weißt du noch den Tag, als ich das erste Mal hier war? Ich wusste, du hättest mich nie in dein Bett gelassen, wenn ich nicht gesagt hätte – wie war das? – ah ja – kann ich bitte meine Rechnung haben? Ich muss abreisen! So war's doch, nicht?« Hier wird bei Rosa ein Beziehungsmuster deutlich, das sich bei Paul in seinem Beziehungsverhalten in gleicher Weise wiederfindet: auf der einen Seite die Sehnsucht nach Objektnähe, aber die Unfähigkeit, diese auszuhalten, auf der anderen Seite die Angst vor der Objektferne, die ebenso wenig ausgehalten werden kann. Mentzos (1992) spricht in diesem Kontext vom »psychotischen Dilemma«, Benedetti (1983) in Anbetracht des Befundes von »Todeslandschaften der Seele«. Rosa kann zu Paul nur Nähe herstellen, wenn er gehen will und man kann sich gut vorstellen, dass sie auch ihren Liebhaber Marcel in der

Weise als Objekt verwendet hat, indem sie sich ihm zuwandte, wenn die Nähe zu Paul zu groß war und umgekehrt. Paul hält das von Rosa Im-Stich-gelassen-worden-sein aus eben jenem Grund nicht aus und andererseits die Nähe mit Jeanne auch nur, wenn er sie kontrollieren und auf Abstand halten kann. Als sie ihn verlässt, kann er dies aber ebenso wenig aushalten wie Rosas Tod und klettet sich umso mehr an sie. Da diese Psychodynamik bei Rosa und Paul vorlag, kann man sich gut vorstellen, was für eine hochproblematische Kollusion die beiden miteinander hatten.

6 Moormann (2004) weist darauf hin, dass Bertolucci mehrfach Anspielungen auf Jean Cocteaus Film *Orphée* (1950) macht. Auch bei ihm sind Polizisten die Wächter des Totenreiches, ein Blick auf die Uhr findet sich dort ebenso wie die »Rue de Jules Verne« und die U-Bahn-Station Grenelle.

7 Namen sind identitätsstiftend. Darüber hinaus führen Redensarten wie »nomen est omen« oder Märchen wie *Rumpelstilzchen* die Bedeutungsmächtigkeit von Namen vor Augen. Der Name symbolisiert nach Derrida (1987, S. 532) Unsterblichkeit – er überlebt den Träger desselben –, wird gerade dadurch aber auch zum Träger von Todesahnung. Angst vor Namen drückt also letzten Endes Angst vor Tod und Untergang aus. Das Namenstabu ist eine anthropologische Reaktion auf Todesangst bzw. Angst vor Vernichtung. Das heißt auf Paul bezogen, dass er mit dem Namenstabu versucht, seine Angst vor dem, was in seiner Fantasie vernichtend ist, zu bannen.

8 Ruthmann (1999, S. 107) interpretiert die Situation, in welcher Paul sich anschickt, die Ratte zu verzehren, als einen makabren Leichenschmaus, denn »ist es nicht Rosa, diese tote Ratte, die er verzehren will?«

9 Um dies zu unterstreichen, lässt Bertolucci Paul in der Originalversion bei ihren Treffen englisch, sie hingegen französisch sprechen.

10 Der Rettungsring mit der Aufschrift »L'Atalante«, den Tom seiner Verlobten überstreift, als er ihr den Heiratsantrag macht, und welchen sie dann ins Wasser wirft, wo er sofort versinkt, hat eine doppelte Bedeutung: Er signalisiert, dass diese Beziehung nicht tragfähig ist, stellt darüber hinaus aber auch einen Bezug zu dem gleichnamigen Film (1934) von Jean Vigo dar. Im Film ist die »Atalante« ein Flussschiff, das auf den Wasserstraßen Frankreichs unterwegs ist. Hauptpersonen des Films sind ein frischvermähltes Paar, das zusammen mit einem alten exzentrischen Matrosen und einem Schiffsjungen die Schiffsbesatzung bildet. Die Frau liebt ihren Ehemann, teilt jedoch nicht seine Fixiertheit auf die Wasserstraßen. Sie sehnt sich nach den Aufregungen, die eine Stadt wie Paris zu bieten hat und wird von einem Hausierer an Land gelockt. Trotzig fährt der Mann ohne sie weiter. Aber sie fehlt ihm. Erstmals sieht er, was ihm zuvor nie gelang, ihr Bild, indem er die Augen unter Wasser öffnet: Wie ein süßer Geist schwebt sie im Brautkleid vor ihm. Auch sie hält es kaum aus ohne ihn alleine in der großen Stadt. Mit Hilfe des alten Exzentrikers und eines Seemannsliedes finden die jungen Eheleute zu guter Letzt wieder zusammen.

11 Nach Witte (1982, S. 21) ist der Tango als Chiffre der Morbidezza und der Dekadenz zu verstehen, Paris als Chiffre existenzieller Sehnsucht. Der Todeskampf in artistischer Form, als grotesker Wettbewerb alternder Paare, dessen Form Marlon Brando und Maria Schneider flagrant verletzen: Tango als höhnischer Verweis und Todesmetapher.

12 Platon kritisiert Orpheus im »Symposion« als »weichlich«. Die Götter hätten ihn unverrichteter Dinge aus der Unterwelt zurückgeschickt, weil er nicht das Herz gehabt hätte, der

Liebe wegen zu sterben. Zur Strafe hätten sie ihm auferlegt, unehrenvoll von Weiberhand sterben zu müssen (vgl. Haas 2002, S. 147f.).

13 Ruthmann kommt zu einer weit positiveren Einschätzung, die der Verfasser aber nicht teilt: »Das hingeklebte, verbrauchte Kaugummi erhält die Funktion eines Erinnerungszeichens und der Satz ›Unsere Kinder werden sich erinnern‹« deutet so etwas wie eine Hoffnung an. Paul hat daher andererseits, insoweit ihm ein Stück Trauer über den Verlust Rosas bzw. über die mangelnde Spiegelung in der Beziehung zu ihr gelungen ist, für sich die Funktion der Selbsterkenntnis und damit eine Zeitperspektive in die Vergangenheit und in die Zukunft eröffnet. Mit der Anerkennung seiner eigenen Geschichtlichkeit konstituiert sich ein Teil zurückgewonnener Identität, die er zuvor in der ungelösten Beziehung mit Rosa [dem mütterlichen Objekt] nicht besaß« (Ruthmann 1999, S. 109).

14 Der Kunsthistoriker Donald Kuspit bemerkte zu Bacons Beziehung zu L. Freud und dem hier genannten Dipthyon: »Bacon machte ihn [L. Freud] auf die Erfahrung der Körperlichkeit aufmerksam, d.h. machte ihm den animalischen Charakter des Körpers bewusst – einschließlich seines eigenen Körpers – und, noch weiter gehend, den sexuellen Charakter des animalischen Körpers, oder, wenn man so will, den animalischen Charakter sexuellen Verhaltens. Das wird in Bacon's ›Double Portrait of Lucian Freud and Frank Auerbach‹ (1964) deutlich, wo die Körper sich in unbehaglicher Weise drehen und winden, wie frustriert durch ihre Getrenntheit. Sie umarmen sich nicht, wie Bacons ›Two Figures‹ (1953) das tun. Es ist bemerkenswert, dass sich beide, Freud und Auerbach – beides Maler – auf Bacons Gemälden auf einer Couch befinden. Die Tische sind weg gedreht – der Maler ist nun das Modell. Bacon spielt die Rolle des Psychoanalytikers, der sie im Prozess der Überwindung ihres Widerstandes und ihrer Selbstzensur zeigt, d.h. er zeigt die Enthüllung ihres Es oder des Tieres in ihnen, was grotesk aussieht, da das Ganze nicht völlig frei von Hemmungen abläuft. Wenn die Prokrustes-Couch auch soziale Zwänge symbolisiert, dann zeigt Bacons Gemälde, wie sie darum kämpfen, vor ihr durch radikale Subjektivität in ihre Individualität zu flüchten, oder zumindest in eine emotionale Überschreitung aller Grenzen« (Kuspit 2004, S. 1; Übers. T.P.).

15 Auch dieses Bild ist 1964 entstanden. Es zeigt eine Frau, die inmitten eines fensterlosen Raumes mit schwarzen Wänden zusammengekauert auf einem Stuhl hockt. Sie wendet ihren Blick vom Betrachter ab. Auch ihr Körper ist deformiert und wirkt leblos, wie totes Fleisch (vgl. Moormann 2004, S. 2).

16 »Bacon ist Zeitgenosse einer Welt, die fast nur noch im und für das Diesseits lebt. Die Erfahrungen, die die Menschen seit Beginn der Moderne (im 20. Jahrhundert) machen, könnten dabei widersprüchlicher nicht sein. Denn im selben Maß, in dem sie durch Technik die Welt und das All erobern, haben sie auch begonnen, die Welt und sich selbst zu zerstören. Die moderne Unmenschlichkeit wurde nicht nur in den zwei Weltkriegen offensichtlich, in Faschismus und Stalinismus, die Francis Bacon miterlebte, sondern auch in der dramatischen Fremdheit und Vereinsamung der Menschen in unserem modernen westlichen Alltag. Seine Art der malerischen Gegenüberstellung von verdrehten, zerstörten Körpern und Köpfen und leerem, unbestimmtem Raum hat Francis Bacon zum weltweit bedeutendsten Maler dieser Unmenschlichkeiten gemacht. Alle seine Bilder sprechen von Vereinzelung, Zerrissenheit, von Glaubensverlust und Selbstverlust« (Vorkoeper 2005). Vergleiche Anmerkung 14.

Literatur

Alley, R. (1973): »Der letzte Tango in Paris«, Übers. v. Wolfgang Gerfin. Frankfurt a. M. (Fischer Taschenbuchverlag).
Benedetti, G. (1993): Todeslandschaften der Seele. Göttingen (Vandenhoeck & Ruprecht).
Derrida, J. (1987): L'aphorisme à contre-temps. In: Ders. (Hg.) (1987): Psyche. L'invention de l'autre. Paris (Galilée), S. 519–533.
Haas, E. (2002): ... und Freud hat doch Recht. Gießen (Psychosozial-Verlag).
Hamburger Kunsthalle (2005): Francis Bacon – Die Portraits. Internet-Text zur dortigen Ausstellung vom 14.10.2005 bis 15.01.2006. Im Internet unter: http://www.britishcouncil.de/d/recent/bacon05.htm [18.06.2006].
Kael, P. (1972): Last Tango in Paris. In: The New Yorker 47 (10), 130.
Kline, T. J. (1976): Orpheus transcending: Bertolucci's Last Tango in Paris. Int. Rev. Psychoanal. 3, 85–96.
Kuhlbrodt, D. (1982): L'ultimo tango a Parigi. In: Jansen, P. W.; Schütte, W. (Hg.): Bernardo Bertolucci. München (Hanser).
Kuspit, D. (2004): Shameless and Unashamed. Im Internet unter: http://www.artnet.com/magazineus/features/kuspit/kuspit10-06-05.asp [18.08.2006].
Mentzos, S. (1992): Psychose und Konflikt. Göttingen (Vandenhoeck & Ruprecht).
Moormann, P. (2004): Anatomie einer Leidenschaft. Anmerkungen zu Bernardo Bertoluccis transgressivem Liebesfilm »Der letzte Tango in Paris«. Ikonenmagazin (Internetversion). Im Internet unter: http://www.ikonen-magazin.de/artikel/Tango.htm [17.08.2006].
Rüegg, H. (1997): Der Tango, Lacan und die unstillbare Sehnsucht. Matices – Zeitschrift zu Lateinamerika, Spanien und Portugal 13, 28–29.
Ruthmann, R. (1999): »Der letzte Tango in Paris« – eine psychoanalytische Interpretation. Psychoanalyse im Widerspruch 21, 103–111.
The Observer (2001): How to kill your Father ... Im Internet unter: http://film.guardian.co.uk/print/0,,4281476-101730,00.html [18.10.2007].
Thompson, D. (1998): Last tango in Paris. London (British Film Institute).
Tonetti, C. M. (1995): Bernardo Bertolucci. The Cinema of Ambiguity. New York (Twayne Publishers).
Vorkoeper, U. (2005): Das Monster in mir – Was es heißt, ein Mensch zu sein. ZEIT online, 23.11.2005. Im Internet unter: http://www.zeit.de/feuilleton/kunst_naechste_generation/monster_2 [18.06.2006].
Witte, K. (1982): Der späte Manierist. In: Jansen, P. W.; Schütte, W. (Hg.): Bernardo Bertolucci. München (Reihe Film 24), S. 7–66.
Zeul, M. (1997): Partnerin und Feindin: »Der letzte Tango in Paris«. In: Dies. (Hg.): Carmen und Co. Weiblichkeit und Sexualität im Film. Stuttgart (Verlag Internationale Psychoanalyse), S. 123–137.

Lola
(Regie: Rainer Werner Fassbinder; Deutschland, 1981)

»Es kommt der Tag, da will man in die Fremde, dort wo man lebt, scheint alles viel zu klein. Es kommt der Tag, da zieht man in die Fremde und fragt nicht lang, wie wird die Zukunft sein. Fährt ein weißes Schiff nach Hongkong, hab ich Sehnsucht nach der Ferne – Aber dann in weiter Ferne, hab ich Sehnsucht nach zu Haus. Und ich sag zu Wind und Wolken: Nehmt mich mit, ich tausche gerne all die vielen fremden Länder gegen eine Heimfahrt aus.«
Freddie Quinn: »Unter fremden Sternen«

1 Einleitung

Ein Film hat, so Edgar Reitz (1979), vieles gemeinsam mit der Fähigkeit des Menschen, sich zu erinnern. Im Film gibt es nicht nur die Möglichkeit, Bilder und Ereignisse aufzubewahren und über die Vergangenheit hinweg zu retten, sondern auch die Möglichkeit, Gegenwart und Vergangenheit in einer Weise so zu vermischen, dass sie sich gegenseitig durchdringen und so Gegenwärtiges als Produkt der Vergangenheit erleb-, versteh- und bearbeitbar wird. Fassbinder (31.05.1945–10.06.1982) hat das meisterhaft verstanden. Mitte der 1970er Jahre machte er sich daran, die deutsche Geschichte seines Jahrhunderts zu rekonstruieren und zu dokumentieren. Seine historischen Deutschlandfilme, in welchen er die Vergangenheit dieses Landes aus der Perspektive seiner Gegenwart betrachtete, zählen zu den Schlüsselfilmen des »Neuen Deutschen Films« im Sinne höchst effektiver Vergangenheitsbewältigung (Wenzel 2000). Maglakelidse (2002, S. 65f.) führt aus, dass

> »in seiner Deutschland-Trilogie[1] [...] historische Erinnerungen ästhetisch durch die massenmediale Entwicklung gesehen [werden]. Die Medienrealität, Pop-Musik, Ausschnitte, Geräusche und Radioübertragungen schaffen bei Fassbinder historische Referenzen. Durch Bild-Ton-Montage zitiert er Szenen und Aufnahmen der Nachkriegszeit, und kommentiert sie ironisch, durch Anspielungen auf zeittypische Filmstile.
>
> Die Deutschland-Filme Fassbinders stehen den Sirk-Filmen[2] ästhetisch besonders nahe, insofern sie von den Sehnsüchten und vom Scheitern der Individuen in bestimmten historischen Epochen handeln und auf populären Mythen des alltäglichen Lebens und kollektiven Traumata basieren.«

Diese Filme präsentieren die deutsche Geschichte allegorisch, indem sie die politische Geschichte des Nachkriegsdeutschland mit Liebesgeschichten verflechten. Die Protagonistinnen seiner Filmtrilogie sind Inkarnationen ihrer Zeit, nämlich der Nachkriegszeit und des Wirtschaftswunders. Immer ist es eine Frau, die im Mittelpunkt steht. Nach Maglakelidse (2002, S. 69) muss man sie ansehen

> »als Zeichen für einerseits eine repräsentative Figur, und andererseits als eine Figur, die sich jeder offiziellen Repräsentation entzieht. Das Leben der weiblichen Hauptfiguren der Trilogie wird durch Realitäten und Werte ihrer Zeit geprägt. Ausgehend davon, dass nach Rainer Werner Fassbinder die deutsche Geschichte sich am Besten anhand von Frauenschicksalen erzählen ließe, weil sie *medialer* seien und stärkere Verbindungen zum Zeitgeist hätten als Männer haben, werden sie in Fassbinders BRD-Trilogie als Allegorien für die Nation dargestellt«.

Den Auftakt zu Fassbinders BRD-Trilogie bildet *Die Ehe der Maria Braun* (1978), Fassbinders erfolgreichster Film überhaupt: Inmitten von Bombenangriffen, während eines kurzen Fronturlaubs, heiraten Hermann und Maria Braun 1943. Nach dem Krieg wird Maria die Nachricht zugetragen, dass ihr Mann gefallen sei. Maria beginnt ein Verhältnis mit einem farbigen US-Soldaten, der zum Ernährer der Familie wird. Eines Nachts taucht der tot geglaubte Ehemann auf. Es kommt zum Gerangel mit dem Besatzungssoldaten, Maria erschlägt ihn, aber Hermann nimmt die Schuld auf sich und landet dafür im Gefängnis. Mit Hilfe des Industriellen Oswald macht derweilen Maria Karriere. Insgeheim freilich gilt ihr ganzes Hoffen und Sehnen Hermann. Dieser aber entscheidet sich nach Verbüßung seiner Haftstrafe, nach Kanada auszuwandern, was Maria, mittlerweile nicht nur auf dem Höhepunkt ihrer beruflichen Karriere, sondern auch Oswalds Partnerin, in tiefe Depressionen stürzt. Kurz nach Oswalds Tod kehrt Hermann zu Maria zurück, die überglücklich ist. Bei der Testamentseröffnung erfährt Maria, dass Oswald und Hermann hinter ihrem Rücken die Abmachung getroffen hatten, dass Hermann sich bis zu Oswalds Tod von Maria fernhält, die beiden ihn aber im Gegenzug dafür nach seinem Ableben beerben. Als Maria sich nach Eröffnung des Testaments in der Küche eine Zigarette anzündet, explodiert der vorher nicht abgestellte Gasherd. Während im Radio der Fußballreporter den Sieg Westdeutschlands in der Fußballweltmeisterschaft gegen Ungarn im Juli 1954 kommentiert, werden Maria und Hermann unter den Trümmern der Villa begraben. »Diese Geschichte einer Frau, die sich aus den Trümmern des Krieges erhebt, um eine [... tüchtige] Geschäftsfrau zu werden, ist eine dramatische Metapher für eine Nation, die eine analoge Veränderung durchmacht« (Maglakelidse 2002, S. 67).

Im Gegensatz zu Maria Braun, die sich in dem zerstörten Land eine neue Existenz aufzubauen versucht, stellt die Hauptfigur von Fassbinders BRD II Film *Die Sehnsucht der Veronika Voss* (1982) »die Inkarnation einer unbewältigten Vergangenheit« (Spaich 1992, S. 308) dar. Dieser zweite Film der Trilogie beschreibt die seelische Zerstörung und Unfähigkeit des ehemaligen UFA-Stars Veronika Voss, sich in der Nachkriegsgesellschaft zurechtzufinden. Dieser auf einer authentischen Geschichte basierende Film schildert die letzten zwei Jahre im Leben der UFA-Schauspielerin Sybille Schütz, die nach dem Zweiten Weltkrieg in Vergessenheit geriet, drogensüchtig wurde und 1955 in München Selbstmord beging.

Im München der 1950er Jahre lernt der Sportreporter Robert Krohn an einer Straßenbahnhaltestelle zufällig Veronika Voss kennen. Auf der Suche nach dem Geheimnis der verstört Wirkenden findet er heraus, dass sie morphiumsüchtig ist. Ihre behandelnde Nervenärztin, Dr. Katz, macht ihre wohlhabenden, psychisch zerbrochenen Patienten drogenabhängig und damit gefügig. Sie nimmt ihnen letztlich ihr Vermögen ab und liefert sie dem Tod aus, was am Beispiel eines Paares jüdischer Abstammung gezeigt wird, das das Konzentrationslager Treblinka überlebt hat, nicht aber das Vorgehen der beschriebenen Nervenärztin. Beim Versuch, der Ärztin ihre verbrecherischen Taten nachzuweisen, wird Krohns Freundin Henriette ermordet. Wenig später stirbt Veronika Voss an einer Überdosis Schlaftabletten in der Praxis von Dr. Katz.

In diesem Film wird deutsche Geschichte am Beispiel deutscher Filmgeschichte dargestellt, indem von der verloren gehenden Identität der Schauspielerin berichtet wird. Die Schwarz-Weiß-Ästhetik des Filmes lässt sich als eine Reminiszenz an die UFA-Filme der Weimarer Republik und der Nazi-Zeit verstehen und stellt zugleich ein krasses, düsteres Bild der Verzweiflung der Protagonistin dar.[3] Fassbinder führt die Folgen des Nazi-Regimes für das Schicksal seiner Protagonisten vor Augen, jenes Regimes, das auch nach dem Krieg in Form faschistoider Strukturen noch allgegenwärtig ist.

Den dritten Teil von Fassbinders BRD-Trilogie stellt *Lola* (1981[!]) dar. Ursprünglich als Neuverfilmung von Heinrich Manns *Professor Unrat* geplant, verlegte Fassbinder die Geschichte vom berühmt-berüchtigten *Blauen Engel*[4] schließlich in die Wirtschaftswunder-Ära und seine Drehbuchschreiber Märtesheimer und Fröhlich veränderten sie gründlich. Nach *Lola* hat Fassbinder nur noch zwei Filme gedreht. Im Rückblick kann man sagen, dass sein allererster (*Liebe ist kälter als der Tod*, 1969) und sein letzter Film (*Querelle*, 1982) zeitlich exakt die Periode des »Neuen Deutschen Films« umklammern, also jene Filmepoche, in der sich die damaligen Filmschaffenden getreu dem Oberhausener Manifest (1962) einerseits an intellektuellen Diskursen über Deutschland aktiv beteiligten und damit das offenkundig herrschende nationale Identitätsvakuum auszufüllen halfen und andererseits die Rückkehr des europäischen Autorenfilms zur Geschichte, als Aufarbeitung des Faschismus, auf kollektiver Basis einklagten (vgl. Elsaesser 2001).

2 Filminhalt

Die Geschichte spielt in Coburg, einer typischen Kleinstadt der Bundesrepublik Deutschland zur Zeit des »Wirtschaftswunders«, im Jahr 1957. Die Honorationen der Stadt stecken alle unter einer Decke: der neureiche, lebenslustige Baulöwe Schuckert (Mario Adorf), Bürgermeister Völker (Hark Bohm), Polizeichef Timmerding (Karl-Heinz von Hassel) und Sparkassenleiter Wittich (Ivan Desny). Der Bauunternehmer Schuckert lässt sie alle an seinem durch den Wiederaufbau erworbenen Gewinn teilhaben, erwartet allerdings dafür, dass sie seine Bauvorhaben genehmigen und unterstützen. Regelmäßig treffen sich die Herren in der Villa der Frau Fink (Sonja Neudorfer), einer

Mischung aus Cabaret und Bordell, wo ihnen Gigi (Elisabeth Volkmann), Rosa (Y Sa Lo), Susi (Christine Kaufmann) und Schuckerts Geliebte Lola (Barbara Sukowa) zu Diensten sind. Schuckert finanziert Lola und ihre Tochter Mariechen (Ulrike Vigo). Seine Ehefrau (Rosel Zech) weiß das, aber sie fügt sich ebenso wie es die Ehefrauen der anderen Männer tun. Esslin (Matthias Fuchs), ein Angestellter im Baudezernat, ist Humanist, Gegner der Wiederaufrüstung und Idealist. Er ist in Lola verliebt, verdient aber nicht viel Geld und muss sich so damit begnügen, in der Villa Fink Schlagzeug zu spielen und Lola auf diese Weise nahe zu sein. Er verurteilt die Unmoral um sich herum. Der neue Baudezernent von Bohm (Armin Mueller-Stahl) weiß zunächst nichts von all den maliziösen Verflechtungen. Für viele in der Kleinstadt ist er der große Hoffnungsträger. Er ist modern und führt sein Amt beispiellos korrekt – bis er sich ausgerechnet in Marie-Luise alias Lola verliebt. Lola, die sich als Hure diskriminiert fühlt, hat dabei zu ihrer Rehabilitierung dem Schicksal nachgeholfen. Aber auch sie gewinnt Herrn von Bohm lieb, weil er sie ernst nimmt und sie seine tiefe Zuneigung bei ihren gemeinsamen Spaziergängen spürt. Als von Bohm schließlich von Esslin über den Filz in der Stadt aufgeklärt wird und sowohl herausfindet, dass seine mittlerweile Verlobte die schärfste Nutte der Stadt und quasi Schuckerts Eigentum ist, als auch welchen Machenschaften dieser seinen Erfolg verdankt, ist er zunächst fassungslos, ein Gefühl, das aber schon bald maßlosem Zorn weicht. Er nimmt sich vor alles aufzudecken, koste es, was es wolle. Sein Ziel ist, Schuckert zu zerstören und seine Hure dazu. Der Eklat ist da. Doch am Ende gewinnt der schlaue Bauunternehmer den anfangs unbestechlichen Baudezernenten als Mitspieler, indem er zulässt, dass von Bohm Lola heiratet: Schuckert weiß, dass es vorteilhafter ist, sich mit einflussreichen Leuten zu arrangieren als sie zu bekämpfen. Übrigens gewinnt er auch Esslin für sich, indem er ihn in seinem Unternehmen anstellt. Um seine Geschäfte betreiben zu können, benötigt er stabile Verhältnisse. Dazu passt bestens der im Film auf einem Wahlplakat zu sehende Slogan der CSU: »Keine Experimente!« Lola steigt durch die Heirat ins Patriziat der Stadt auf, und Mariechen bekommt einen adeligen Vater. Während bisher nur die Männer sich neben ihren Ehefrauen Geliebte hielten, beansprucht nun auch Lola dieses Recht: Sie behält ihr Verhältnis mit Schuckert bei, welcher ihr ein »nobles« Hochzeitsgeschenk macht: das Bordell »Villa Fink«.

3 Gesellschaft der 1950er Jahre in *Lola*

Elsaesser zitierend (2001, S. 183) betrachtet Maglakelidse (2002, S. 69) *Lola* als eine schwarze Komödie über die korrupte Welt des Wirtschaftswunders der 1950er Jahre, in der die damaligen politischen Ereignisse der BRD-Geschichte, wie Wirtschaftswunder und Bau-Boom, direkt einbezogen sind. Das ist sicher eine zutreffende, wenn auch pauschale Aussage. Differenzierter betrachtet zeigt sich, dass Fassbinder in seinem Film nicht verurteilt, sondern die nach seiner Meinung typische Situation der End-1950er Jahre ebenso pointiert wie subtil und ebenso wertfrei wie aussagestark vor Augen führt. Am Beispiel Coburgs im Jahre 1957 charakterisiert er die damalige Situation: Trümmerfelder und Ruinen in den Städten als Folge alliierten Bombardements, Kriegsveteranen, die über das Erlebte mehrheitlich schweigen – von Blohm steht als Repräsentant dafür –, ein Heer Heimatvertriebener aus dem Osten, die in der BRD Zuflucht suchten, aber als nicht Dazugehörige mehr oder weniger diskriminiert wurden wie von Bohms Haushälterin, die zusammen mit ihrer Tochter Marie-Luise alias Lola aus Trakenow (bei Danzig) nach Coburg geflüchtet war, wobei Frau Schuckert die geringschätzige Haltung bei einer Einladung von Bohms zynisch zum Ausdruck bringt.

Im Fokus des Filmes stellt Fassbinder aber die alten Seilschaften dar, die sich, als die Konjunktur Aufschwung nimmt (»Wirtschaftswunder«), auf Kosten der Bürger der Stadt skrupellos bereichern und dabei wie Pech und Schwefel zusammenhalten. Ihre Doppelmoral spiegelt sich dergestalt wider, dass die wichtigen Entscheidungen über die Geschicke der Stadt nicht im Rathaus fallen – dort werden sie nur abgesegnet –, sondern im Bordell. Letztlich hat nicht der Bürgermeister, sondern der Bauunternehmer der Stadt das Sagen. Er hat die Entscheidungsträger auf seiner Lohnliste. Es gibt in der jungen Demokratie keine konsequente Gewaltenteilung: Schuckert, der in der Stadt zum Geldadel zählt, wird bei der Polizeikontrolle – trotz Alkohol im Blut – durchgewunken. Die faschistoide Haltung aus der Zeit des Hitler-Regimes ist ungebrochen. Faschismus war für Fassbinder das, was die meisten Menschen als normal und natürlich zu erleben gelernt hatten, das Unterdrückungssystem, auf dem die Familien und Arbeitsplätze beruhten, die Ausbeutung, die scheinbar zum Besten aller war, auch der Ausgebeuteten, die aber dazu führte, dass menschliche Beziehungen immer zynischer und geschäftsmäßiger wurden und immer weniger Platz blieb für menschliche Gefühle.

Im Film stehen vor allem Frauen stellvertretend für die Opfer. Viele von ihnen mussten während des Zweiten Weltkrieges Schwerstarbeit leisten und zudem die ganze Verantwortung für Kinder und Haushalt tragen. Durch die Belastungen des Weltkrieges emanzipierte sich ein Teil von ihnen. Nach Kriegsende, als die Heimkehr der Männer aus dem Krieg und später aus dem Kriegsgefangenenlagern erfolgte (bis 1955), zogen sich viele von ihnen wieder in die traditionelle Frauenrolle zurück. Überspitzt kann man sagen, dass die Damen in der Villa Fink Vertreterinnen des Dargestellten repräsentieren. Ausgestattet mit den modernen Accessoires der Nachkriegszeit, Straps und Nylonstrümpfen, haben sie den feinen Herren zu Diensten zu sein, wobei sie insgeheim aber von einem Leben in Freiheit und Selbstständigkeit träumen. Die ganze Scheinmoral gipfelt in der Enthüllung eines Stauffenberg-Denkmals, während gleichzeitig Bundeswehr und Wehrpflicht eingeführt werden (1956).

Natürlich gibt es auch eine erwachende Opposition gegen die Wertesysteme einer Väter-Generation, die direkt oder indirekt verantwortlich für den Nationalsozialismus und den Krieg war, auch eine Protestbewegung, die sich gegen Wiederbewaffnung wendete, aber sie war 1957 noch vergleichsweise gering. Das Motto war damals »Keine Experimente«, so der CSU-Slogan bei den Wahlen 1957, d. h. Festhalten am Althergebrachten und anscheinend Bewährten. Im Film ist der Humanist und Idealist Esslin Repräsentant des Protestes. Und gerade er ist es, der nachts bei von Bohm auf der Schreibmaschine den wortgewaltigen Satz tippt: »Der Faschismus wird siegen.« Bread Thomsen (1993, S. 361) dazu:

> »Das ist eigentlich der denkbar kürzeste Kommentar Fassbinders zum deutschen Wirtschaftswunder, 1945 wurde nicht der Faschismus besiegt, sondern das Hitlerregime. Die faschistischen Gedanken ließen sich nicht mit militärischer Macht vertreiben. Sie fanden andere und humanere Arten, sich durchzusetzen. Sie überlebten in der Familie und am Arbeitsplatz, also überall dort, wo es hierarchische Strukturen gab ...«

Eindrucksvoll zeigt der Film, wie bei einer Demonstration das Patriziat der Stadt zittert. Das Ausmaß der Angst steht in keinem Verhältnis zur Demonstration. In dieser spannungsgeladenen Situation bringt eine vergleichsweise harmlose Bemerkung Esslins demselben ein Disziplinarverfahren ein, das zu seiner Demission führen soll. An dieser Stelle wird etwas spürbar von der intrapsychischen Mächtigkeit der verdrängten Vergangenheit. Schuckert mit seiner Bauernschläue entschärft die Situation agierend, in dem er dem von Arbeitslosigkeit Bedrohten auf der Stelle eine attraktive Beschäftigung in seinem Bauunternehmen offeriert. Esslin schlägt ein und so geht die Geschichte am Ende so weiter wie sie begonnen hatte, aber nicht ganz! Denn mit Lolas äußerer Entwicklung ahnt Fassbinder voraus, was die Frauenbewegung Jahrzehnte später erkämpfen wird: die Gleichstellung der Frau. Die Traumatisierungen der Vergangenheit, denen die damals lebende Generation ausgesetzt war, werden im Film nur vage angedeutet: Von Bohm und Lolas Mutter sowie Lola selbst stehen dafür. Erst jetzt werden bei den heute alt gewordenen Menschen jener Generation die Folgen ihrer früheren Traumatisierungen in ihrem ganzen Ausmaß erkannt und anerkannt (Ermann 2003; Bühring 2005; Radebold 2005; Schwartz 2005).[5] Zur Erinnerung: Nach Schildt (1995, S. 65) gab es nach dem Zweiten Weltkrieg im Bundesgebiet mehr als zwei Millionen Kriegsgeschädigte, 2,5 Millionen Menschen bezogen eine Hinterbliebenenrente und die Zahl der Kriegsgefangenen erreichte nach der Kapitulation zwölf Millionen. Über acht Millionen deutscher Männer waren gefallen, sodass die Mehrheit der Bevölkerung Kinder und Frauen waren. 14 Millionen Menschen wurden aus ihrer Heimat vertrieben, zwei Millionen verstarben auf der Flucht (vgl. Reichling 1986). Menschliches Vorstellungsvermögen überschreitend auch die Folgen des Holocaust mit ca. 5,7 Millionen systematisch ermordeten Juden (lt. Martin Gilbert) und nur ca. 330.000 deutschen jüdischen Mitbürgern, die dem Inferno entkommen konnten. All diese Zahlen sind nur die auf den ersten Blick sichtbare Spitze eines gigantischen Eisberges unvorstellbaren menschlichen Elends und Leides.

Die psychoanalytische These von Alexander und Margarete Mitscherlich in ihren Büchern *Auf dem Weg zur vaterlosen Gesellschaft* (1963) und *Die Unfähigkeit zu trauern* (1967) erklärte die westdeutsche Nachkriegsgesellschaft mit ihrem »kollektiven Vergessen« der eigenen Geschichte als eine zur Trauer unfähige, und kritisierte den Aufbaupathos derselben in den Nachkriegsjahren. Heute wissen wir, dass »manische Wiedergutmachung«, also das Verhalten der Deutschen in der Wirtschaftswunderära, ein wesentlicher Modus der

Trauerabwehr bzw. der von Mitscherlich benannten Unfähigkeit zu trauern ist. »Inzwischen ist man dafür offener, kollektiven Trauerprozessen ganz andere Zeiträume zuzubilligen, die nicht in Monaten und Jahren, sondern in Generationen zu bemessen sind. Die bedeutsamsten literarischen Zeugnisse der zweiten Hälfte des 20. Jahrhunderts behandeln das Thema Vertreibung, Ausgrenzung, Vernichtung und Holocaust [...]« (Haas 2002, S. 20f.). Auch die Filmschaffenden – und hier gerade Fassbinder – haben ihren Beitrag zur Bewältigung dieser Vergangenheit geleistet.

4 Lola und von Bohm unter psychoanalytischem Blickwinkel

Krieg, Tod des Vaters in ihrer Kindheit – er ist als Unteroffizier im Krieg gefallen und wurde und wird von der Mutter idealisiert (»er hätte es zum Offizier gebracht«) –, Flucht von Trakenow nach Coburg, das Leben dort als unwillkommene Heimatvertriebene und das Dasein als Mutter eines unehelichen Kindes in einer spießigen kleinbürgerlichen Nachkriegsgesellschaft – Folge unbewussten Wiederholungszwangs in Bezug auf ihre Mutter, die ebenfalls Alleinerziehende gewesen war? –, nichts von alledem ist – so lässt sich leicht extrapolieren – Lola erspart geblieben. Lola ist eine Traumatisierte, die im Leben weder Liebe noch spiegelnde Anerkennung erfahren hat, im Bordell aber einen Lebensbereich gefunden hat, wo sie die unbestrittene Nummer Eins ist. Im bürgerlichen Leben rechnet sie sich im Grunde keine Chance aus, was ihr hin und wieder schmerzlich bewusst wird. Etwa als sie sich von ihrer Mutter von Bohms Wohnung zeigen lässt und mit wütendem Unterton äußert: »Ich möchte mal wissen, warum alle Welt glaubt, dass ich aussätzig bin, sogar meine Mutter.« Und weiter zu ihrer kleinen Tochter: »Mariechen, Mariechen, was soll nur aus dir werden: Deine Oma ist eine spionierende Putzfrau, deine Mutter eine aussätzige Hure und dein Vater [gemeint ist Schuckert; T.P.] ein lebenslustiges Schwein.« Sie projiziert ihr Selbstbild auf ihre Tochter. Und prompt fragt denn auch die Kleine, was eine Hure sei. Lola weiß ihren Verstand einzusetzen und ihr Gefühl auszuschalten, »[b]ei mir weiß der Verstand mehr als die Seele«, und sie weiß oder ahnt zumindest, dass ihre Glanzzeit im Bordell zu Ende sein wird, wenn das

Alter beginnen wird, ihren jugendlichen Körper zu zeichnen. Im Glimmer des Bordells, bei Schampus, »Liebe« und Liedern aus faschistischer Zeit[6] oder 1950er-Sehnsuchtsschlagern gelingt es ihr, ihre reale Situation zu vergessen: manische Abwehr einer jungen Frau, die ihr Leid nur so ertragen kann. In ihrer seelischen Entwicklung ist sie ein Kind geblieben, das lieber mit Puppen spielen will – ihr Appartement ist voll davon – als mit Männern. Vielleicht sucht sie bei jenen nach dem idealisierten Vater, vielleicht rächt sie sich aber auch als Prostituierte an ihnen stellvertretend dafür, dass ihr Vater sie verlassen und vor all diesem Leid nicht bewahrt hat. Ihr Selbst schwankt zwischen maniformem Größenselbst als beste Edelnutte der Stadt und untergründigen Minderwertigkeitsgefühlen als »Aussätzige«.

Als der altmodisch-moderne Baurat von Bohm in der Stadt auftaucht und zum von allen ersehnten Ideal hoch stilisiert wird, ein Mann, der sich aus Bordellbesuchen so gar nichts zu machen scheint und so ganz anders als die anderen Männer zu sein scheint, da beginnt sich auch Lola für ihn zu interessieren. Die anderen Männer sind wie Schuckert Schweine für sie, aber jener? Ist er der strahlende Prinz, der sie aus ihrem Dornröschenschlaf erlösen kann? Er weckt in ihr ödipale Wünsche und interessiert sieht sie sich nicht nur seine Wohnung, sondern auch sein Schlafzimmer an. Dass er keine Liebesromane liest, findet sie zwar nicht natürlich, sondern unnatürlich, aber vielleicht steigert gerade das ja umso mehr ihr ödipales Begehren. Um ihr fragiles und verletztes Selbst zu stabilisieren, wettet sie mit Schuckert um 30 Flaschen Schampus, dass von Bohm ihr in aller Öffentlichkeit einen Handkuss geben werde. Ausgerechnet bei der Enthüllung des Stauffenberg-Denkmals taucht sie wie aus dem Nichts auf und begrüßt den verwirrt-faszinierten Baurat damenhaft und selbstbewusst. Dass Fassbinder die erste Begegnung mit diesem Festakt verbindet, ist sicher kein Zufall. So wie Stauffenberg aus seiner zugewiesenen Rolle ausgebrochen ist, so hat auch sie den Impuls, aus ihrer vertrauten Welt auszubrechen und gegen Schuckert zu rebellieren. Die erste Runde in der Eroberung der Vaterfigur von Bohm hat sie Cäsar gleich nach dem Motto »veni, vidi, vici« gewonnen. Geschickt zieht sie weitere Register ihrer Weiblichkeit und der Verführte schwebt im siebten Himmel. Ein erstes Rendezvous wird vereinbart und die beiden gehen wandern – sie damenhaft im zeittypischen Petticoat-Kleid, er in einem englischen Knicker-Bocker-Anzug, der ihn jünger erscheinen lassen soll. Denn natürlich weiß von Bohm, dass sie viel jünger als er ist. Beide sind fasziniert voneinander als sie in einer Marienkapelle kniend gemeinsam einen Kanon singen. Ihre Seelen finden zueinander. Lola ist zu Tränen gerührt, so wie auch er zu seinem Gefühl einer Frau gegenüber zurückfindet. Es dauert nicht lange und er verlobt sich mit ihr. Das ödipale Drama nimmt seinen Lauf.[7] Lola, die in der Vergangenheit die Frau ihres Gönners Schuckert ausgestochen hat, triumphiert nun auch über ihre Mutter, die natürlich auch ein Auge auf von Bohm geworfen hat. Man muss das Geschehen psychoanalytisch als ödipales Agieren Lolas interpretieren. Wird es Lola dennoch gelingen einen Reifungsschritt zu tun und »ein neues Haus«[8] zu bauen?

Die Sache spitzt sich dramatisch zu als von Bohm den Bürgermeister nebst Gattin und Schuckert mit Frau zum Abendessen einlädt, um seine Verlobte vorzustellen. Lolas Mutter kocht das Festmahl. Lola weiß keinen Ausweg, d. h. sie verharrt in ihren neurotischen Fixierungen und telegrafiert in letzter Minute: »Es war schön mit ihnen zu singen, aber jedes Lied hat ein Ende.« Von Bohm versteht die Welt nicht mehr und auch Lola ist nicht mehr die Alte. Schuckert bemerkt das und versucht die von ihm Ausgehaltene zur Rede zu stellen. Lola verweigert sich und jagt wütend Schuckert und Esslin, der ihr zu Hilfe zu kommen sucht, davon – beide sind für sie »Schweine« wie alle anderen Männer auch, bis auf von Bohm mit seinem Heiligenschein. Esslin, von Lola gekränkt und von Schuckert gedemütigt, er, der als einziger alle Verflechtungen kennt, beschließt in dieser Situation, von Bohm die Augen zu öffnen und die Seifenblase zum Platzen zu bringen. Wie in einer griechischen Tragödie spitzt sich alles zu: Esslin schleppt von Bohm ins Bordell, wo sie als erstes Schuckert treffen. Zunächst glaubt dieser an einen Sinneswandel bei von Bohm, macht entsprechende Bemerkungen und kündigt voller Stolz den Auftritt von Lola an, die ihm alleine gehöre. Lola erscheint auf der Bühne, ihre Blicke begegnen jenen von Bohms, voller Scham wendet sie sich ab, während von Bohm fassungslos immer wieder murmelt: »es ist unglaublich«, zusammenbricht und aus dem Sündentempel flüchtet. Lola, die alles verloren glaubt, inszeniert die »Caprifischer« zu einem atemberaubenden Striptanz um und wirft sich Schuckert in die Arme.

Von Bohm aber ist narzisstisch zutiefst verletzt, einerseits Folge der beschämenden Täuschung, der er erlegen ist und andererseits Folge der Retraumatisierung, die er erfahren hat. Aus dem Feld zurückkehrend fand er seine Frau in den Armen eines anderen vor, was ihn so getroffen hat, dass er aus seiner kriegsbedingten affektiven Erstarrung erwachte. Und nun die Wiederholung des Ganzen in der Form, dass die von ihm so verehrte und so rein erscheinende Marie-Luise in Wirklichkeit eine Edelnutte und Besitz von Schuckert ist. Bis ins Mark erschüttert, gedemütigt und gekränkt schwört er seinem Kontrahenten Rache, denn für ihn ist das Ganze ein Komplott. Schuckert und seine Mätresse sollen büßen. Esslin wird Angst und Bange, als er den Rasenden erlebt. Von Bohm sammelt Beweise und will Schuckert auffliegen lassen, aber die Presse hat kein Interesse an seinen Enthüllungen. In dieser Phase vergleicht Lola von Bohm und Esslin treffend mit Don Quichote und Sancho Pansa. Die Stadtväter sind ratlos, da von Bohm das Bauprojekt Lindenhof blockiert, das Millionen abwerfen würde. Schuckert, der über ein hohes Maß an Bauernschläue verfügt, durchschaut als erster die Situation. Er spürt, dass es von Bohm um Lola geht. In einer ergreifenden Szene wankt von Bohm, der Lola hörig ist, die Schnapsflasche in der Hand, ins Bordell, wo Lola wieder einmal ihre romantische Lieblingsschnulze, die »Caprifischer«, zu Gehör bringt. Von Bohm bahnt sich den Weg zur Bühne zu Schuckert und schreit verzweifelt: »Ich möchte, ich muss, ich will ihre Hure kaufen.« Dieser übergibt ihm die »Ware« widerstandslos. Oben im Zimmer angekommen will er das Geschäft abwickeln. Sie soll sich ausziehen und ihre Hurenwäsche anlegen, alles gegen Aufpreis natürlich. Die beiden scheinen handelseinig. Lola legt sich, wie geheißen, aufs Bett. Aber dann holt ihn sein Gefühl ein und er beginnt bitterlich zu schluchzen. Lola streckt ihren Arm nach ihm aus und murmelt fassungslos: »Sie lieben mich ja ...« Zwei zutiefst einsame Menschen – ratlos. Vielleicht ist es ihre innere Einsamkeit, die sie am meisten verbindet. Ob es bei von Bohm ödipale Rettungsfantasien sind oder Machtfantasien, es Schuckert gleich zu tun, die ihn veranlassen, Lola zu heiraten, besser gesagt, das sehr eigennützige Geschenk Schuckerts anzunehmen, oder ob masochistische Tendenzen eine Rolle spielen, muss offen bleiben. Der Film liefert nicht genug Anhaltpunkte zur Erklärung seines wohl aus Kastrationsangst erwachsenen neurotischen Verhaltens. Äußerlich geht Lola als Siegerin hervor, die nun nicht nur einen adeligen Vater für ihre Tochter hat, sondern auch noch – dank eines äußerst großzügigen Hochzeitsgeschenks Schuckerts – Bordellbesitzerin geworden ist und weder auf den ehrenwerten von Bohm noch auf ihr Schwein Schuckert verzichten muss, sie hat sich dem Coburger Patriziat gleich gestellt – ohne Frage ein emanzipatorischer Schritt. Sie hat ihren Penisneid erfolgreich ausagiert.

Kuiper (1980, S. 146f.) spricht in solchen Fällen von »liebevoll-kastrierendem« Verhalten. Innerlich aber ist es ihr nicht gelungen, aus ihrer präodipalen Fixierung (Penisneid), die mit Prostitutionsfantasien oder manifester Prostitution einhergehen kann, herauszukommen ebenso wenig wie aus ihrer ödipalen Verstrickung zu entkommen oder eine Integration ihrer libidinösen Wünsche und eine angemessene Über-Ich-Entwicklung zu durchlaufen. Das jus primae noctis räumt sie Schuckert ein …

Und von Bohm? Er macht gute Miene zum bösen Spiel, er hat seinen Glanz und mehr noch, seine Ehre, verloren, ist durch Lola kastriert und ist in die Coburger Mafia hineingeraten … Man kann diesen masochistischen Weg nur als Regression verstehen – Regression eines Traumatisierten auf archaische Muster von Leben und Überleben. Sinnierend wandert er mit Esslin und Mariechen über die Felder, wobei letztere so im Heu der Scheune posiert wie einst ihre Mutter – Hinweis darauf, dass ihr Weg zur Hure vorgezeichnet ist? Ist es möglich, dem Schicksal zu entrinnen und sich fortzuentwickeln? Diese Frage scheint Fassbinder in den Raum zu stellen. Freddie Quinns »Unter fremden Sternen« mit dem Hin- und Hergerissensein zwischen Fernweh und Heimweh ebenso wie die anderen Lieder im Film (von Dalida »Am Tag als der Regen kam« und von Rudi Schuricke »Wenn bei Capri die rote Sonne im Meer versinkt«) unterstreichen diese Diskrepanz zwischen Wunsch und Wirklichkeit, und damit auch die unerfüllte Sehnsucht in diesem zuletzt hysterischen Drama nach »echten« und ehrlichen Gefühlen, die in den Liedern in die Ferne, in den Süden zumal, projiziert werden, und die Einsicht, dass man dem realen »Zuhause« nicht entfliehen kann. Einmal Hure, immer Hure? Im psychoanalytischen Jargon würde man sagen: Ist es ohne Psychotherapie überhaupt möglich, den prozedural verankerten Mustern und traumatischen Prägungen zu entkommen? Wird subjektiv nicht immer das bekannte neurotische Muster, von welchem man einzuschätzen vermag, welche Sicherheit es liefern kann, dem Ungewissen um des psychischen Überlebens willen vorgezogen werden? Ist es nicht vermessen, anzunehmen, Lola und von Bohm hätten es allein mit ihrer Liebe schaffen können, innerhalb von Wochen oder Monaten aus ihren neurotischen Verstrickungen und traumatischen Prägungen herauszufinden? Muss man da nicht eher dem Psychoanalytiker E. Haas recht geben, dass gerade im Fall der Kriegskinder Entwicklungsprozesse langfristig, wenn nicht mehrgenerational sind?

5 Zusammenfassung

Lola ist ein Film von Fassbinders BRD-Trilogie, in welcher er versucht, anhand von Einzelschicksalen die Situation nach dem Zweiten Weltkrieg vor dem Vergessen zu bewahren und die Charakteristika jener Zeit, die auch für die folgenden Jahrzehnte noch prägend waren, aufzuzeigen. Im Fall von *Lola* führt er vor Augen, dass mit Ende des Zweiten Weltkrieges zwar Hitler besiegt war, nicht aber die faschistoiden Strukturen der Nazi-Zeit. Eine Vergangenheitsbewältigung blieb zunächst aus. Stattdessen manifestierte sich im deutschen Wirtschaftswunder der End-1950er Jahre eine kollektive manische Abwehr. Die Protagonisten des Films sind ein ebenso erfolgreicher wie gerissener Bauunternehmer, der das eigentliche Oberhaupt einer Provinzstadt im Norden Bayern darstellt, seine Mätresse Lola, die im örtlichen Bordell singt und arbeitet, und ein modern denkender älterer Baudezernent, der die Nachfolge seines verstorbenen Vorgängers antritt. Zwischen ihm und Marie-Luise alias Lola – beide sind durch den Krieg und seine Folgen Traumatisierte – entwickelt sich eine romantische Liebesbeziehung, die sowohl präödipale (Penisneid bei Lola) als auch ödipale Charakteristika (bei beiden Protagonisten) zeigt. Die Unmöglichkeit diese Beziehung zu leben, führt zunächst zu ungeahnten Komplikationen, schließlich aber zur Ehe der beiden, womit Lola einen Triumph davonträgt und sich äußerlich emanzipiert: Als einzige Frau wird sie Mitglied des Patriziats der Stadt. Von Bohm aber ist kastriert und regrediert auf eine masochistische Lebensform, die man nur als archaischen Überlebensmechanismus verstehen kann. Aus heutiger Sicht lässt sich sagen, dass die Kriegstraumatisierungen und die im Gefolge entstandenen neurotischen Symptombildungen bei beiden Protagonisten so schwerwiegend waren, dass es vermessen gewesen wäre, anzunehmen, dass Liebe diese innerhalb von Wochen oder Monaten hätte verändern können.

Anmerkungen

1 Fassbinder plante weit mehr als drei Filme zu dem genannten Sujet, sein früher Tod am 10. Juni 1982 hat dies jedoch vereitelt: Er verstarb an Herzversagen, aber auch langjähriger Drogenmissbrauch und Raubbau am eigenen Körper forderten ihren Tribut.

2 Als Vorbild und geistigen Vater betrachtete Fassbinder den Melodramen-Regisseur Hans Detlef Sierck, der später in Hollywood als Douglas Sirk mit publikumswirksamen Filmen wie *In den Wind geschrieben* (1956) oder *Duell in den Wolken* (1958) bekannt wurde.
3 Die Farbgebung spielt auch in einem weiteren Film der Trilogie eine große Rolle. In *Lola* beschränkt sich Fassbinder auf zwei Farben: Blau und Rosa. Diese Farben charakterisieren und isolieren jede der Hauptfiguren. Der einsame Baudezernent von Blohm ist in Blau, die Protagonistin Lola in Rosa und das Bordell in Rot getaucht. Um diesen Eindruck zu perfektionieren, bezieht Fassbinder auch Kleidung und Dekor ein. Fassbinder versucht damit die Fassade zu betonen, die der sozialen Ordnung der 1950er Jahre anhaftet. Nicht nur das Ambiente der »Villa Fink« mit ihren Bonbonfarben, auch die knalligen, ja überdeutlich aufgesetzten Farben des Films deuten die »Scheinheiligkeit« des Geschehens an ebenso wie auch die Schlager der 1950er Jahre. Diese weitgehende Übertreibung der Babyfarben repräsentiert letztlich das, was man in einem weiteren Sinne als die Popkultur der 1950er Jahre bezeichnen könnte.
4 Sternberg hat 1930 eine relativ originalgetreue Verfilmung des Mann'schen Werkes vorgenommen, allerdings das Stück in *Blauer Engel* nach dem gleichnamigen Etablissement im Roman, in welchem Rosa Fröhlich, mit Künstlernamen »Lola«, auftrat, umgetitelt.
5 M. Altmeyer stellt in einem Kapitel seines Buches *Im Spiegel des Anderen* heraus, dass es im Gefolge des Krieges wohl unendlich viel Leid gegeben habe, aber kein »verschwiegenes Leiden«. »Die Legende vom verschwiegenen Leiden der Deutschen überdeckt ein ganz anderes Tabu«, nämlich »das Nicht-reden-können und das Nicht-reden-wollen über Faschismus und Nazi-Herrschaft, über Antisemitismus und Rassenwahn, über einen mörderischen Angriffskrieg und über barbarische Vernichtungslager« in den ersten Jahrzehnten nach dem Zweiten Weltkrieg (2003, S. 102f.).
6 Das zentrale Lied des Filmes, die »Caprifischer« ist 1944 (!) entstanden, wurde damals aber nicht veröffentlicht, weil Italien aus dem Bündnis mit Deutschland ausscherte. Ende der 1940er Jahre machte Rudi Schurike das Lied populär.
7 Man muss bei dem beschriebenen ödipalen Geschehen den Freud'schen Blickwinkel zurückstellen und auf die Elterngeneration richten: Ruff (2005) hat dies getan und kommt dabei zu der Schlussfolgerung, dass die Eltern von Ödipus noch schlimmer als Rabeneltern waren: Laios, selbst früh traumatisiert, ist ein Mann, »der Hemmungen seiner libidinösen und aggressiven Regungen kaum erkennen lässt. Er tut, was er will; wen er will, den liebt er; wen er liebt, den raubt er – und er verstößt gegen Regeln der Gastfreundschaft und Dankbarkeit. Noch kurz vor seinem Tod ist er unbeherrscht: Als Wagenführer treibt er rücksichtslos den behinderten Fußgänger Ödipus aus dem Weg und schlägt ihm im Vorbeifahren mit dem Doppelstachel auf den Kopf (Sophokles 427, V. 823–826). Sophokles ließ Jokaste kein Wort des Schmerzes oder der Trauer über seinen Tod finden« (Ruff 2005, S. 392). Und Jokaste? »[Freud] verschwieg, dass Jokaste, die Sophokles durchaus als Verbrecherin dargestellt hatte, sich dazu bekannte, ... [ihren] Säugling dem Hirten zum Tode überantwortet zu haben« (Infantizid) (Ruff 2005, S. 388). Auch George Devereux vertritt die Meinung, dass man den Ödipus-Komplex als Antwort auf die elterlichen Schandtaten aufzufassen hat mit der Konsequenz zutreffender von einem »Anti-Laios-« bzw. »Anti-Jokaste-Komplex« zu sprechen (Buchholz 2006, S. 11). Boothe abstrahierend dazu (2003, S. 28): »Das ödipale Paradigma [Freuds] zeigt auf den

schuldigen Sohn, das [heute gängige] narzisstische Paradigma auf die schuldigen Eltern.« Mertens resümiert (1995, S. 218): »Zwar begehrt das Kind seine Eltern im psychosexuellen Sinn, aber die Sexualisierung und Aggressivierung dieser Beziehung geht von den Eltern aus.«

8 Das Zitat erfolgt in Anspielung auf das eingangs auszugsweise von Esslin Lola gegenüber zitierte Rilke-Gedicht »Herbsttag«, in welchem es heißt: »Wer jetzt kein Haus hat, baut sich keines mehr, wer jetzt allein ist, wird es lange bleiben ...«

Literatur

Altmeyer, M. (2003): Im Spiegel des Anderen. Gießen (Psychosozial-Verlag).
Boothe, B. (2003): Abraham und die befohlene Sohnestötung. Erzähldynamik und Konfliktdynamik. Manuskript.
Buchholz, M. (2006): Psycho-News-Letter der DGPT 42, 11.
Bühring, P. (2005): Die Generation der Kriegskinder. Kollektive Aufarbeitung notwendig. Deutsches Ärzteblatt 102 (17), A1190–A1193.
Elsaesser, T. (2001): Rainer Werner Fassbinder. Berlin (Bertz Verlag).
Ermann, M. (2003): Wir Kriegskinder. Vortrag im Südwestfunk im November 2003.
Haas, E. (2002): ... und Freud hat doch recht. Die Entstehung der Kultur durch Transformation der Gewalt. Gießen (Psychosozial-Verlag).
Kuiper, P. C. (1980): Die seelischen Krankheiten des Menschen. 5. Auflage. Stuttgart (Huber/Klett Verlag).
Maglakelidse, D. (2002): Nationale Identitäten in den westdeutschen und georgischen Autorenfilmen zwischen den 60er- und 80er-Jahren. Diss. Humboldt Universität zu Berlin.
Mertens, W. (1993): Der Ödipuskomplex. In: Ders. (Hg.) (1995): Schlüsselbegriffe der Psychoanalyse. Stuttgart (Verlag Internationale Psychoanalyse), S. 209–223.
Mitscherlich, A. (1963): Auf dem Weg zur vaterlosen Gesellschaft. Frankfurt aM. (Suhrkamp Verlag).
Mitscherlich, A.; Mitscherlich, M. (1967): Die Unfähigkeit zu trauern. Frankfurt a. M. (Suhrkamp Verlag).
Radebold, H. (2004): Im Alter wacht die Kindheit auf. Die Generation der Kriegskinder im 2. Weltkrieg – heute. Festvortrag zur Eröffnung der Studiengruppe »Die Kriegskinder des Weltkrieges II kommen ins Alter« am Kulturwissenschaftlichen Institut Essen am 09. Oktober 2004.
Reichling, G. (1986): Die deutschen Vertriebenen in Zahlen. Teil 1: Umsiedler, Verschleppte, Vertriebene, Aussiedler 1940–1985. Kulturstiftung der deutschen Vertriebenen. Meckenheim (Wahrlich-Druck).
Reitz, E. (1995): Bilder in Bewegung – Essays. Gespräche zum Kino. Reinbek (Rowohlt Taschenbuch Verlag).
Ruff, W. (2005): Wenn Väter ihre Söhne »opfern«. Auswirkungen des Laios-Komplexes auf Ödipus und Isaak. In: Wellendorf, F.; Werner, H. (Hg.): Das Ende des Ödipus. Tübingen (edition diskord).

Schildt, A. (1995): Moderne Zeiten, Massenmedium und Zeitgeist in der Bundesrepublik Deutschland in den 50er-Jahren. Hamburg (Christians Verlag).

Schwartz, M. (2005): Dürfen Vertriebene Opfer sein? Zeitgeschichtliche Überlegungen zu einem Problem deutscher und europäischer Identität. In: W. Bertelsmann Verlag im Auftrag der Bundeszentrale für politische Bildung, Bonn (Hg.): Deutschland Archiv 38, 3. Forum, S. 494–505.

Spaich, H. (1992): Rainer Werner Fassbinder – Leben und Werk. Weinheim (Beltz Verlag).

Thomsen, C. B. (1993): Rainer Werner Fassbinder – Leben und Werk eines maßlosen Genies. Hamburg (Roger & Bernhard GmbH & Co. Verlags KG).

Wenzel, E. (2000): Gedächtnisraum Film. Die Arbeit an der deutschen Geschichte in Filmen seit den 60er-Jahren. Stuttgart (J. B. Metzler Verlag).

Don Juan de Marco
(Regie: Jeremy Leven; USA, 1995)

»Die Selbstverständlichkeit im Auftreten Mitmenschen [gemeint sind: Psychotherapiepatienten; T.P.] gegenüber und die Erfahrung, dass Mitteilungen Realitäten und nicht Reproduktionen ideologischer Prinzipien sind, führt zum Dialog, zu einer Art wechselseitiger Hilfeleistung beim Suchen von befriedigenden Zusammenhängen. Sie führt zu einer Partnerbeziehung von großer Nähe, in der beide sinnlich frei, einem Bedürfnis entsprechend zu assoziieren wagen. Der Analytiker hofft, daß der Analysand diese Erfahrungen auch in Begegnungen mit seinen Mitmenschen zu verlangen und zu nutzen vermag, sie fächerförmig verbreitet, so zum Multiplikator schöpferischer Erfahrung wird. Der Analytiker wiederum wird nach einer gelungenen therapeutischen Sitzung die nächste um ein ›Instrument‹, um eine Einsicht bereichert beginnen. Jede analytische Sitzung führt zu einer Veränderung beider Beteiligten.«

Z. Erdély

1 Einleitung

Seit der Barockzeit ist die geradezu archaische Figur des Don Juan in der abendländischen Kunst ein zentrales Thema, das seitdem immer wieder von neuem bearbeitet worden ist (vgl. Lindner 1980). Die Figur entstand innerhalb der spanischen Literatur und war zunächst Sinnbild des unersättlichen, sinnenfrohen Verführers.

Lange Zeit wurde die Autorenschaft für die älteste bekannte Fassung des Don-Juan-Stoffs, *El burlador de Sevilla y convidado de piedra* (Der Spötter von Sevilla und der steinerne Gast) von 1613 (anonym gedruckt 1630), dem Geistlichen Tirso de Molina zugeschrieben. Seit Ende der achtziger Jahre des 20. Jahrhunderts gibt es aber gute Gründe, seinen Zeitgenossen, den

Impresario und Theaterdichter Andrés de Claramonte (um 1580 bis 1626) als
Verfasser anzusehen. In *El burlador de Sevilla* erscheint Don Juan als ebenso
verführerischer wie reicher, unmoralischer wie egoistischer Herzensbrecher
und Mörder, der am Ende seines Lebens den von ihm getöteten Vater einer
Geschändeten – den »steinernen Gast« Don Gonzales – spöttisch zum Essensmahl lädt und nach einer Gegenofferte in dessen Gruft zur Strafe in die
Unterwelt bzw. Hölle hinabgezogen wird. Am Ende des Stücks wird die
Weltenordnung durch Heirat der Opfer wieder hergestellt. Zunächst überwogen die burlesken Züge der Figur. Erst Molière raubte dem Verführer in
Don Juan ou le festin de pierre 1665 seine komischen Züge und stilisierte ihn
zum skrupellosen Herzensbrecher. Wolfgang Amadeus Mozart verarbeitete
den Stoff in seiner Oper *Don Giovanni* (1787) nach einem Libretto Lorenzo
Da Pontes. Bei Søren Kierkegaard wird Mozarts Don Juan in *Entweder – Oder*
(1843) zur Illustration des ästhetischen Typus[1] herangezogen.

In der Literatur verknüpfte Christian Dietrich Grabbe die Geschichte
mit dem Faust-Mythos (*Don Juan und Faust*, 1829). Kritisiert wurde der
Amoralismus der Figur bei Abilio Manuel de Guerra Junqueiro (*A Morte de
Don João*, 1874). In seinem Drama über Liebes- und Geldverstrickungen *Man
and Superman* (1903) integrierte George Bernard Shaw als »Spiel im Spiel«
den Don-Juan-Stoff als zweiten Akt. Eher parodistisch näherte sich Max
Frisch dem Stoff mit dem 1953 uraufgeführten Theaterstück *Don Juan oder
die Liebe zur Geometrie*, in dem der Titelheld keineswegs als dynamischer
Frauenverführer auftritt, sondern eher als der vom anderen Geschlecht und
den Ereignissen Getriebene erscheint. Zu weiteren Bearbeitern des Stoffs
gehören u.a. Carlo Goldoni, E. T. A. Hoffmann, der die Figur als Ideensucher
weiter intellektualisierte, Prosper Mérimée, Alexandre Dumas d. Ä., Paul
Heyse, Miguel de Unamuno y Jugo, José Zorrilla y Moral, Henry Millon de
Montherlant, der den Verführer als Zyniker vorstellt, und Jean Anouilh. José
de Espronceda y Delgado variierte das Motiv in einem seiner Hauptwerke,
El estudiante de Salamanca (1840; Der Student von Salamanca). Nikolaus
Lenau schuf das aus dem Nachlass editierte Fragment *Don Juan* (1851), das
der gleichnamigen Tondichtung von Richard Strauss (1889) als Basis diente.
Bei Ihm wird Don Juan von weinerlichem Weltschmerz zerfressen. Da gibt
es keine Höllenfahrt mehr, sondern nur Selbstmord oder Tod im Duell. Auch
Charles Baudelaire (*Don Juan aux enfers*; 1861) und Peter Handke (*Don Juan*

[erzählt von ihm selbst]; 2004) haben sich des Stoffes angenommen, wobei die Aufzählung noch keineswegs vollständig ist.

Unter den filmischen Adaptionen ragt Alexander Kordas *The Private Life of Don Juan* (1936), der letzte Film des Schauspielers Douglas Fairbanks, heraus. Weitere Verfilmungen des Stoffes fanden 1926 und 1948 statt.

1995 kam dann Jeremy Levens Erstlingswerk *Don Juan DeMarco* ins Kino. Auch das Drehbuch stammt aus seiner Feder. Leven, heute 65 Jahre alt, hatte zuvor Berufserfahrungen als Kinderpsychologe, Psychotherapeut und Fakultätsmitglied der Harvard Universität gesammelt. Auch seine Frau ist Psychotherapeutin. Parallel zu seiner Lehrtätigkeit hatte er sich für Film und Fernsehen interessiert. Anfang der 1980er Jahre sind seine zwei Novellen *Der Schöpfer* (1980) und *Der Satan: Seine Psychotherapie und Heilung durch den unglücklichen Dr. Kassler* (1982) erschienen. Für sein Drehbuch von *Don Juan DeMarco* hat man ihm zwei Millionen US-Dollar angeboten, die er aber ablehnte, da er den Film selbst produzieren wollte. Es gelang ihm, Top-Schauspieler zu engagieren. Marlon Brando, der sich 1991 in den Ruhestand zurückgezogen hatte, konnte er dazu überreden, die Rolle des alternden Psychiaters in dem Film zu übernehmen – es war seine letzte Rolle. Levens Drehbuch bezieht sich auf die Don-Juan-Fassung von Lord Byron (1819–1824), die 1839 in deutscher Fassung erschienen ist. Dessen *Don Juan* war weniger eine Darstellung der Liebesabenteuer des historischen Vorbildes als vielmehr eine groß angelegte Zeitsatire. Nach der Fertigstellung hat sich Lord Byron im Freiheitskampf in Griechenland engagiert. 1824 erlag er dort dem Sumpffieber.

Levens Film setzt seine Akzente ganz anders als seine Vorgänger. Hier geht es primär nicht mehr um die Verführung unschuldiger Frauen, nicht mehr um Gut und Böse, Schuld und Sühne, sondern um eine Welt der Fantasie, die Überleben ermöglichen kann, sowie den hohen Wert intersubjektiver Begegnung und der daraus erwachsenden Kreativität.

2   Psychoanalytische Bearbeitungen

Das Don-Juan-Thema hat seit S. Freuds Zeiten viele Psychoanalytiker beschäftigt. Am bekanntesten ist die Abhandlung von Otto Rank aus dem Jahre 1922 geworden. Aber auch Stekel und Ferenczi haben sich Don Juan beschäftigt. Hinter all seiner feurigen Leidenschaft für Frauen und ihre Eroberung versteckt sich – aus psychoanalytischer Sicht – unbewusster Hass gegen dieselben. So werden sie, zuerst mit unglaublicher Raffinesse erobert, verlassen, sobald sie dem Verführer verfallen sind. Donjuanismus wurde zum Begriff dessen, was eine narzisstische Persönlichkeit ausmachen kann. In diesen Fällen wird das Selbstwertgefühl durch die Eroberungen stabilisiert, wobei es im eigentlichen Sinne nie um den anderen geht.

Verständlicherweise hat auch der hier besprochene Film schon bald nach seinem Erscheinen das Interesse von Psychoanalytikern auf sich gezogen. Bereits 1996 hat Lisa A. Medoff im Rahmen der »Academy for the study of the psychoanalytic arts«, einer Sektion der »Michigan Society for Psychoanalytic Psychology«, eine Analyse des Filmes vorgelegt, betitelt *La Gallina O Los Huevos… – New Horizons on Approaching the Old Question of Which Came First*. Ein Jahr später hat der brasilianische Psychoanalytiker Waldemar Zusman im Rahmen des »Forum de Psicanálise e cinema« in seinem Heimatland seine Interpretation des Filmes vorgestellt. 2003 trugen im psychoanalytischen Institut der Stadt Bremen A. Hüls-Wissing und H. Volker ihre Filminterpretation unter dem Titel *Ein Männlichkeitsmythos zwischen kreativer Schöpfung und tödlichem Scheitern* vor.

3 Der Filminhalt

Don Juan de Marco (Johnny Depp) lebt im New York unserer Tage, aber er trägt eine schwarze Zorro-Maske, einen weiten Umhang und einen Degen. Er ist äußerst sprachgewandt und besitzt geschliffene Umgangsformen. Über 1500 Frauen habe er geliebt, behauptet er, und seit seiner Jugend gelernt, auf einem weiblichen Körper zu spielen wie auf einer kostbaren Geige von Stradivari.

Doch Donna Anna (Geraldine Pailhas), seine einzige wahre Liebe, hat ihm einen Korb gegeben. Er hat deshalb ein Hausdach erklommen, um zu sterben. Zuvor freilich will er sich noch duellieren. Zum Glück zieht die Feuerwehr den erfahrenen Psychiater Jack Mickler (Marlon Brando) zu Rate, der sich auf das Spiel einlässt und sich dem Unglücklichen als Don Octavio del Flores vorstellt. Don Juan de Marco wird in eine psychiatrische Klinik eingewiesen. Der zehn

Tage vor seiner Frühpensionierung stehende Dr. Mickler kämpft darum, den Fall selbst übernehmen zu dürfen, doch seine Kollegen sind skeptisch. Exakt nach diesen zehn verbleibenden Tagen wird ein Richter über die weitere Unterbringung von Don Juan de Marco in der Klinik entscheiden.

Dr. Mickler lässt sich auf einen Handel mit seinem Patienten ein: Wenn dieser es schafft, seinen Therapeuten davon zu überzeugen, dass er wirklich Don Juan de Marco ist, dann wird jener für seine Freilassung sorgen. Gelingt ihm dies nicht, nimmt der spanische Edelmann freiwillig zu seiner Genesung Psychopharmaka ein. Die Gespräche, die die beiden fortan führen, werden für beider Schicksal bestimmend. Dr. Micklers Frau (Faye Dunaway) nimmt von Tag zu Tag mehr Veränderungen an ihrem Psychiater-Gatten wahr: Der alternde Psychiater erwacht zu neuem Leben und betrachtet seine Frau mehr und mehr mit anderen Augen – mit jenen Don Juans.

Nach zehn Tagen Therapie kommt die richterliche Untersuchung: Don Juan gibt die »richtigen« Antworten und kommt sofort frei. Die Schlussszene zeigt zwei glückliche Paare auf der Insel Eros: Das Ehepaar Mickler genießt die wiedergefundene Liebe und Don Juan de Marco schließt seine Donna Anna in die Arme.

4   Um welche Liebe geht es hier?

Der im Film dargestellte Donjuanismus begeistert und verführt, weil er die Wünsche jedes Mannes anspricht, er sei unwiderstehlich und könne jede Frau bekommen, die er haben will. Er sei sozusagen unwiderstehlich wie James Bond. In gleicher Weise bedient das aber auch die Träume der Frauen von ihrer Einzigartigkeit und der bedingungslosen Hingabe ihres Liebhabers, Konstellationen wie wir sie aus Märchen kennen, etwa wenn der Prinz Aschenputtel als seine Braut auf sein Schloss heimführt. Immer wieder zieht Don Juan die Zuschauer mit seinem hohen Lied auf die Liebe in seinen Bann. Hoch über den Dächern New Yorks beschwört er Dr. Mickler, ob er denn nie in seinem Leben eine Frau getroffen habe, die ihn inspiriert habe zu leben. »Man atmet sie, man schmeckt sie, man sieht seine ungeborenen Kinder in ihren Augen, und man weiß, dass das Herz ein Zuhause gefunden hat. Das Leben beginnt mit ihr und ohne sie muss es gewisslich enden ...« Diese eindringliche, idealisierende Formulierung, die noch nichts weiß von Ambivalenz und Gefühlen wie Hass und sexueller Obsession, macht deutlich, dass hier von einer Liebe die Rede ist, die wohl die meisten von uns aus ihren Kindertagen kennen. Es ist eine paradiesische Liebe nach dem Vorbild der frühen Mutter-Kind-Beziehung. Es ist geradezu zu spüren, dass es um den Glanz im Auge der liebenden Mutter geht.

Don Juan kondensiert die Art von Liebe, die sein Denken und Fühlen ausmacht, in vier Fragen, die alle nur eine Antwort kennen, nämlich Liebe, nichts als die Liebe! Die Fragen lauten: 1. Was ist heilig? 2. Woraus besteht der Geist (»Geist« ist hier eine sicher nicht besonders treffliche Übersetzung; T. P.)? 3. Wofür lohnt es sich zu leben? 4. Wofür lohnt es sich zu sterben? Für ein Kind in all seiner präödipalen und ödipalen Abhängigkeit kann das nur die Liebe zu den Eltern sein, dieses einzigartige Band, das Überleben sichert und Entwicklung ermöglicht. Nie wieder, so Freud, lieben wir so total, so bedingungslos und mit jeder Faser von Leib und Seele und sind so rückhaltlos auf den Besitz des Objektes unserer Liebe ausgerichtet wie in der frühen Kindheit respektive im Ödipusalter.

Noch an anderer Stelle lässt sich die so beschworene Liebe eindeutig als prägenital identifizieren. Don Juan äußert über seine Liebe auf den ersten Blick, die ihn mit Donna Anna verbindet: »So mancher glaubt nicht, dass eine einzelne Seele, die im Himmel geboren wird, sich in Zwillingsgeister teilen und wie Sternschnuppen zur Erde herab schießen kann, wo über Ozeane und Kontinente hinweg ihre magnetischen Kräfte sie letztendlich wieder zu einem zusammenfügen werden.« Hier wird Verliebtheit beschrieben, bei welcher die Liebenden sich selbst im anderen sehen. Dies ist uns aus Platons Gastmahl vertraut:

> »Der Grund [...] – vereinigt und verschmolzen mit seinem Geliebten aus zweien eins zu werden – liegt darin, dass dies unsere ursprüngliche Naturbeschaffenheit ist, und dass wir einst ein ungeteiltes Ganzes waren. Und so führt Begierde und Streben nach Einssein den Namen Liebe. Und vor Zeiten, wie gesagt, waren wir eins; nun aber sind wir um unserer Ungerechtigkeit willen getrennt worden« (Platon: *Gastmahl*, S. 27).

Diese Beschreibungen weisen auf die Zeit der Zwei-Einheit mit der Mutter und sind Ausdruck einer lebenslang bestehenden Sehnsucht nach dem Paradies. Diese Art der Liebe hat aber nur wenig gemein mit der postödipal zu erlangenden reifen Liebe des Erwachsenenalters, in der sich zwei Partner mit all ihren guten und »schlechten« Seiten begegnen. Der mittelalterliche Nürnberger Poet Hans Sachs dazu (Auszug aus: »Das bittersüße ehlich Leben«):

»(Meine Frau) –
Sie ist ein Himmel meiner Seel,
Sie ist auch oft mein Pein und Hell,
Sie ist mein Engel auserkoren
Ist oft mein Fegeteufel woren.
Sie ist mein Wünschelrut und Segen,
Ist oft mein Schauer und Platzregen,
Sie ist mein Mai und Rosenhag,
Ist oft mein Blitz und Donnerschlag ...«

Diese Form der liebenden Beziehung klammert die ambivalent erlebten Seiten von Partnerschaft nicht aus, so wie es der jugendliche Don Juan de Marco tut. Gleichwohl gewinnt Don Juan mit seiner naiv-kindlichen Sichtweise unsere Herzen viel mehr als dies der Realist Hans Sachs vermag ...

Bleibt fest zu halten, dass Don Juans Liebe eine infantile Form des Liebeswerbens darstellt, die letztendlich nicht der jeweils Angebeteten, sondern seiner Mutter gilt. Über seine Eroberungen stabilisiert er sein Selbstwertgefühl.

5 Verschiedene Facetten der Maskerade

5.1 »All the world's a stage and all the men and women merely players«[2]

Im Film spielt die Maskerade eine zentrale Rolle, weshalb es angemessen erscheint, sich damit auseinanderzusetzen. Die Tradition der Maske lässt sich bis zurück in die griechische Tragödie der Antike verfolgen, wo sie zum einen notwendiges Attribut der Schauspieler war, um über ihre Individualität hinaus in eine weitere Bedeutungsdimension des Dargestellten zu weisen. Zum anderen ist sie aber auch das Symbol des Dionysos als Gott der ekstatischen Exzentrizität, sei es im Rausch der Erotik, des Weins oder des gottesdienstähnlichen Rituals.

Schon in der Eingangsszene legt Don Juan seine Halbmaske an und als er über den Dächern von New York beim Fechten glorreich im Duell mit einem Würdigen fallen will, da sieht man ein großes Werbeplakat, das eine am Strand liegende Frau im Bikini und mit Halbmaske zeigt. Der Text dazu: »Die Küsten der kanarischen Inseln in Spanien – entlarven Sie ihre Geheimnisse!« Dies Plakat ist im Hinblick auf Demaskierung programmatisch für den Film: Was hat es mit dem geheimnisvollen jungen Patienten, der dem ganzen Personal der Klinik den Kopf verdreht, auf sich, diesem Mann, der von sich behauptet, Don Juan de Marco zu sein? Schritt für Schritt wird sein Geheimnis gelüftet, bis die Maske am Ende des Filmes gefallen ist. Dr. Mickler greift die Masken-Thematik im Sinne der Rollen, die Menschen in ihrem Leben spielen, auf. Auf ihn bezogen heißt das, er ist zum einen der Psychiater, an den seine Kollegen bestimmte Erwartungen richten, dann der, der sich von Don Juans Ausführungen faszinieren lässt, und dann wiederum der Ehemann usw ... Das Modell Chelsea Stoker verdient sein Geld in der Rolle des posierenden Pinup-Girls, ihre wahre Identität aber versteckt sie hinter einer Halbmaske. Ein anderes Mal spielt sie die Rolle der unschuldigen Jungfrau Donna Anna. Auch Don Juan spielt eine Rolle, die er trefflich einstudiert hat, wie die einschlägigen Bücher in seinem Zimmer bei seiner Großmutter zeigen: Da liegt sowohl der *Don Juan* in der spanischen Urfassung als auch die Fassung von Lord Byron. Man ist an Shakespeare erinnert und seine Äußerung, dass die ganze Welt eine Bühne sei und wir alle die Schauspieler. So entlarvt sich eine zentrale Fragestellung des Filmes: Was ist wirklich? Was ist die Wahrheit? Was ist gespielt? Ist Don Juans Liebe wirklich die große Liebe? Wenn nein, kann man eine Rolle so überzeugend spielen, dass alle darauf hereinfallen? Oder ist Don Juan so mit seiner Rolle identifiziert, dass sie zu seiner Wirklichkeit geworden ist?

Wir wissen heute, dass unsere Wirklichkeit ein Konstrukt ist und wir unsere Lebensgeschichte über die Jahre hinweg unterschiedlich erzählen. Es gibt keine absolute Wahrheit. Das, was wir als unsere Wahrheit verkünden, ist immer subjektiv gefärbt. So wie die Frage »Ist das Glas halb voll oder halb leer?« ganz unterschiedlich beantwortet werden kann. Eine massive subjektive Beugung des Erlebten kann eine Überlebensstrategie darstellen. Roberto

Benignis eindrucksvoller Film *Das Leben ist schön* (1998) ist ein gutes Beispiel dafür. Indem der Vater, der mit seinem Sohn im Konzentrationslager sein Leben fristet, das Erlebte für seinen Sohn subjektiv umdeutet, ermöglicht er diesem das Überleben.

Auch die Diagnosen, die man Don Juan angedeihen lässt, erscheinen subjektiv. Ist er nur ein hoffnungsloser Romantiker oder ein junger Mann mit einer schweren narzisstischen Störung? Oder ist er ein Hysteriker? Oder ein Schizophrener, der einer medikamentösen Behandlung bedarf? Im Film gehen die Meinungen auseinander, je nach Situation. Hier wird natürlich auch das Problem phänomenologischer psychiatrischer Diagnostik und daraus abgeleiteter Standardbehandlung karikiert.

5.2 Die Maske der Scham

Der Maskerade kommt noch eine weitere Bedeutung zu. Der amerikanische Psychoanalytiker Léon Wurmser hat eines seiner Bücher treffend mit *Die Maske der Scham* betitelt. Don Juan benennt genau dies auch als Grund seiner Maskierung: Er gibt sich die Schuld am Tod seines Vaters und verdeckt sein Gesicht aus Scham über das ödipale Geschehen, nämlich seinen Vatermord. Er will als Mörder nicht erkannt werden, was natürlich auch heißt, dass er im Verharren auf einer kindlichen Position nicht bereit ist, die Verantwortung für das, was er getan hat, zu übernehmen. Seine Liebe zur Mutter wird schon in der sexualisierten Badezimmerszene seiner frühen Kindheit sichtbar gemacht. Die Kamera zeigt den unverhüllten Körper der Mutter und die begehrlichen Blicke des kleinen Sohnes. Als er sich im Sinne einer Verschiebung als 16-Jähriger in seine 23 Jahre alte Privatlehrerin, Donna Julia verliebt, wird sein ödipales Thema noch direkter aufgegriffen. Denn auch sie hat offensichtlich ein ungelöstes ödipales Problem. Ihr Mann ist mehr als doppelt so alt wie sie.

In symbolträchtigen Bildern wird Don Juans erste Liebe dargestellt. Die Anwesenheit eines weißen Hengstes unterstreicht die archaische Triebhaftigkeit seiner ersten sexuellen Begegnung mit seiner Lehrerin alias seiner Mutter. Es kommt, wie es kommen muss. Nach zwei Jahren fliegt das Verhältnis auf und Julias Mann nimmt Rache, indem er behauptet, Don Juans Mutter habe seit Jahren ein Verhältnis mit ihm. Don Juans Vater zögert nicht, die Ehre seiner geliebten Frau zu verteidigen und macht einen tödlichen Fehler, als er seiner Frau in die Augen sieht. War es wirklich nur diese Sekundenbruchteile dauernde Ablenkung seiner Konzentration, die die Todesfolgen zeitigte? Die Frage scheint bedeutsam, was er in diesen Sekundenbruchteilen in den Augen seiner Frau gesehen hat, was ihn so aus der Fassung brachte, dass er seinen Gegner falsch einschätzte. Es gibt nur eine Erklärung: Er sah in ihren Augen ihr Schuldeingeständnis. Schuld im Sinne der aufgezeigten ödipalen Verstrickung, Schuld aber auch bezogen auf ihre reale Ehe mit Seitensprüngen, von denen an anderer Stelle die Rede ist. Diese Schuld ist es letztendlich auch, die sie dazu veranlasst, ihren Sohn zu verlassen und ins Kloster zu gehen. Don Juans ödipales Thema setzt sich im Orient fort, wo die Sultanin ihn zu ihrem Geliebten macht. Und nach seinem Schiffbruch ist es wiederum eine Frau, Donna Anna, die ihn errettet. Donna Anna ist keine andere als das Zeitschriftenmodell Chelsea Stoker. Es ist evident, dass jede Frau, in die sich Don Juan verliebt, ein schlecht verkleideter Ersatz für seine erste große Liebe, seine Mutter Donna Inez ist. Die Reihenfolge ist: Donna Inez, Donna Julia, die Sultanin Gulbeyaz und Chelsea Stoker alias Donna Anna.

6 Die Protagonisten

6.1 Don Juan de Marco

Don Juan entpuppt sich schon zu Beginn des Filmes als ein junger Mann, der unersättlich ist nach narzisstischer Zufuhr und Bestätigung, die er zu seiner Selbststabilisierung benötigt. Eine junge Dame, die er im Speiseraum des Hotels Sevilla anspricht, erfolgreich zu verführen, genügt nicht, um die narzisstische Kränkung wett zu machen, die er durch Donna Anna erfahren hat, die sich von ihm abwandte, als sie aus seinem Mund von der Vielzahl ihrer Vorgängerinnen in Sachen Liebe erfuhr. Sie, die von ihrer beider einmaligen und einzigartigen großen Liebe ausgegangen war, fühlte sich durch seine Eröffnung so enttäuscht und beschämt, dass sie ihrerseits seine Halbmaske anlegte und ihn verließ. Diese Kränkung sah er als so groß an, dass er, kaum 21 Jahre alt, den Tod suchte. Die Inszenierung seines Todes gestaltet er theatralisch in einer Weise, dass man ihn nicht so schnell würde vergessen können. Gekleidet wie ein Adliger aus dem 17. Jahrhundert, steht er auf dem Vordach des Hotels Sevilla mit zahllosen Zuschauern, Polizeifahrzeugen und der Feuerwehr auf der Straße. Durch die Hand des berühmtesten Fechters, Franciso da Silva, will er glorreich im Duell fallen. Dr. Mickler, ein kurz vor seiner Frühpensionierung stehender Psychiater, der ihn bewegen soll, von seinen selbstmörderischen Absichten Abstand zu nehmen, packt ihn bei seinem Narzissmus und gewinnt: »Aber warum zugleich die Hoffnung und das Leben verlieren? Warum alles auf einmal? Sie dürfen nicht vergessen, mein Freund, dass das Vermögen und die Kraft ihrer Liebe – dass die Macht der Liebe von Don Juan unauslöschlich ist und sich niemals verleugnen lässt.« Don Juan darauf kleinlaut: »Ich bitte Sie, verzeihen Sie mir dieses unmännliche Schauspiel, Don Octavio.« Don Juan wird nun wegen seiner Suizidalität und offensichtlichen psychischen Auffälligkeit für zehn Tage im Woodhaven State Hospital, einer psychiatrischen Klinik in Queens, untergebracht. Er ist ein faszinierender Patient, dem sich seine Mitmenschen nicht entziehen können. Auch Dr. Mickler behandelt ihn anders als das in vergleichbaren Fällen in der Klinik üblich ist. Don Juan besitzt eine blühende Fantasie und eine bemerkenswerte Überzeugungskraft, mit nicht selten überraschender Wirkung. Die Krankenschwestern sind von ihm hingerissen und auch als man einen männlichen Pfleger beauftragt, sich um ihn zu kümmern, kann sich dieser seinem Bann nicht lange entziehen. Schon kurze Zeit nach der ersten Begegnung sieht man Rocco, einen athletischen und strengen Afroamerikaner, im Garten des Krankenhauses zu spanischer Musik tanzen. Und wenig später kündigt er seine Arbeit, um nach Spanien zu gehen.

Der brasilianische Psychoanalytiker Zusmann betrachtet dieses Geschehen als projektive Identifizierung. So würden unbewusst Ideen und Gefühle in anderen Personen hervorgerufen, denen diese sich kaum entziehen könnten. Dieser Kommunikationsweg ist als ein solcher zu verstehen, der der verbalen Übermittlung von Gedanken vorangeht. Wenn ein Säugling noch nicht sprechen kann, dann verständigt er sich auf diesem Weg mit der Mutter. Don Juan freilich benutzt beide Wege, diesen unbewussten, aber ebenso auch den verbalen. Lieben ist für ihn sprechen. Zusammen mit seiner extremen Neigung zur Idealisierung – der Liebe ebenso wie aller Frauen – spricht dies genau wie seine beschriebene narzisstische Problematik für eine sehr frühe emotionale Mangelerfahrung. Auch Don Juans unsichere Identität weist darauf hin. In einem der ersten Gespräche fällt Dr. Mickler auf, dass er einen italienischen Namen hat, in Mexiko aufgewachsen sei und einen kastilischen Akzent hat, wobei letzteres ein Hinweis auf Spanien sei. Er konfrontiert Don Juan damit, der um eine Antwort nicht verlegen ist.

Auf diese beschriebene frühe Störung pfropft sich eine ungelöste ödipale Thematik auf, wobei das Tragen der Halbmaske darauf hinweist, dass Don Juan sich nicht in der Lage fühlt, seine infantile Position aufzugeben und wie ein Erwachsener Verantwortung zu übernehmen. Er verharrt vielmehr bis zuletzt in seiner Fantasiewelt, die ihn stabilisiert und ihn wie eine neu gewonnene Pseudoidentität vor der Konfrontation mit der eigenen tristen Vergangenheit verschont. Manchmal ist es im Leben besser, einen solchen Weg zu wählen als den Blick zurück und ins eigene Leben zu tun. Ein gutes Beispiel ist die alttestamentarische Geschichte von Lot und seinem Weib, die aus Sodom und Gomorrha fliehen. Es ist ihnen gesagt, dass der, der zurückblickt, zur Salzsäule erstarren wird. Wie in einer pathologischen Trauer erleidet Lots Frau dieses Schicksal, als sie sich umwendet: Sie erstarrt zur Salzsäule. Innere und äußere Welt von Don Juan sind offensichtlich so unerträglich, dass nur die Flucht in seine Fantasiewelt ihm das Überleben sichert.

Selbst der Zugang zu Frauen scheint ihm vor seiner Don-Juan-Zeit versperrt gewesen zu sein. Er hat die Wände seines Zimmers bei der Großmutter mit Bildern des Modells Chalsea Stoker aus einer Zeitschrift beklebt, auf denen sie in verschiedenen erotischen Posen mit schwarzer Halbmaske zu sehen ist. Vergeblich hat er lange Zeit versucht, ihre Telefonnummer von der Redaktion zu erfahren. Als er schließlich dahinter kam, die Angebetete anrief und ihr offenbarte, dass sie füreinander bestimmt seien, war ihre knappe Antwort, dass er ein dämlicher Wichser sei. Dann legte sie auf. Die Kränkung scheint an ihm abgeperlt zu sein. Seine Enttäuschungswut wendet er in seinem Todeswunsch gegen sich selbst. Das professionelle Modell transformiert er in seiner Fantasie zur angebeteten Jungfrau Donna Anna, die sich wegen seines üppigen erotischen Vorlebens von ihm abwendet. Er, der schon mit 16 Jahren Vater und Mutter verlor und damit quasi zum Vollwaisen wurde, scheint zu spüren, dass die Begegnung mit Dr. Mickler einen Ausweg aus seiner von Traumatisierung geprägten, sexualisierten inneren Welt eröffnen könnte. Rasch entwickelt er zu ihm eine positiv getönte väterliche Übertragung. Dazu später mehr.

6.2 Dr. Mickler

Dr. Mickler ist ein alter, ausgebrannter Psychiater, der vom ersten Tag seiner kurz bevorstehenden Pensionierung sagt, dass dieser gleichzeitig auch der erste Tag vom Rest seines Lebens sei. Er reagiert gereizt, wenn er auf seine Pensionierung angesprochen wird. Sein Leben ist zum routinierten Trott geworden. Im Film stehen sich dieser alte Mann, der nicht weiß, was er von seiner Zukunft noch erwarten kann und Don Juan, der junge Fantast, der seine Vergangenheit hasst, gegenüber. In der geschilderten Schwellensituation ist der Psychiater bereit, gewohnte Pfade zu verlassen, auch wenn er sich damit die Kritik seiner Kollegen zuzieht. Wir werden, was ihn betrifft, Zeugen einer erstaunlichen Entwicklung, die ihren Niederschlag im Aufblühen seiner bis zu diesem Zeitpunkt dahinwelkenden Paarbeziehung findet. Erblühende Blumen symbolisieren diese Veränderung.

7 Intersubjektive Begegnung und ihre Folgen

Das berührendste an dem Film ist wohl die intersubjektive Begegnung[3] zweier Menschen. Die beiden könnten Vater und Sohn sein. Beide Seiten profitieren von dieser Beziehung: der Psychiater, der die Welt neu zu sehen lernt, und Don Juan, der nicht zum Schizophrenen abgestempelt wird, sondern sich als Mensch und Freund, wie ihn Dr. Mickler häufiger betitelt, angenommen fühlt. Der Beginn der Beziehung ist noch absolut professionell. Der alte Psychiater wird gerufen, um einen Selbstmordkandidaten vom Hotelvordach herunterzuholen. Der verrückte Don Juan verlangt nach dem berühmten Fechter Francisco da Silva. Dr. Mickler lässt sich auf die verrückte Welt des angeblichen Don Juans ein und gibt vor, seinerseits der Onkel des Fechters, Don Octavio del Flores zu sein, ein spanischer Adeliger aus dem 17. Jahrhundert. Zwischen beiden entwickelt sich eine »Folie à deux«. Der an sich erfahrene Arzt wird zum Grenzgänger, der weiß, dass man seinen Patienten dort abholen muss, wo er steht. Er weiß, dass man auch mal etwas riskieren und bereit sein muss, mit seinen Patienten auch ungewöhnliche Wege zu gehen. All das im tiefen Wissen darum, dass man sich als Psychotherapeut verwickeln lassen muss, damit sich durch die Neuerfahrung in der therapeutischen Beziehung etwas entwickeln kann. Beide begegnen sich freundschaftlich und schließen gegen den Widerstand von Klinikleitung und Psychiaterkollegen einen Pakt. Wenn es Don Juan gelingt, innerhalb seiner zehntägigen Unterbringung Dr. Mickler davon zu überzeugen, dass er tatsächlich Don Juan ist, dann soll er medikamentenfrei bleiben und seinen Weg gehen können. Gelingt ihm dies nicht, erklärt er sich bereit, so lange im Krankenhaus zu bleiben, wie Dr. Mickler dies wünscht. In diesem Fall wäre er auch bereit, Medikamente einzunehmen.

Nun beginnt ein Wettlauf mit der Zeit. Dr. Mickler lässt sich von der blühenden Fantasie seines Klienten faszinieren, versucht aber gleichzeitig auch, die Wahrheit über diesen jungen Mann herauszufinden. Anfangs konfrontiert er ihn noch in professioneller Weise mit dem, was ihm in der therapeutischen Beziehung auffällt, etwa mit dessen auffälliger Identitätsdiffusion. Aber spätestens dann, als er beim Rorschach-Test nichts als sexualisierte Einfälle zu hören bekommt, gibt er auf und legt die Klecks-Tafeln beiseite. Ergriffen lauscht er Tag für Tag dem fantastischen Lebensroman seines Klienten, der an Sheherazades Märchen aus *Tausend und einer Nacht* erinnert. Jene war durch ihre ebenso abenteuerlichen wie erotischen Schilderungen dem Schicksal ihrer Vorgängerinnen entgangen, nämlich nach der Liebesnacht geköpft zu werden. Don Juan versucht dem dumpfen Schicksal eines chronisch psychisch Kranken zu entgehen. Von früh auf in der Kunst, sich auf sein Gegenüber einzustellen, geschult, durchschaut er seinerseits den Psychiater schon bald. Auch er lässt sich also auf ihn ein. Eines Tages eröffnet er ihm: »Sie sind ein so großer Liebhaber wie ich selbst, auch wenn sie ihren Weg und ihren Akzent verloren haben.«

In der letzten Sitzung spitzt sich alles zu. Dr. Mickler spricht Don Juan auf eine mögliche Beziehung seiner Mutter zu Don Alfonso an und dieser verliert zum ersten Mal seine Beherrschung. Mit der Wahrheit konfrontiert, schleudert er wütend einen Blumentopf durch das Zimmer. Ebenso schnell aber dreht er den Spieß um und konfrontiert Dr. Mickler seinerseits mit der Wahrheit:

> »Sie brauchen mich für eine Transfusion, weil Ihnen das Blut in den Adern vertrocknet und Ihnen das Herz versandet. Ihr Bedürfnis nach Wirklichkeit, nach einer Welt, in der die Liebe befleckt ist, das wird Ihnen die Adern verstopfen, bis alles Leben aus Ihnen weicht. Aber meine vollkommene Welt ist nicht weniger wirklich als ihre, Don Octavio, und allein in meiner Welt können Sie Atem holen. So ist es doch.«

Dr. Mickler: »Ja, Sie haben recht, meine Welt ist nicht vollkommen.« Der kurze Moment der Unterbrechung (disruption) in der Beziehung wird von einem »repair« abgelöst. Don Juan setzt seine Geschichte fort und erzählt von Donna Anna. Dass Dr. Mickler sich in sehr persönlicher Weise auf seinen Klienten einlässt, zeitigt ungeahnte Veränderungen in seiner ehelichen Beziehung. Er sieht seine Frau mit anderen Augen und ihre Beziehung wird wieder lebendig. Don Juan aber lässt sich ganz auf die Vaterfigur Dr. Mickler ein, schluckt brav sein Medikament und präsentiert sich in der richterlichen Anhörung wie ein ganz normaler Jugendlicher mit einem traurigen Schicksal und Träumen von einem besseren Leben. Nichts ist von der adeligen Pose geblieben. Ausdrucksweise und Outfit sind die eines »ganz normalen« Jugendlichen. Er trägt ein Sweatshirt und Blue Jeans. Er kommt frei und Dr. Mickler beendet seine klinische Tätigkeit. Damit mag die reale Beziehung zwischen dem Arzt und seinem Patient beendet sein, aber in jener anderen Realität, der Fantasie, findet sie eine Fortsetzung.

Die letzte Szene auf der Insel der Liebe, auf Eros, ist traumhaft, psychotisch und poetisch zugleich. Don Juan trifft Donna Anna wieder, die ihm geschworen hatte, dort bis in alle Ewigkeit auf ihn zu warten. Dr. Mickler ist von dem Romantizismus seines Klienten erfasst, »der sich als gänzlich unheilbar erwies«, und, schlimmer noch, in höchstem Maße ansteckend. Er hat den kastilianischen Akzent seines Klienten übernommen und tanzt wie frisch verliebt mit seiner Frau zur Filmmusik von Michael Kamen »Have you ever really loved a woman«, einer Hymne auf die Liebe.

Dr. Mickler hat ganz offensichtlich von der Begegnung mit seinem Patienten profitiert. Und Don Juan? Zwar findet er Zugang zu seinen abgespaltenen aggressiven Affekten und wird in der letzten Szene im Krankenhaus als junger Amerikaner dargestellt, der sich realitätsgerecht verhält, ganz anders also als zu Beginn des Filmes. Aber die Schlussszene lässt doch große Zweifel aufkommen, ob die intensive zehntägige Beziehung zu Dr. Mickler ausreichend war, um integrierbare emotionale Neuerfahrungen machen zu können. Zumindest aber ist ein Weg sichtbar geworden, der ihn aus seiner Fantasiewelt herausführen könnte …

8 Zusammenfassung

Levens Don-Juan-Film, der sich an der klassischen Gestalt des Frauenhelden Don Juan orientiert, analysiert in subtiler psychologischer Weise dessen Verhalten. Don Juan ist das Opfer traumatischer Kindheitserfahrungen, die ihre Fortsetzung in einer ödipalen Tragödie finden, mit der Don Juan nur durch Flucht in eine schöne, aber infantile Fantasiewelt leben kann. Kein Mensch kann ohne psychische Abwehrmechanismen leben und so stellt sich die Frage, was Wahrheit ist. Sie erweist sich als höchst subjektiv. Nur eine intersubjektive Begegnung, wie sie im Film in eindrucksvoller Weise dargestellt ist, birgt die Chance in sich, frühere Beziehungserfahrungen gleichsam zu korrigieren. Intersubjektive Erfahrungen betreffen immer beide an der Beziehung Beteiligte. Nie ist sie eine Einbahnstraße. Don Juan de Marco, dessen Narzissmus ebenso wie seine ödipale Verstrickung zu seinem Schicksal geworden sind, findet in der Vaterfigur Dr. Mickler ein Verständnis, das ihm hilft, sich der Realität anzunähern. Seinerseits profitiert der alte Arzt in transgenerationaler Weise von der Fantasie und Kreativität des Spätadoleszenten, die für Leben und Entwicklung stehen. So wird der Film zur Metapher für den unendlichen Wert zwischenmenschlicher Begegnung und Beziehung.

Anmerkungen

1 »Das Ästhetische in einem Menschen ist das, wodurch er unmittelbar das ist, was er ist; das Ethische das, wodurch er das wird, was er wird« (Kierkegaard 1885, S. 471).
2 Zitat von Jaques aus der 7. Szene des 2. Aktes von W. Shakespeares (1599/2000) aus *Wie es euch gefällt*.
3 »Mit dem Begriff ›intersubjektiv‹ bezeichnen wir ein lebendes System, das durch die Überschneidung und das Wechselspiel zweier oder mehrerer subjektiver Welten konstituiert wird. Wir gehen davon aus, dass die persönliche Entwicklung einschließlich der Pathogenese voll und ganz in solche relationalen Systeme eingebettet und nur in diesem Rahmen verstehbar ist. Wir nehmen an, dass das selbstorganisierende psychoanalytische System durch die Erfahrungswelten von Patient und Analytiker hergestellt und begrenzt wird und aus ihnen hervorgeht, aus Welten also, die ihrerseits in kulturelle und historische Kontexte eingebettet sind. Die Transformation dieser Erfahrungswelten resultiert aus der Zusammenarbeit zwischen Patient und Analytiker, das heißt aus ihrem nach Verstehen suchenden Dialog. Alte unbewusste Erfahrungsorganisationen, selbst jene, die in angsterregenden, durch Trauma und Verlust geprägten Kontexten wurzeln, können in der Analyse im Kontext eines stabilen

Bindungssystems dialogisch in Frage gestellt und reorganisiert werden. Die Analyse wird zu einem System, in dem der Patient sowohl Heilung als auch eine zweite Entwicklungschance finden kann« (Orange et al. 2001, S. 7f.).

Literatur

Erdély, Z. (1998): Und die Wirklichkeit – es gibt sie doch. Gießen (Psychosozial-Verlag).
Kierkegaard, S. (1885): Entweder-Oder. Ein Lebensfragment. Herausg. v. Viktor Eremita. Übers. v. Alexander Michelsen u. Otto Gleiß. Leipzig (Fr. Richter).
Lindner, S. (1980): Der Don Juan-Stoff in Literatur, Musik und bildender Kunst. Diss. Bochum.
Medoff, L. (1996): La Gallina O Los Huevos ... – new Horizons on Approaching the Old Question of Which Came First. An Analysis von Don Juan De Marco. Academy for the Study of the Psychoanalytic Arts. Im Internet unter: http://www.academyprojects.org/programs/medoff2.htm [1.04.2006].
Orange, D.; Atwood, G.; Stolorow, R. (2001): Intersubjektivität in der Psychoanalyse. Frankfurt a.M. (Brandes & Apsel).
Platon (1922): »Gastmahl«. Übers. v. Rudolf Kassner. Jena (Eugen Diederichs).
Rank, O. (1922): Die Don Juan-Gestalt. Imago 8, 142–196.
Shakespeare, W. (2000): "As You Like It". Englisch-Deutsche Studienausgabe. Tübingen (Stauffenburg).
Wurmser, L. (1993): Die Maske der Scham. Heidelberg (Springer).
Zusman, W. (2005): Don Juan Demarco. FÓRUM DE PSICANÁLISE E CINEMA. Im Internet unter: http://www.geocities.com/Hollywood/Lot/5248/ [15.10.2007].

Der Geschmack der Kirsche
(Regie: Abbas Kiarostami; Iran, 1997)

»Im Nebel

Seltsam, im Nebel zu Wandern! / Einsam ist jeder Busch und Stein,
Kein Baum sieht den andren, / Jeder ist allein.
Voll von Freunden war mir die Welt, / Als noch mein Leben Licht war,
Nun da der Nebel fällt, / Ist keiner mehr sichtbar.
Wahrlich keiner ist weise, / Der nicht das Dunkel kennt,
Das unentrinnbar und leise, / Von allen ihn trennt.
Seltsam, im Nebel zu wandern! / Leben heißt einsam sein,
Kein Mensch sieht den andern, / Jeder ist allein.«
Herrmann Hesse: »Eine Fußreise im Herbst«

1 Einleitung

Abbas Kiarostami, Maler, Grafiker, Buchillustrator, Dichter (2004) sowie Drehbuchschreiber und Regisseur des Filmes *Der Geschmack der Kirsche* wurde am 22. Juni 1940 in Teheran geboren und wuchs als Einzelkind auf. Schon sehr früh interessierte er sich für Kunst: Im Alter von 18 Jahren gewann er einen Zeichenwettbewerb. Nach dem Abitur studierte er in Teheran Bildende Künste. Während der 1960er Jahre arbeitete er als Designer und Illustrator im Bereich Werbung, stellte Werbespots und Poster her und bebilderte Kinderbücher. 1969 half Kiarostami dem »Institut für Intellektuelle Weiterbildung von Kindern und jungen Erwachsenen«, eine Abteilung für Filmemacher aufzubauen. Deren erste Produktion, der zwölfminütige Film *Das Brot und die Straße*, war zugleich Kiarostamis erstes Werk. Die neu gegründete Sektion des Institutes wurde im Lauf der Zeit zu einem der bekanntesten iranischen Filmstudios. Kiarostami hat sich weltweit einen Namen gemacht.

Nach den beiden Spielfilmen *Und das Leben geht weiter* (1992) – nach dem infernalischen Erdbeben von 1990 gedreht – und *Quer durch den Olivenhain* (1994) – einem Film, der zeigt, wie in einem iranischen Dörfchen ein Liebesfilm gedreht wird – hat der iranische Regisseur Abbas Kiarostami mit seinem ruhigen, intensiven Werk *Der Geschmack der Kirsche* seine Trilogie über die Konfrontation von Leben und Tod abgeschlossen. *Der Geschmack der Kirsche* (1997) handelt vom selbst gewählten Tod und ist doch ein Plädoyer für das Leben. Es ist ein mutiger Film, denn er wurde in einem Land gedreht, in dem Suizid nach den strengen Regeln des Islam als Todsünde gilt. Kiarostami war 58 Jahre alt, als der Film entstand. Es ist beinahe so etwas wie ein Alterswerk. In Cannes erhielt er dafür 1997 die höchste Auszeichnung, die Goldene Palme, und im November desselben Jahres zeichnete ihn die UNESCO mit der »Fellini«-Medaille aus.

Trotzdem: Es ist ein Film, an dem sich die Geister scheiden. Für die einen ist er ein überwältigendes Kunstwerk, für die anderen eine langweilige, dröge Geschichte. Zwei Zitate dazu: Der *Tagesspiegel* (Berlin) kommentierte: »Was sehen wir? Nicht viel. Was fühlen wir? Alles. [...] Ein einzigartiger Regisseur.« (zit. n. Dirk Jaspers Online-Filmlexikon). Eine andere Kritikerin (*Rhein-Zeitung* 7/98) schreibt: »Warum sollte man diesen Herrn auf seinen trostlosen Fahrten begleiten? Mit einem Problem, das weitgehend sein Geheimnis bleibt. In einer Landschaft, die man nicht aufsuchen möchte. In einem Film, dem grandiose schauspielerische Leistung nicht wichtig ist. Wegen der Goldenen Palme?«

2 Filminhalt

Es wird Herbst in Teheran. Herr Badii, ein gut situierter Mann mittleren Alters, fährt mit seinem Rover durch die Randgebiete dieser Großstadt, an Baustellen und Müllhalden vorbei, auf der Suche nach einem Mann, der, gegen gute Bezahlung, verspricht, Badiis selbst ausgehobenes Grab mit Erde zu füllen, sollten die Tabletten, die Herr Badii in suizidaler Absicht dort einnehmen wird, ihre tödliche Wirkung entfaltet haben. Weil er die Wahrheit über den von ihm angebotenen Job entweder nicht oder erst spät verrät, gleichzeitig aber sehr in sich gekehrt, ja fast unfreundlich und aufdringlich wirkt, werden ihm sexuelle Absichten unterstellt und manche der von ihm Angesprochenen weisen ihn barsch zurück oder sind zumindest misstrauisch.

Unermüdlich sucht Badii (Homayon Ershadi) nach dem Geeigneten. Drei Männer sitzen nacheinander bei ihm im Wagen, den die Kamera selten verlässt; minutenlang und starr ruht ihr Fokus auf ihnen oder auf Badii; lange Einstellungen konzentrieren sich auf die Gesichter, zeigen auch die kleinsten Regungen. Jedes Wort findet in *Der Geschmack der Kirsche* seine angemessene mimische Entsprechung. Minutenlang folgt die Kamera dem Auto, das an einem Nachmittag die Serpentinen eines fast kahlen Hügels aus roter Erde hinaufschleicht zum Erdloch, in dem Badii sich in der Nacht zu töten gedenkt. Mehr als einmal hält sein Wagen dort, während wir als Zuschauer den Ton aus dem Wagen hören: die Überzeugungsversuche des Todunglücklichen, ihm bei seinem Abgang Hilfe zu leisten.

Man sieht Badii seinen Todeswunsch an. In jeder seiner Bewegungen, Gesten und Worte offenbart sich sein Lebensüberdruss, doch man erfährt nichts über eine Vorgeschichte, keinen einzigen Grund, der zu seiner Entscheidung geführt haben mag. Immer wieder versucht Herr Badii Kontakt zu knüpfen, die Kandidaten zu erforschen, herauszufinden, wer zu der makabren Hilfe geeignet ist, bevor er sie mit seinem Anliegen konfrontiert. Zuerst bieten ihm Arbeiter ihre Arbeitskraft an. Einer missversteht sein Angebot und jagt ihn davon. Dann sucht er auf der Müllhalde unter den Ärmsten nach Hilfe. Schließlich nimmt er einen jungen Kurden aus der iranischen Armee (Safar Ali Moradi) ein Stück im Auto mit, dann trägt er sein Anliegen einem Afghanen und Koranseminaristen (Mir Hossein Noori) vor und schließlich als letztem einem alten türkischen Tierpräparator (Abdolrahman Bagheri). Keiner dieser Männer hatte oder hat ein leichtes Schicksal. Armut oder die Flucht vor Krieg hat sie in den Iran verschlagen.

»Wenn Sie mir nichts über sich sagen, kann ich Ihnen nicht helfen«, sagt der alte Türke zu Badii. Er ist der einzige, der ihm helfen will – in jeder Hinsicht. Herr Badii schweigt zum ersten Mal sehr lange. Und er hört sehr lange zu. Dann nimmt das selbst gewählte Schicksal aber doch seinen Lauf. Die Sonne geht unter. Das Licht in Herrn Badiis Appartement verlöscht endgültig. Ein Gewitter zieht auf, Blitze zucken, Donner grollen, ein Unwetter. Der Schein der Blitze beleuchtet das Gesicht des in seinem Grab Sitzenden. Dann wird es pechschwarze Nacht und es wird totenstill.

Schließlich ein ganz unerwarteter Schluss des Filmes: ein Video der Filmaufnahmen mit lachenden Soldaten. Diesmal eine grüne Frühlingslandschaft mit blühenden Blumen. Zum ersten Mal ertönt im Film Musik.

3 Der Versuch einer psychoanalytischen Filminterpretation

Der Film macht uns zu Zeugen der letzten Phasen eines präsuizidalen Syndroms, für welches ja Aggression, Ambivalenz und dann mit dem Entschluss eine Einengung der Gedankenwelt, konkrete Vorbereitung des letzten Schrittes und Abkehr von der Welt verbunden sind, was fälschlicherweise von Außenstehenden oft als unendlich große Ruhe verkannt wird. Bis zuletzt oszilliert die Verfassung des Protagonisten in diesem Feld. Das vorangestellte Gedicht H. Hesses, aus eigener Betroffenheit entstanden – 14-jährig war er nach einem Suizidversuch in einer psychiatrischen Klinik länger in Behandlung –, stellt mit sprachlichen Mitteln dar, was der Film in Bildern zeigt: Der eigene Rückzug aus der Welt wird – welch verhängnisvolle Projektion – wahrgenommen als Entfremdung der anderen. So sind auch Badiis Ansprechpartner alles Fremde, mit denen kein Dialog (mehr) zustande kommt. Eine Nebelwand scheint sie zu trennen.

Wir werden als Zuschauer mit hineingenommen in den Rover des Lebensmüden. Abgeschnitten vom pulsierenden Leben außerhalb des Fahrzeugs, begegnen wir in der ernsten, unbeweglichen Mine dieses Mannes, der sich nicht mehr rasiert hat und ganz mit den letzten Schritten in seinem Leben beschäftigt ist, einem lebendig Toten. Die Motive für seinen Suizid bleiben offen – oder vielleicht spielen sie auch einfach zum jetzigen Zeitpunkt keine Rolle mehr für Herrn Badii, jetzt, wo für ihn alles beschlossene Sache ist. Oder lässt Kiarostami hier bewusst eine Leerstelle, die der Zuschauer mit seiner eigenen Fantasie ausfüllen kann? Versucht er so, die Identifikation mit dem Hauptdarsteller zu fördern, indem er ihn zur Projektionsfigur macht? Denn wer kennt sie nicht, diese Fantasien, die in verzweifelten Zeiten auftauchen können? Die langen Filmeinstellungen in der Abgeschlossenheit des

Rovers verdeutlichen die innere Abgeschnittenheit des suizidalen Fahrers. Er hat seine Libido gleichsam von den Objekten der realen Welt abgezogen, existiert nur noch in seinem Inneren. So scheint denn auch in seinen Fragen, gleich ob an den Plastikmüllsammler oder an den Soldaten gerichtet, weniger ein echtes Interesse an dem jeweils anderen auf als vielmehr sein Versuch, in Kontakt zu kommen, mit dem Ziel, sein Vorhaben zu Ende zu bringen. Wir sehen eine Form der Regression auf das eigene Ich des Verzweifelten. Das spiegelt sich vielfach wider: in der Miene des Todeskandidaten ebenso wie in der Trostlosigkeit der verdorrten Herbstlandschaft, in der unendlichen Weite der Hügelketten am Horizont, ja sogar in der Wahl der von Badii Angesprochenen, allesamt Fremde im Iran, durch Kriege dorthin verschlagen, so wie er sich selbst zum Fremden geworden ist, zu einem, der sich vom Leben geschlagen und zertreten fühlt, sodass er nun auf trostlosen Müllkippen oder im Staub eines tristen Zementwerks nach einem Verbündeten sucht. Freilich: Sein Stolz, der in seinem Vorhaben – dem »selbst« gewählten Tod gleichsam als letztem narzisstischen Triumph – gipfeln wird, ist ungebrochen. Neben der tiefen narzisstischen Wunde gibt es auch diese narzisstische Haltung. Kiarostami dazu in einem Interview: »Ich würde ... gerne einen Satz von Cioran zitieren: ›Gäbe es die Möglichkeit des Selbstmords nicht, hätte ich mich schon lange umgebracht.‹«

Nur in wenigen Augenblicken ist Herr Badii für seine Umgebung offen. Die beiden Kinder, die im Schrottauto spielen, erwecken sein Interesse und er fragt sie: »Was macht ihr da?« Aber ebenso schnell ist seine Miene wieder versteinert und wir sehen seinen besorgt überall suchenden Blick. Denn er weiß, wenn er niemanden findet, dann ist sein Vorhaben nicht umsetzbar. Hier begegnet uns eine fundamentale Paradoxie des Filmes: Da verstößt jemand gegen die Regeln des Korans und bekennt sich gleichzeitig zu ihnen. Ich glaube, dass wir an dieser Stelle dem Menschen Kiarostami sehr nahekommen, einem Künstler also, der im Land der Mullahs, wo noch die mittelalterliche Scharia Anwendung findet, die Freiheit sucht – und wenn es, wie in diesem Film »nur« die Freiheit zur Möglichkeit des selbst bestimmten »Freitodes« ist. Er stellt fundamentale Regeln in Frage, fühlt sich aber gleichzeitig auch als Sohn seiner iranischen Heimat, die für ihn alles bedeutet. Schiller kommt mir in den Sinn: »Der Mensch ist frei geschaffen, ist frei, und würd' er in Ketten geboren [...]« (1797). Wie viele Menschen haben den Tod in diesem Sinne der

Unterwerfung vorgezogen. Die jüngere deutsche Geschichte ist voll davon: Dietrich Bonhoeffer, Jochen Klepper, Erich Ohser, Kurt Tucholsky und Stefan Zweig, um nur einige zu nennen.

Herr Badii ist im Gegensatz zu allen anderen im Film gezeigten Menschen wohlhabend. Er besitzt nicht nur ein stattliches Auto, sondern erweckt durch Kleidung und Haltung, aber auch durch die ausgesetzte Geldsumme den Eindruck, dass es ihm an materiellen Dingen nicht mangelt. Umso mehr beeindruckt im Kontrast dazu, dass der verletzte Plastikmüllsammler in seinem kärglichen Leben einen Sinn sieht. Er unterstützt seine in der Ferne in Lorestan lebende Familie und lässt sich weder durch Armut, Hänseleien von Kindern oder eine Fingerverletzung in seiner Lebensbejahung irritieren. Ein Gegenentwurf zur Person Badiis? Oder will Kiarostami gerade damit vor Augen führen, wie unvorstellbar und abgrundtief der Schmerz Badiis über sein Leben ist? Wenn er die Wunde, die ihm zugefügt wurde, als so riesengroß erlebt, dann wird besser verständlich, warum die resultierende Wut, die er nun gegen sich wendet, nicht mehr aufzuhalten ist. Hat dies seine Entsprechung in der verdorrten Natur? Ich muss an Demeter denken, die Göttin der Erdfruchtbarkeit. Eines Tages hatte Hades deren Tochter Persephone mit Wissen des Göttervaters Zeus entführt. Demeter verfiel in tiefste Traurigkeit, suchte ihre Tochter überall, konnte sie aber nirgends auf der Welt finden. Voller Wut hat sie daraufhin die Erde mit Unfruchtbarkeit geschlagen und ließ alles verdorren. Nach dem Mythos wiederholt sich das bis heute im Sommer für einige Monate im Jahr.

Zurück zu Herrn Badii: Er hat für niemanden mehr zu sorgen. Er hat alle sozialen Beziehungen gekappt oder verloren. Diese soziale Isolation hat der Regisseur noch dadurch verstärkt, dass er mit allen Schauspielern, die Badii anspricht, die Szenen einzeln gedreht hat. Es gab also nie ein miteinander verbundenes Team an Schauspielern. Alles ist isoliert. Karge Pseudo-Dialoge und lange Einstellungen unterstreichen noch die innere Isolation und Leere des Protagonisten.

Schließlich sucht Herr Badii in einem kurdischen Soldaten – früher ist er Bauer (!) gewesen – einen Verbündeten. Badiis Ambivalenz scheint hier auf den scheuen Soldaten verschoben: Er will aussteigen, fährt dann aber doch mit. Die Militärzeit hat Badii als schönste in seinem Leben in Erinnerung. Er rezitiert die Marschkommandos, »Eins, zwei, drei …«, und versucht so, sich dem Soldaten anzunähern. Aber auch dieser Fremde bleibt ihm fremd und ergreift das Hasenpanier, als Badii, am Erdloch angekommen, im Befehlston – fast aggressiv – auf seinem Anliegen insistiert. Zum ersten Mal sehen wir den Ort, wo Badii begraben werden will. Ein Strauch wächst unmittelbar daneben. Eine mit Bedacht gewählte Stätte, denn es ist eine tröstliche Vorstellung, dass die Blätter des Busches ihm Schutz und Schatten geben werden, wenn er dort erst seine letzte Ruhe gefunden haben wird. Eben das, was er in seinem Leben so zu vermissen scheint: Schutz, Kameradschaft und eine Richtschnur, wie sie ihm einst das Militär gegeben hat. Krähen sind am Himmel zu sehen: schwarze Künder des Todes. In der Ferne exerzieren Soldaten: »Eins, zwei, drei ...« klingt es zu ihm herüber. Er ist in Gedanken vertieft. Es ist Nachmittag. Er muss endlich jemanden finden, der bereit ist, wenigstens 20 Spaten Erde auf den Leichnam zu schippen – für umgerechnet 210 Euro, für iranische Verhältnisse eine riesige Summe. Gedankenverloren kommt er vom Weg ab, Symbol für das Ereignis, das ihn in seinem Leben aus der Bahn geworfen hat, aber wohl auch dafür, dass ein unvorhergesehenes Ereignis seinen Plan durchkreuzen könnte. Ausdruck also auch für seine ihn immer noch quälende Ambivalenz. Landarbeiter heben das Auto wieder in die Spur und er kann die Suche nach seinem Totengräber fortsetzen. Er fährt zu einem trostlosen Zementwerk in dieser Gegend. Ein Posten bewacht das Ganze und folgt gelassen dieser sinnlosen Pflicht, obwohl es eigentlich nichts zu bewachen gibt. So wie der Wächter und der Seminarist, den er kurze Zeit später kennenlernt, miteinander in freundschaftlicher Verbindung stehen, so scheint diese sinnlose Pflichterfüllung auch einen inneren Zusammenhang mit den rigiden Regeln der Religion zu haben. Dies muss als Kontrapunkt zur bereits skizzierten freien Willensentscheidung verstanden werden. Anders ausgedrückt geht es hier um die Darstellung eines sich zwischen den inneren Instanzen »Überich« und »Ich« abspielenden Konflikts. Auch der Seminarist bleibt Badii ein Fremder. Er lehnt sein Ansinnen unter Berufung auf den Koran ab. Ziemlich verzweifelt fährt Badii auf das Gelände der Zementfabrik. Gesteinsschutt fällt über ein Förderband nach unten. Bedeutungsschwer fällt sein Schatten in die Grube. Das Geröll, das große Laster anfahren, wird ausgekippt und hüllt alles in Staub ein. Badii folgt dem Geschehen aufmerksam. Denkt er daran, wie die Erde in sein Grab geschaufelt wird und ihn zudecken wird? Beschäftigt ihn die Frage, ob diese automatische Art der Schüttung ihm seine verzweifelte

Suche abnehmen kann? Er setzt sich an diesem unwirtlichen Platz nieder und versinkt in sich, dem Tode näher als dem Leben. Wenn man diese Bilder sieht, dann kommen einem unwillkürlich die hiesigen Begräbnisformeln in den Sinn: »Erde zu Erde, Staub zum Staube, Asche zu Asche.« Ein wegen des Staubes vermummter Arbeiter taucht auf und versucht den Verzweifelten zum Verlassen des Platzes zu bewegen. Er erscheint ihm auffällig und fragt ihn, ob er Hilfe brauche, bietet ihm Tee an. Erst allmählich findet der lebendig Tote aus seiner Trance ins Leben zurück. Diese Szene wirkt wie ein düsteres Präludium für das, was bald kommen wird.

Es folgt ein Szenenwechsel: Mit im Auto ist ein sympathischer alter Türke, von Beruf Tierpräparator, der einwilligt, das Gewünschte zu tun, denn er braucht Geld, damit seinem schwer kranken Kind geholfen werden kann. Badii chauffiert schweigend, während der alte Mann alle Register zieht, um ihn davon zu überzeugen, dass sich das Leben lohnt. Da Badii nicht bereit ist, sich auf ein Gespräch einzulassen und von sich zu erzählen, monologisiert Herr Bagheri. Er erzählt, dass er jung verheiratet, auch in eine schwere Krise geraten war, aus der er keinen Ausweg mehr wusste. Er nahm deshalb ein Seil und zog los, um sich aufzuhängen. Mehrfach versuchte er, das Seil über den Ast eines Maulbeerbaumes zu werfen, aber vergeblich. Deshalb entschloss er sich schließlich, hinaufzuklettern, um das Seil zu befestigen. Wie zufällig berührte seine Hand eine Maulbeere und er entdeckte, dass der Maulbeerbaum voller Früchte war und dachte sich, er könne ja eine probieren. Gesagt, getan. Die Frucht schmeckte so köstlich, dass er noch eine aß und noch eine und so weiter. Es war ein herrlicher Sonnenaufgang an diesem Morgen. Kinder kamen vorbei und baten ihn, den Baum für sie zu schütteln. Schließlich sammelte er selbst auch Früchte und als er sich auf den Heimweg machte, war er bepackt mit diesen herrlich schmeckenden Beeren. Beide, seine Frau und er, hätten sich daran erfreut und das Leben sei weitergegangen. Und er fragt Herrn Badii: »Wollen Sie nie mehr den Geschmack einer Kirsche genießen[1], nie mehr einen Sonnenuntergang beobachten oder miterleben, wie der Vollmond am Himmel steht – und die Sterne ...?«

Als all seine Versuche, Herrn Badii umzustimmen, scheitern, erzählt er noch einen türkischen Witz: Ein Mann geht zum Doktor und klagt darüber, dass, wenn er seinen Kopf anfasse, es schmerze, wenn er seinen Bauch anfasse, es schmerze usw., was denn mit ihm los sei. Der Arzt untersucht ihn und sagt dann: »Ihr Körper ist in Ordnung, aber ihr Finger ist gebrochen!« Und auch mit diesem Witz versucht der lebenserfahrene, weise alte Mann Badii klarzumachen, dass es doch töricht sei, alles zu opfern, wenn doch wahrscheinlich nur ein kleiner Teil der Hilfe bedürfe. Er schlägt vor, eine andere Straße zu nehmen, nicht immer die bekannten Wege. Diese Straße sei auch viel schöner, wenn auch länger. Herr Badii willigt ein. Herr Bagheri versucht, dem Unglücklichen klar zu machen, dass der Weg das Leben sei und erst an dessen Ende der Tod warte. Schließlich trägt er dem Verschlossenen noch ein türkisches Lied vor, das von Freundschaft kündet und lässt sich schließlich am National History Museum absetzen. Hier tauchen zum ersten Mal im Film Frauen auf. Die verdorrte braune Landschaft weicht dem Leben: Frauen als Sinnbild für Leben-spendendes, für das Leben!

Es ist Spätnachmittag. Eine junge Frau bittet ihn, sie und ihren Mann zu fotografieren. Herr Badii blickt durch den Sucher und drückt ab. Aber plötzlich – was ist nur los mit ihm? – fährt er wie ein Verrückter zurück zum Museum, hastet zu dem Hörsaal, in dem Herr Bagheri gerade Studentinnen darin unterrichtet, wie man aus Vögeln fachgerechte Tierpräparate erstellt. Dazu hat er Wachteln getötet, die die Studentinnen jetzt präparieren. Herr Bagheri ist einer, der genau um Leben und Tod weiß – in ungemein sinnlicher Weise sogar. Herr Badii wartet auf einer Bank und sieht auf die zu seinen Füßen liegende Stadt, sieht den Kindern auf dem Sportplatz zu, vor denen noch das Leben liegt. Am Himmel wieder Boten des Todes, schwarze Vögel. Es wird Abend. Als er endlich mit Herrn Bagheri sprechen kann, beschwört er diesen, nicht nur zweimal nach ihm zu rufen, sondern ihn auch an den Schultern zu schütteln und zwei Steine hinabzuwerfen, ehe er die Erde ins Grab schaufele, denn er könne ja noch am Leben sein und in diesem Fall sollte er ihm aus dem Grab helfen. Angerührt durch den Monolog des weisen alten Mannes ist die Ambivalenz in Herrn Badii wieder größer geworden, aber nicht so groß, dass er von seinem Plan ablassen würde. Ein letztes Mal sieht er sich den herrlichen Sonnenuntergang an, ehe er in seine Wohnung geht.

Es ist Nacht geworden. Man sieht, wie er in der beleuchteten Wohnung hin und her geht und schließlich das Licht löscht. Während ein Unwetter heranzieht und Blitze leuchten, bringt ihn ein Taxi zu seinem Grab. Der Scheinwerfer des Autos tastet sich durch die Nacht. Angekommen, steigt er in das Erdloch und erwartet seinen Tod. Der Vollmond taucht immer wieder aus den Wolken auf, dann nimmt das Unwetter zu, Blitze erhellen das versteinerte Gesicht Badiis, es beginnt zu regnen und es wird still, totenstill, und die Leinwand wird schwarz. Lange, sehr lange, dann wird wie in einem Epilog eine Videoszene gezeigt, die die Filmleute, den Regisseur und Soldaten in der Landschaft, in der der Film gedreht worden ist, zeigt. Allerdings ist jetzt alles frühlingshaft grün. Dazu ertönt der »St. James Infirmary«-Blues von Louis Armstrong in einer Instrumentalfassung. Zum Verständnis ist es wichtig, zu wissen, worum es in diesem uralten englischen Lied geht:

> »Ich ging ins St. James Krankenhaus, wo ich meine Liebste ausgestreckt auf einem weißen Tisch aufgebahrt sah, so kalt, so süß und so lieblich. – Lass sie gehen, lass sie gehen, Gott möge sie segnen. Wo immer sie sein mag, sie wird über diese ganze Welt sehen können, aber sie wird nie wieder so einen tollen Kerl wie mich finden. – Wenn ich sterbe, dann kleidet mich mit ordentlichen Schnürschuhen, ich will einen ›Boxback‹-Mantel und einen Stetson-Hut, legt ein Zwanzig-Dollar-Goldstück auf meine Uhrkette, dann wissen die Jungs, dass ich aufrecht gestorben bin.«

Der Tod ist in diesem Lied verbunden mit einer narzisstischen Fantasie der eigenen Einmaligkeit und Größe. Der Regisseur nimmt hier den angedeuteten Faden eigener innerer Freiheit um jeden Preis wieder auf, der im Grunde – zumindest im Lied – über den Tod hinausreicht. Im gesellschaftlichen Kontext ist dieses Lied am Ende des Films deshalb besonders hervorzuheben, da ein Film über das Tabu-Thema »Suizid« im Iran ohnehin eine Provokation darstellt, viel mehr aber noch, wenn eine unverkennbar amerikanische Weise dem Treiben iranischer Soldaten unterlegt wird!

Das unerwartete Film-im-Film-Ende ist natürlich erklärungsbedürftig. Kiarostami signalisiert damit, dass die schreckliche Geschichte des Herrn Badii nur ein Film war, schließlich ist dieser am Ende des Filmes ja munter und gesund und bietet dem Regisseur eine Zigarette an! Er führt zurück ins Leben, symbolisiert durch frisches Grün, Blumen und fröhliche Soldaten. Mit diesem Filmende erleichtert er dem Zuschauer, sich vom Thema Suizid zu distanzieren, er hilft sozusagen dabei, die Abwehr wieder ein Stück höher zu ziehen. Notwendigkeit in seinem Vaterland, wo der Film ja die Hürden der Zensur zu nehmen hatte, Zugeständnis an uns Zuschauer oder ein dickes Unterstreichen der Intention des Filmes? Der Filmtitel ist einem zentralen

Satz des Tierpräparators entlehnt und weist auf das fundamentale Anliegen des Filmes hin, ein Plädoyer für Leben und Freiheit im Schiller'schen Sinne zu sein und dies sinnlich schmackhaft zu machen!

Interpretiert man den Film tiefenhermeneutisch, dann bleibt noch ein Fakt, welchen es zu ergründen gilt. Eingangs war dargestellt worden, dass sich an diesem Film die Geister scheiden: Die einen sind zutiefst berührt, die anderen wenden sich gelangweilt ab. Wie bei einer Spaltung werden hier zwei Seiten ein und derselben Medaille sichtbar. Die eine ist das Leid eines gequälten Mannes, der nur noch im Tod Erlösung sieht, die andere Seite ist die narzisstisch aufgeblähte Aggressivität, die sekundär zwar gegen die eigene Person gewendet wird, primär aber jenen gilt, die Herrn Badii real oder vermeintlich jenes ungeheure Unglück angetan haben, das seinem Leben jeden Sinn geraubt hat. Die Aggression, die im Film zu spüren ist, ist schwer auszuhalten: sein Versuch, den Ärmsten der Armen, den Plastiktütensammler für seine Zwecke zu benutzen, die Art, wie er den Soldaten so nötigt, dass dieser verängstigt das Hasenpanier ergreift, die Weise, wie er mit dem angehenden Geistlichen umgeht, ja überhaupt die Tatsache, dass er diesem ein solches Handeln, das zumindest bei uns strafbar wäre, ohne Würdigung der Qualifikation desselben zumutet, zuletzt seine Verstocktheit dem Tierpräparator gegenüber, der sich alle Mühe gibt, ihn zu erreichen. Mit dieser verachtend-aggressiven Haltung korrespondiert Badiis Verherrlichung der Militärzeit, seine von distanziertem Stolz bestimmte Haltung, als Landarbeiter ihm helfen, seinen Rover wieder flott zu bekommen und die im wörtlichsten Sinne sichtbar wird, als zu Beginn des Filmes ein Angesprochener sich so genötigt fühlt, dass er Badii wüst beschimpft und davonjagt. Da es im Film nur eine geringe Spur von Entwicklung- bzw. Reifung gibt, gerade auch hinsichtlich der aggressiven Attitude, wird die ablehnende Haltung jener, die den Film nicht sehenswert finden, umso nachvollziehbarer. Das Spaltungsphänomen aber ist dem narzisstischen Grundkonflikt, der eine so verhängnisvolle Lösung zu finden scheint, zuzurechnen. Oder bekräftigt dies alles nur, dass es hier letztendlich um die bereits benannte innere Freiheit und den ganzen Stolz eines Iraners geht, der nicht bereit ist, sich der Herrschaft greiser Ajatollahs zu beugen, auch wenn er sich äußerlich den Regeln unterwirft? Ja, der sogar noch einen Schritt weiter geht und durch seinen provozierenden Abschluss des Filmes das antiamerikanisch eingestellte Regime verhöhnt? Ist es vielleicht gerade diese unausgesprochene Botschaft, die viele seiner Landsleute beim Ansehen des Filmes spüren und die ihnen Möglichkeit zur Identifikation bietet – viel mehr als uns westlichen Betrachtern des Filmes? Oder sollte all das »nur« ein transkulturelles Missverständnis sein??

4 Epilog

In Cannes wurde Kiarostami von Catherine Denenuve die Goldene Palme überreicht. Als er sich dafür bei ihr mit einem Küsschen auf die Wange bedankte, löste das bei den iranischen Fundamentalisten in seiner Heimat einen Proteststurm aus. Bei seiner Rückkehr wurde er am Flughafen von Demonstranten empfangen.

Anmerkung

1 Kirschen sind Symbol für Leben. In Alfred Anderschs (Alfred Andersch: * 4. Februar 1914 in München; † 21. Februar 1980 in Berzona bei Locarno) Erzählung *Die Kirschen der Freiheit* sind es Kirschen, die den Übergang aus Knechtschaft in die Freiheit markieren. Der Erzähler isst sie, nachdem es ihm gelungen ist, aus dem sinnlosen, verlorenen Kriegsbetrieb der Wehrmacht zu desertieren.

Literatur

Dirk Jaspers Filmlexikon (1998): Der Geschmack der Kirsche. Im Internet unter: http://www.djfl.eu/entertainment/djfl/1100/110182.html [18.10.2007].
Kiarostami, A (2004): In Begleitung des Windes. Gedichte. Aus dem Persischen von Shirin Kumm u. Hans-Ulrich Müller-Schwefe. Mit einem Nachw. v. Peter Handke. Frankfurt a.M. (Suhrkamp-Verlag).
Schiller, F. (1797): Worte des Glaubens. In: Kurscheidt, G. (Hg.) (2004): Sämtliche Gedichte und Balladen. Frankfurt a.M. (Insel).

American Beauty
(Regie: Sam Mendes; USA, 1999)

> »Seit so langer Zeit ist demnach die Liebe zu einander den Menschen eingeboren und sucht die alte Natur zurückzuführen und aus zweien eins zu machen und die menschliche Schwäche zu heilen. Jeder von uns ist demnach nur eine Halbmarke von einem Menschen, weil wir zerschnitten, wie die Schollen, zwei aus einem geworden sind. Daher sucht denn jeder beständig seine andere Hälfte.«
>
> *Platon: »Das Gastmahl«*

1 Einleitung

Der mit fünf Oscars ausgezeichnete und auch sonst hoch gelobte Film war *der* Film des Jahres 1999, das Erstlingswerk des Briten Sam Mendes, der bis dahin nur als Theaterregisseur gearbeitet hatte und der erste Kinostreifen, für den Alan Ball, ein Amerikaner, ein Drehbuch geschrieben hat. Nicht ohne Grund machte der Film so viel von sich reden, ist er doch ein höchst facettenreicher Film. Das wird dann deutlich, wenn man »näher hinschaut«, wie das schon viele – auch Psychoanalytiker unterschiedlichster Provenienz – getan haben (Danckwardt 2003; Deacy 2000; Hentzi 2001; Hewison 2003; Heyraud 2000, Rabin 2001; Tylim 2001). »Look closer« ist denn auch das Motto im Untertitel! So entdeckt man viele Ebenen und Aspekte, die zu betrachten sich lohnt. Im Folgenden kann nur auf einige eingegangen werden. Es wird versucht, den psychologischen Gehalt des Filmes, an der »Oberfläche« beginnend, zu erfassen. Ausgehend von der kritischen Betrachtung der amerikanischen Gesellschaft wird auf die Rolle der Medien eingegangen und die dadurch entstehenden Pseudoidentitäten. Pseudoidentitäten korrespondieren mit schwersten narzisstischen Störungen, wobei dem Nicht-gesehen-Werden und dem kompensatorischen Versuch, sich dann eben selbst zu schauen, wie dies aus der Geschichte von Narziss bekannt ist, große Bedeutung zukommt. Entsprechend spielt das Sehen, das Zeigen, die Kameraführung, das videografierte Bild im Film und der Blick durch Fenster, das Heranzoomen sowie der Blick aus dem Helikopter – gleichsam aus dem Himmel – eine zentrale Rolle. Im weiteren werden die einzelnen Charaktere und ihre Beziehungen zueinander analysiert und schließlich auf tiefere Schichten eingegangen, wie sie sich in der Symbolik des Filmes widerspiegelt und der Handlung einen überraschenden Sinn verleiht, quasi einen Weg weist, wie er von Menschen, die keinen Ausweg mehr wissen, immer wieder gewählt worden ist und gewählt wird: das Hoffen auf eine von außen kommende Erlösung, die im Religiösen verortet wird. Entsprechend hat in den USA eine starke religiöse Bewegung mit teils fundamentalistischem Charakter eingesetzt. Entwicklungsnotwendige psychologische Bearbeitungs- und Trauerprozesse werden vermieden.

2 Filminhalt

Der Film beginnt mit dem Blick auf eine eintönige amerikanische Vorstadt. Dort wohnt Familie Burnham. Lester Burnham, zentrale Figur im Film und Vater in der Familie, wird als Versager dargestellt. Das ist nicht nur seine Meinung, sondern auch die seiner Rosen züchtenden, sehr materialistisch eingestellten Ehefrau Carolyn und seiner halbwüchsigen Tochter Jane. Der 42-Jährige äußert, dass sein morgendliches Masturbieren während des Duschens Höhepunkt seines einförmigen Alltags sei. Er arbeitet als Redakteur bei einem Magazin, Carolyn ist Immobilienmaklerin und Jane besucht das College.

Bei einer Schulaufführung verliebt sich Lester in Angela Hayes, die beste Freundin seiner Tochter, die sich wie eine »Lolita« gibt und verkündet, es gebe nichts Schlimmeres im Leben, als gewöhnlich zu sein. Lester fühlt sich nun so, als habe er 20 Jahre im Koma gelegen und erwache zu neuem Leben. Er gibt seinen verhassten Job auf, erpresst seinen Arbeitgeber und beginnt, wieder Sport zu treiben. Er beginnt, Jugendträume zu verwirklichen und kauft sich einen feuerroten Spider. Gesellschaftliche Konventionen ignoriert er fortan.

Ins Nachbarhaus zieht eine neue Familie ein: Der Mann, Colonel Fitts, ein latent homosexueller Waffennarr, hatte seinen jetzt 18-jährigen Sohn Ricky vor Jahren beim Kiffen ertappt und ihn daraufhin in einer Irrenanstalt untergebracht. Nun verlangt er regelmäßig Urinproben von ihm, die er auf Drogen untersuchen lässt. Da Ricky sich bei einer Kundin unverdächtige Urinproben beschafft, ahnt sein autoritärer Vater nicht, dass er nach wie vor drogenabhängig ist und inzwischen auch dealt. Colonel Fitts glaubt vielmehr, sein Sohn habe das Geld für seine aufwändige Musik- und Videoanlage als Kellner bei Cateringfirmen verdient. Ricky verliebt sich in Jane, seine Mitschülerin und Nachbarin. Er filmt sie mit seiner Videokamera, die ihm Kontakt zum Leben verschafft und mit der er versucht, das Schöne festzuhalten, in Jane ebenso wie in einer vom Wind hochgewirbelten Plastiktüte. Mrs. Fitts wird als depressive, wenn nicht gar psychotische Frau dargestellt, die ganz in sich zurückgezogen lebt.

Lester deckt sich bei Ricky mit Drogen ein, denkt nur noch an Angela und malt sich das Zusammensein mit ihr höchst erotisch aus. Er besorgt sich einen neuen Job, einen, in dem er keine Verantwortung tragen muss: Er wird Mitarbeiter in einem Fastfood-Restaurant. Mit Parolen aus einem Motivationstraining versucht Carolyn, sich nach gescheiterten Hausbesichtigungen Mut zu machen. Schließlich lässt sie sich auf eine Affäre mit ihrem äußerst erfolgreichen Konkurrenten Buddy Kane ein, der – durch und durch Geschäftsmann – nicht nur Sex mit ihr praktiziert, sondern ihr auch klarmacht, wie herrlich Pistolenschießen sei. Sie meint, ihr Glück gefunden zu haben. Als das Paar am Autoschalter des Fastfood-Restaurants vorfährt, in dem Lester arbeitet, und dieser die Stimme seiner Frau hört, eilt er ans Fenster, und die Liebschaft fliegt auf.

Nun überschlagen sich die Ereignisse: Als Ricky ins Nachbarhaus geht, um Lester Drogennachschub zu bringen, glaubt sein Vater, der nur Bruchstücke der Begegnung beobachten kann, dass die beiden Sex miteinander haben. Im strömenden Regen sucht er Lester in dessen Garage auf und versucht, ihn auch seinerseits zu küssen. Höchst irritiert weist Lester ihn ab.

Angela und Lester kommen sich näher, doch als die »Lolita« ihm gesteht, noch Jungfrau zu sein, erkennt er, dass sie seine Tochter sein könnte und nimmt sie beschützend in seine Arme. Kurz darauf wird er vom tief beschämten Colonel Fitts erschossen. In den letzten Sekunden vor dem Tod sieht er sein Leben noch einmal wie einen Film ablaufen. Jane und Ricky finden seine Leiche. Auch Carolyn kommt nach Hause. Lester kommentiert die Geschehnisse – wie aus einer anderen Welt. Damit endet der Film.

3 Gesellschaftskritik

In *American Beauty* wird die Gesellschaft der USA in akzentuierter Weise charakterisiert und hier besonders das Leben in den uniformen Vorstädten, die uns aus so vielen amerikanischen Spielfilmen vertraut sind. Hinter perfekten Fassaden und gepflegten Vorgärten tut sich eine düstere Welt auf, fast ein Horrorszenario, gekennzeichnet von Leere, Egozentrismus, Materialismus, Beziehungslosigkeit, extremer Leistungsorientiertheit, Drogensucht, kriminellem Handeln, Faschismus und Psychopathologie in Form aufgeweichten Rollenverständnisses im Umgang der Geschlechter und Generationen, Voyeurismus, Sadismus und manifester psychischer Krankheit, wie etwa bei Rickys Mutter (Allison Janney). Alle Personen sind – zumindest auf den ersten Blick – als Verlierer dargestellt.

Die Akteure können keine Konfliktspannung aushalten, sie bemühen sich nicht um Verstehen oder Verarbeitung, können nicht trauern, sondern handeln nach dem Motto »bist du nicht für mich, dann bist du gegen mich«. Der Münchener Psychotherapeut Schmidbauer kommt zu dem Schluss, dass wir – etwa bei den Familienszenen im Wohnzimmer – Zeugen eines »kannibalischen Narzissmus« werden.

Hier wird eine kranke Gesellschaft dargestellt. Laut Interviews mit den Filmemachern ist die amerikanische dies. Denken Sie nur an Filme, die nach *American Beauty* gedreht wurden und das Dilemma noch deutlicher aufzeigen, etwa *Bowling for Columbine* (Michael Moore 2002).

Und die Realität? Ein Beispiel aus dem Erscheinungsjahr des Filmes ist da weiterführend: Am 20. April 1999 betraten in Littleton in Colorado die Schüler Eric Harris und Dylan Klebold die Columbine High School, bewaffnet mit Sturmgewehren und selbstgebastelten Bomben. Am Ende ihres blutigen Massakers hatten sie zwölf Mitschüler, einen Lehrer und sich selbst getötet. Diese Schule galt bis dahin als Musterbeispiel einer ausgezeichneten Bildungsstätte. Die umliegenden Wohnviertel waren wohlhabend und schienen vorbildlich zu sein.

Ein US-Kritiker des Filmes, Hentzi, weist darauf hin, dass die Charaktere von Carolyn (Annette Bening) und Lester (Kevin Spacey) eher typisch für die Eisenhower-Ära sind und weniger in die heutige Zeit passen. In dem Film lebe in der Figur Carolyns der »momism« wieder auf, das Bild der Frau als Westernheldin oder »geharnischte Glucke«, wie *DIE ZEIT* 2002 titelte (vgl. Bronfen 2002). Der Begriff »momism« wurde 1942 von Philip Wylie in seinem Buch *Generations of Vipers* kreiert und war fortan verbunden mit Schwäche und Versagen der amerikanischen Männer und im Gefolge davon mit einem zunehmenden Zerfall familiärer Strukturen. Ex-Marine-Colonel Fitts (Chris Cooper) versucht im Film die glorreichen Tage amerikanischer Männer zurückzuholen. Mit deutlichem Enthusiasmus sieht er sich Videos aus dem Zweiten Weltkrieg an, in denen die Stärke des amerikanischen Mannes beschworen wird, wobei – nebenbei bemerkt – Reagan die Rolle eines Soldaten spielt (vgl. Tylim 2001, S. 167). Es ist zu fragen, in wieweit die im Film dargestellte Homosexualität in Verbindung zum »momism« gebracht werden muss. Es fällt jedenfalls auf, wie glücklich das in einer Nebenrolle auftauchende homosexuelle Paar skizziert wird! Mit Blick auf das Phänomen des »momism« sei ironisch angemerkt, dass der Drehbuchautor in einem Interview angab, er habe lange Zeit mit Freunden aus der Schulzeit und einer Katze zusammengelebt, welche auf den Namen »mom« hörte! Um zu Colonel Fitts zurückzukommen, er ist, so Hentzi, als Charakter ebenfalls einer früheren Zeit zuzurechnen, nämlich jener nach dem Vietnamkrieg (vgl. Hentzi 2001, S. 47). Die dargestellten faschistoiden Aspekte freilich seien von aktueller Brisanz. Auch die beiden erwähnten Schüler aus Littleton waren Neo-Nazis.

4 Die Macht der Medien und das Problem medial vermittelter Identität in der Postmoderne

Das Mediale generiert in dem Film Wirklichkeit und Identität. Diesen Aspekt hat der Tübinger Psychoanalytiker Danckwardt in seiner Publikation eindrucksvoll herausgearbeitet. Seine Veröffentlichung trägt den Titel: *Vom Krimi zum Kultfilm: Das Mediale als Matrix der Identität oder: »Ich würde mich auch nicht an mich erinnern«*, womit er Lester zitiert (Danckwardt 2003, S. 81f.). Danckwardt kommt zu dem Schluss, dass die mediale Identität ein, wenn nicht *das* zentrale Thema des Filmes sei. Er fasst den Begriff »medial« sehr weit und meint damit nicht nur alle modernen Medien, sondern auch Kommunikationsmittel wie das Sehen, das sich über die Augen vermittelt. Der Film beginnt schon mit einer medial vermittelten, nämlich videografierten Szene.

Lesters Entwicklung wird durch eine Veränderung seines Sehens bewirkt. Es sind Angelas Augen, in denen er sich wie in einem Spiegel neu entdeckt. Auf der High-School-Veranstaltung weiten sich die Augen-Blicke für ihn zu einem Tagtraum aus, in dem die verführerische Angela Rosenblüten aus ihrem Dekolleté zu ihm hinüberschickt. Durch Musik und Drogen intensiviert sich die Aufmerksamkeit für sein neues Sich-in-der-Welt-Sehen. Dem Blick der Schauspieler, der Kameraführung und der Videokamera im Film selbst kommen größte Bedeutung zu. Diane Borden, Professorin für Literatur und Film an der Universität von Kalifornien, weist darauf hin, welch große Bedeutung der Blick durch die Fenster und jener auf den Bildschirm haben (pers. Mitteilung). In seinem Büro spiegelt sich Lester auf dem Bildschirm seines PCs, auf welchem Zahlenreihen wie ein Gitternetz erscheinen und Lester als Gefangenen seiner jahrelangen freudlosen Tätigkeit in einem Verlagshaus erscheinen lassen. Hinter dem Fenster ihres Zimmers – getrennt durch Scheiben – gibt sich Jane Ricky zu erkennen, indem sie für ihn ihre Haare löst und sich in ihrer nackten Schönheit offenbart. Der Zuschauer wird, fast wie in einer Peep-Show, zum Voyeur größter Intimität gemacht. Borden spricht von den ZEN- und KO-DAK-Momenten im Film, Begriffe, die seit den 90er Jahren in den USA in Mode sind. Es geht um plakative Augenblicke, KODAK-Momente, – etwa wenn wir Angela nackt in Rosen gebettet sehen – und um Augenblicke, wo alles sehr verdichtet in sich ruht. Das sind dann ZEN-Momente. Etwa die geschilderte Szene zwischen Jane und Ricky oder jene der vom Wind getragenen Plastiktüte oder jene, in der Lester kurz vor seinem Tode das Familienfoto voll tiefem Affekt betrachtet. Alle medialen Register werden gezogen. Was zu Beginn des Filmes noch sonnig erscheint, ist an seinem Ende in pechschwarze Nacht gehüllt, in der sintflutartige Regenmassen herunterprasseln. So wird eine bestimmte Wirklichkeit, nämlich Weltuntergangsstimmung, erzeugt.

Die Medien bestimmen aber auch Identität und Identitätswachstum. Vermittels seiner Videoaufnahmen verhilft Ricky Jane dazu, mit ihrem Aussehen einverstanden zu sein und sich anzunehmen, so wie sie ist. Ricky benutzt seine Kamera als eine »Ausweitung, Extension seines Körpers, seiner Augen und seines Herzens«, so die Interpretation des Darstellers von Ricky (Wes Bently, zit. n. Danckwardt 2003, S. 84). Die Kamera ist quasi sein einziger Freund bis er Jane begegnet. Die Videoaufnahmen im Film erzeugen eine betörende virtuelle Poesie zwischen Jane und Ricky. Und: Ricky muss nicht die schutzlose

Primärerfahrung eines leibhaftigen Kontakts zu Jane machen, auch nicht die Erfahrung, dass seine Berührungen abgewiesen werden könnten. »Die Eroberung des weiblichen Kontinents ist für ihn risikolos geworden wie in einer Filmdokumentation die Eroberung Amerikas« (Danckwardt 2003, S. 85). Für den Zuschauer freilich wird eine unwiderstehliche visuelle Liebesbeziehung komponiert. Aber hat sie eine reale Zukunft? Schließlich ist sie doch medial virtuell vermittelt. Entweder bricht mediale Identität in der Intimität zusammen oder mediale Identität verhindert die innige Intimität.

Mit den Medien wird dazu verführt, sehen zu lassen, statt selber zu sehen. Richtiges Sehenkönnen meint aber, die Szenen nicht nur anschauend und mitgerissen zu erleben, sondern auch zutreffend zu durchschauen und ihren Sinn entschlüsseln und deuten zu können. Bilder und Szenen – auch die vielen eindrucksvollen Traumbilder im Film – führen den Schauenden auf eine unbewusste, vorsprachliche Entwicklungsstufe zurück. Im Gegensatz zum Lesen haben wir viel weniger gelernt, Bilder und Szenen zu entschlüsseln und sinnhaft zu deuten. Ein Beispiel dieses »visuellen oder medialen Analphabetismus«, wie Danckwardt das nennt, bietet Colonel Fitts (Danckwardt 2003, S. 85). Dieser Analphabetismus bedingt letztendlich die Tragik des Filmes: Weil er die Begegnung seines Sohnes mit Lester verkennt, kommt er zu Tode. Fitts kann das, was er beobachtet, nicht angemessen deuten, sondern nur seine abgewehrte Homosexualität in die Begegnung projizieren. Im Gefolge nähert er sich in einer Situation extremer psychischer Labilisierung Lester homosexuell, wird abgewiesen, fühlt sich zutiefst beschämt und verlässt den Ort des Geschehens im wörtlichsten Sinne wie ein begossener Pudel. Im Affekt versucht er, die beschämende Situation ungeschehen zu machen, indem er den Zeugen des Ganzen, den einzigen, der fortan um seine homosexuelle Neigung weiß, den einzigen, dem er die von ihm erlebte extreme Schwäche im vollen Umfang offenbart hat, nämlich Lester, tötet.

Zwischen den beiden medial bestimmten Polen »Nichts ist, was es scheint« und »Sehen heißt glauben« oszilliert die medial determinierte Identität der Protagonisten des Films. Das nichtssagende »Beauty« im Filmtitel ebenso wie das klischeehafte Filmplakat, das eine Hand und eine rote Rose auf dem entblößten Bauch eines x-beliebigen Teenagers zeigt, weisen auf die Schlüsselbedeutung des Medialen als Matrix von Identität hin, letztlich von Scheinidentität. »Beauty« heißt die von Lesters Frau im Vorgarten kultivierte

Rose. »Beauty« hat eine Beziehung zum amerikanischen Traum, zu Angela als scheinbar perfekter amerikanischer Schönheit, zu Carolyn, die – wie viele Menschen – glaubt, wenn man das richtige Auto und das richtige Haus, das richtige Sofa und die richtigen Rosen hat und wenn man sich einfach nur das Richtige einredet, dann wird alles im Leben einfach richtig werden, das ergibt dann ein Gefühl von Identität. Der Film bringt diesen Aspekt unseres modernen Lebens nicht in gesprochene Sprache, sondern sozusagen ins laufende Bild (Danckwardt 2003, S. 86).

Medial vermittelte Identität bekommen wir heute in TV-Sendungen wie »Deutschland sucht den Superstar« oder »Bachelor« oder demnächst »Bachelorette« – eine Kandidatin sucht sich aus 25 Kandidaten bei laufender Kamera ihren Mann aus – permanent vor Augen geführt.

5 Psychodynamik der Akteure

Gezeigt wird der Umgang der jugendlichen und der erwachsenen Akteure mit Schwellensituationen in ihrem Leben. Dies ist deshalb ein bedeutsamer Punkt, da jeder der Zuschauer entweder die erste Schwelle schon genommen hat und noch vor der zweiten steht oder aber auch diese schon mehr oder weniger gut gemeistert hat. Alle Zuschauer sind also angesprochen und können sich in der einen oder anderen Weise mit den Protagonisten identifizieren oder auseinander setzen.

Am bedürftigsten erscheint Angela (Mena Suvari), die vaterlos aufgewachsen ist und sich über ihr Auto – ein Stück »autos« –, die Freundschaft mit Jane (Thora Birch) und ihr extrem sexualisiertes Verhalten zu stabilisieren versucht. Von ihrer Peergroup erhofft sie sich Anerkennung durch das Angeben mit ihren erfundenen Männeraffairen, die ihre Attraktivität beweisen sollen. In ihrer Hinwendung zu einer Vaterfigur, dem Vater ihrer Freundin Angela, also zu Lester, sucht sie verzweifelt danach, anerkannt und gesehen zu werden. Diese Hoffnung wird durch Lester eifrig genährt. Im Gegensatz zu Angela scheint sie zu einer Beziehung mit einem Jungen nicht – oder noch nicht – fähig zu sein. Die ödipale Komponente in ihrem Lolita-Verhalten ist unverkennbar. Von einer Vaterfigur erhofft sie sich in konkretistischer Weise die Erlösung aus ihrem skizzierten psychischen Dilemma. Die Konstellation der jugendlichen Angela mit dem alternden Lester erinnert an mythologische Figuren wie die der jungen Viviane und des alten Zauberers Merlin (Kast 1984, S. 103f.). Der Drehbuchautor hat diesem blonden Engel den Namen Angela Hayes gegeben. Aber dieser Engel ist kein reiner Engel, sondern – fast identisch klingend, etwas umformuliert – »angel haze«, frei übersetzt, ein »Engel, der piesackt«.

Kontrapunktisch dazu die dunkelhaarige Jane, die madonnenhafte Züge trägt und trotz ihres gestörten Elternhauses sicher die Normalste im ganzen Film ist. Ihre Beschäftigung mit ihrem sich verändernden Körper ist für ihr Lebensalter ebenso typisch und angemessen wie ihr ganzes Verhalten. Ich werde später noch mehr zu dieser zentralen Figur des Films sagen.

Ricky ist durch großes familiäres Leid gegangen, aufgewachsen bei einer in sich versunkenen, depressiven Mutter und einem sadistischen, latent homosexuellen Vater, der noch ganz in seiner Militärzeit lebt. Ricky wird im Film als abgeklärt und geläutert dargestellt. Er zeigt omnipotente Züge, holt sich mit seiner Videokamera das Leben heran, ohne es selbst zu leben; er dringt mit seiner Kamera ein und sammelt die Videobänder. Er lässt sich nicht vom Fernsehen berieseln, sondern hat sich seine eigene Filmwelt geschaffen, die für ihn jederzeit abrufbar ist. Die Kassetten sind im Regal meterweise fein säuberlich geordnet. Er erscheint autark, lebt sein Leben – trotz aller widrigen Umstände zu Hause, denen er sich klaglos unterwirft. Diese Omnipotenz hat gottähnliche Züge. Er glaubt, Herr über Leben und Tod zu sein und willigt ohne Zögern ein, Lester auf Janes Geheiß zu töten. Er äußert, keine Furcht zu kennen. Seine Videos erzählen von seiner tiefen Traurigkeit und vom Tod, in dem er Schönheit entdeckt. Tod kann aber nur dann Schönheit bedeuten, wenn man ihn als Erlösung erlebt und von einem besseren Leben nach dem Tod beseelt ist ... Mit seinen Größenfantasien wehrt Ricky das unendliche Leid seines Elternhauses, das er natürlich auch internalisiert hat, ab. Im Grunde ist er ein schwer Abhängiger, ein krimineller Dealer, der auf Kosten anderer Drogenabhängiger lebt. Also auch er eine tragische Gestalt. Erst durch die Beziehung mit Jane wird er aus seiner erstarrten Welt gerissen und schafft den Absprung aus seinem von Sadismus, Resignation und Unlebendigkeit geprägten Elternhaus.

Lester ist die Hauptfigur des Films, der Ich-Erzähler, 42 Jahre alt und – wie er sagt – eigentlich »seit 20 Jahren tot«. Ein von Beruf und Ehe völlig Frustrierter, der seine Zuflucht im Zynismus gefunden hat. Seine adoleszente Tochter Jane ist dabei, sich abzulösen, seine Frau versucht, beruflich Karriere zu machen. Er altert vor sich hin, fühlt sich leer und allein: Midlife-Crisis – »Empty-nest«-Syndrom (Piegler 1998, S. 18f.). Die Begegnung mit der attraktiven Angela beflügelt seine Fantasie und verändert sein Leben. In der Partizipation an ihrer jugendlichen Lebendigkeit sieht er eine Chance, seinem Absterben entfliehen zu können. Als erstes befreit er sich von seiner Arbeit, die er wie eine Knechtschaft erlebt hat und dann von dem Joch seiner Ehe mit Carolyn. Wie für schwerste Krisen typisch, regrediert er und beginnt sich Jugendträume zu erfüllen, gibt Verantwortung ab und versucht, »sein« Leben neu zu gestalten. Der Bruch mit Carolyn wird manifest. Wie immer im Leben liegt in jeder Krise auch eine Chance. So auch hier. Die Partner verändern sich und auf einer neuen Ebene ergibt sich die Chance einer reiferen Begegnung. Sie endet auf dem Sofa, als Carolyn von ihrer narzisstisch geprägten, materialistischen Lebenseinstellung eingeholt wird und die beiden über die Bedeutung des teuren Sofas in Streit geraten. Eine Chance ist vertan. Am Ende des Filmes kommt es zu einem weiteren Reifungsschritt Lesters, als er die Chance hat, im Wohnzimmer mit Angela zu schlafen. Im letzen Moment erkennt er, dass sie seine Tochter sein könnte, respektiert die Generationenschranke und realisiert, dass es ihr letztlich nicht um Sex geht – sie ist noch Jungfrau. In der Küche, der Stätte der Oralität, versorgt er sie in angemessener Weise und – vielleicht zum ersten Mal – fühlt sie sich ganz verstanden und angenommen – wie von einem Vater, den sie nie hatte ... Lester geht es nicht anders. Wie lange hat niemand mehr danach gefragt, wie es ihm gehe. Er fühlt sich ebenfalls verstanden – ein gelungenes affektives Match, wie die Selbstpsychologen sagen würden, das beiden Weiterentwicklung ermöglicht. Er fragt Angela nach seiner Tochter, gewinnt Interesse an seiner Familie zurück und betrachtet versonnen ein Familienfoto aus besseren Tagen, ehe der Tod ihn ereilt. Es scheint so, als hätte er, durch die Begegnung mit Angela ausgelöst, einen Reifungsschritt gemacht, der letzten Endes in der Besinnung auf sich und seine Rolle in der Familie, im Akzeptieren seines Alterns und im Verzicht, also dem Erreichen der depressiven Position besteht.

Carolyn ist im Film das Klischee einer Frau, die selbst ohne sichere Bindung aufgewachsen zu sein scheint und sich über Materielles und beruflichen Erfolg stabilisieren muss, wobei sie dabei alle Register zieht. Im Film ist sie als kastrierende Ehefrau dargestellt, selbst von einem überstrengen Über-Ich geknechtet, das so weit reicht, dass sie sich selbst schlägt, als ein Immobilienverkauf scheitert. Auf sehr äußerliche und oberflächliche Weise versucht sie, ihren durch die Midlife-Situation zusätzlich labilisierten Selbstwert zu stabilisieren. Im Moment des Verlustes von Lester wird ihre innere Bedürftigkeit sichtbar. Sie sinkt, seine Wäsche umschlingend als wäre er es selbst, zu Boden. Ist damit auch für sie die depressive Position erreicht? Im Film bleibt es offen.

Auch die Nachbarn, Colonel Fitts und seine Frau sind in der Schwellensituation des mittleren Lebensalters. Er trauert der Zeit in der Armee nach und ist permanent mit seinen abgewehrten Lebensthemen, Homosexualität und Schwäche, beschäftigt. Er bekämpft beide, bei seinem Sohn ebenso wie in seiner Umwelt. Durch Waffensammlung und Naziembleme versucht er, sich seine Stärke zu beweisen. Er verschiebt und verleugnet so seine eigenen Probleme, nur ist das keine Lösung. Als das familiäre Gleichgewicht durch den Rausschmiss seines Sohnes aus den Fugen gerät, bricht seine Abwehr zusammen und er gibt seiner homosexuellen Neigung nach. Die Abweisung, die er erfährt, bestärkt sein Vorurteil und er fühlt sich so tief beschämt und gedemütigt, dass er glaubt, seine Stärke nur noch durch die Tötung Lesters wiedergewinnen zu können. Indem er tötet, vertut er seine Entwicklungschance.

6 Religiöse Parabel

Im Folgenden gehe ich anhand von im Film verwendeten Symbolen der Aussage des Films nach. Roten Rosen begegnet man im Film auf Schritt und Tritt, erstmalig, als Carolyn beim Rosenschneiden gezeigt wird – damit wird gleichzeitig in ihr Kastrationsthema eingeführt –, dann in Form eines prächtigen Straußes auf dem Esstisch, als Carolyn, Lester und Jane bei dezenter Musik speisen, im Haus, das Carolyn vergeblich an den Mann zu bringen versucht und natürlich in Lesters Träumen von Angela. Ein Strauß roter Rosen steht auf dem Couchtisch, als die Ehepartner versuchen, einander wieder näherzukommen und sie finden sich erneut auf dem Fensterbrett, als sich am Ende des Filmes alles dramatisch zuspitzt. So viele rote Rosen müssen eine Bedeutung haben. Der Drehbuchautor Alan Ball meint dazu, er hätte die Rosen nur als farbenprächtiges Symbol von »Beauty«, also als Ausdruck von Schönheit eingesetzt, icher auch als Symbol der Liebe, des Eros. Dabei spart der Regisseur in dieser Hinsicht nicht mit Rosenblättern. Ist das alles? Haben die Rosen wirklich keine weiterreichende Bedeutung? Alle Rosen sind blutrot. Kommt dementsprechend nicht auch dieser Farbe eine zentrale Bedeutung zu, bis hin zu Lesters ästhetisch wirkendem rosenrotem Blut, das sich zum Schluss über den Tisch ergossen hat?

C. G. Jung hat seine Untersuchung der wechselseitigen Übertragungsbeziehung zwischen Psychoanalytiker und Patient nicht auf dem Boden eines zeitgenössischen Behandlungsfalles gemacht, sondern stattdessen eine Analyse eines alchemistischen Textes aus dem 15. Jahrhundert vorgenommen, dem *Rosarium Philosophorum*. Die Rose wird dort von den Alchemisten als Symbol der Veränderung betrachtet, da ihre überlappenden Blütenblätter ihr eine umhüllende und verschlossene Natur verleihen. So symbolisiert sie einen Behälter, in dem sich die heilige Hochzeit vollzieht, die zur Transformation führt. C. G. Jung sieht in der Rose also ein starkes archaisches Symbol, das enthüllt, wie sehr die Seelen-Imago, also die Anima, die bewusste Haltung affiziert. Dem Symbol der Rose begegnet man im frühen Mittelalter auch in der Litanei von Loreto als »Rosa Mystica« und in zahlreichen anderen frühen christlichen Texten als Repräsentation der Jungfrau Maria, die ihrerseits ja ein mächtiges Anima-Symbol verkörpert (Jung 1982).

Am Ende des Filmes schwenkt die Kamera über rote Rosen – vielleicht als Ausdruck von Lesters Erleuchtung im Moment, als er Angela verführen wollte – und zeigt dann dessen rosenrotes Blut an der weißen Wand. Vielleicht können wir das als eine Symboltransformation verstehen, die Lesters Wandlung begleitet. Zuletzt wird uns die rosenrote Blutlache auf dem Tisch gezeigt. Die Transformation ist somit in einer Erlösung zum Abschluss gekommen und seine Seele befreit. Die Mimik des Toten ist entspannt, fast lächelnd. Seine Stimme sagt: »Ich kann nichts empfinden außer Dankbarkeit für mein dummes kleines Leben.« Und er fügt hinzu: »Eines Tages verstehen sie es.« Wirklich? David Hewison, ein britischer Psychoanalytiker, ist mit Blick auf das Ende des Filmes weniger optimistisch. Auch er ist der Meinung, dass der Gebrauch des Symbols der Rose im Film Veränderungen in Lester anzeige und vielleicht auch in anderen Akteuren, aber das grausame Ende des Filmes vereitele eine endgültige Stellungnahme im Hinblick auf Entwicklung und Veränderung. Lesters Stimme am Ende des Filmes verherrliche die überschäumende Schönheit der Welt, erscheine dabei aber wie eine maniforme Überkompensation des tatsächlichen Horrors. In Anspielung auf ein altenglisches Gedicht betitelt Hewison seine Arbeit: »›Oh Rose, thou art sick!‹ Anti-Individuation im Film ›American Beauty‹« (Hewison 2003, S. 700f.). Ist also doch alles auf pubertärem Niveau stehen geblieben?

Noch weitere im Film verwendete Symbolik verhilft uns zu weiter reichendem Verständnis des Ganzen. Jane wirkt, wie ausgeführt, im Gegensatz zu Angela geradezu madonnenhaft. Am elterlichen Esstisch, eingerahmt von Kerzen hinter einem Strauß roter Rosen, wird sie zur Marienfigur ikonisiert. Solche religiösen Assoziationen werden noch befördert durch das Symbol der weißen Taube, die Ricky filmt, kurz bevor er und Jane sich ihrer Verliebtheit bewusst werden und beschließen, zusammen zu gehen. In dem Symbol der weißen Taube steckt nicht nur – da tot – ein Bild vom Verlust der Unschuld, sondern auch ein uns geläufiges christliches Symbol. Die beiden jungen Menschen erscheinen einerseits wie Bruder und Schwester, die beschließen, dem Gefängnis ihrer Elternhäuser gemeinsam zu entrinnen, und andererseits wie Hoffnungsträger, die am Ende des Filmes ohne jedes Zögern beschließen, sich gemeinsam auf den Weg zu machen. Assoziationen zu den beiden lassen entfernt an Shulamit und Salomo denken, jenes Paar, von dem das Hohe Lied Salomos im Alten Testament kündet (Kast 1984, S. 148f.). Auch da ist von Bruder und Schwester die Rede und die Liebesgeschichte von Jane und Ricky wird mit ähnlicher, unendlicher Zärtlichkeit gezeichnet, wie wir sie aus dem biblischen Text kennen. Ihre Begegnung ist frei von jener Art Sexualisierung und Lüsternheit, mit der Angela verführt. »Willst Du mal das Schönste sehen, was ich je gefilmt habe?« So leitet Ricky das erste Rendezvous der beiden in seinem Zimmer ein. Ergriffen betrachten sie gemeinsam ein Video, das Ricky zu Beginn des Winters aufgenommen hat und das er feinfühlig kommentiert. Während die Plastiktüte vom Wind getragen und hoch gewirbelt wird, sucht Janes Hand die des Jungen und ihre Münder verschmelzen ...

Die Plastiktütenszene weckt – gerade im vorgetragenen filmischen Kontext und vor dem dargestellten katastrophalen gesellschaftlichen Hintergrund, dem im übertragenen Sinne die potthässliche Ziegelwand hinter der scheinbar schwerelos in der Luft tanzenden Tüte entspricht – religiöse Assoziationen. Zweifellos ist die Plastiktütenszene ein Bild von Erlösung. Das absolut Wertlose, Tote, Ausrangierte wird hier in absoluter Schönheit zum Leben erweckt. Alan Ball selbst hat dazu in einem Interview gesagt, dass es eine Erfahrung gewesen sei, die er selbst gemacht hätte: »[...] ein Moment in meinen Leben, der unerwartet, bizarr und unerklärlich bedeutungsvoll war« (A. Ball, zit. n. Interview mit WrittenBy, Online Magazine 2000). Das angedeutete Erlebnis war eine der zentralen Erfahrungen, die ihn zum Schreiben des Drehbuchs veranlassten. Mit diesem Stück Information gewinnen wir Einblick in die Absicht, die Alan Ball möglicherweise mit seinem Drehbuch verfolgte und können seine Gestaltung der zentralen männlichen Charaktere noch besser nachvollziehen. Was Ricky über die Plastiktütenszene äußert, scheint Alan Balls eigene Überzeugung zu sein: »An dem Tag ist mir klar geworden, dass hinter allen Dingen Leben steckt und diese unglaublich gütige Kraft, die mich wissen lassen wollte, dass es keinen Grund gibt, Angst zu haben – nie wieder. [...] Es gibt manchmal soviel Schönheit auf der Welt, dass ich sie fast nicht ertragen kann.«

Alan Ball macht auch klar, dass es einen Unterschied gibt zwischen »vergänglicher Schönheit«, die von der American Beauty Angela Hayes verkörpert wird und einer viel tieferen »ätherisch-spirituellen Schönheit«, wie sie von Ricky und zuletzt auch von Lester gesehen wird. Aus C. G. Jungs Diskussion über die Persönlichkeit ist bekannt, dass solche mystischen Erfahrungen bei Erwachsenen mittleren Alters nicht selten sind und zwar bei solchen, die begonnen haben, die unterdrückten Elemente ihrer Seele, ihre in den Schatten verbannten Seiten, ins Bewusstsein zu heben. Beim Introvertierten können wir dies als wachsendes Gefühl für das Mystische beobachten, auch für die fremden und rätselhaften Seiten des Lebens, die oft verbunden sind mit Gott oder einem höheren Wesen als archetypischer Repräsentation des Selbst. Wenn letzteres für Alan Ball zutrifft, und es das ist, was er letztendlich im Film zu vermitteln versucht, dann bestätigt dies das Bild von der charakterlichen Entwicklung Lesters, wie ich sie skizziert habe. Und der Kreis schließt sich, wenn wir an den Untertitel des Filmes denken, der als programmatisches Poster auf Lesters Schreibtisch zu sehen war: »Look closer«, »Sieh genau hin« – dann nämlich werden Sie wie Lester und Ricky »die Schönheit hinter den Dingen« erkennen können, wenn nicht jetzt, dann eben eines Tages! Alan Balls Art der Gestaltung seiner Botschaft ist in einem Punkt allerdings kitschig wie ein Postkartensonnenuntergang: das polarisierende Klischee, dass der Gute, Lester, (im wörtlichsten Sinne) im Himmel überlebt, von wo aus er den Film prä- und postkommentiert, während der Böse, also Colonel Fitts, (salopp ausgedrückt) in die Hölle verbannt scheint.

Versteht man den Film als Widerspiegelung der realen amerikanischen Gesellschaft, dann bleibt Erschütterung zurück über die offensichtlich kollektive Unfähigkeit dieser Gesellschaft, ihre immanenten Probleme zu bearbeiten. Stattdessen wird Zuflucht in der Religion gesucht, der Feind – projektiv – außen geortet, von Präsident Bush »zum Kreuzzug gegen das Böse« aufgerufen und im wahrsten Sinne des Wortes nach den Sternen gegriffen. Mit Bezug auf Religion ist zu ergänzen, dass mittlerweile 95 Prozent der Amerikaner an Gott glauben, 90 Prozent täglich beten, und 41 Prozent jeden Sonntag in die Kirche gehen (vgl. Prätorius 2003).

7 Zusammenfassung

Ausgehend von der im Film *American Beauty* dargestellten schwierigen sozialen Situation in Amerikas Vorstädten wird das Mediale in der postmodernen Gesellschaft mit seinen Auswirkungen in Bezug auf narzisstische Entwicklungen unter die Lupe genommen und dann die Akteure und deren Handeln unter psychodynamischen Aspekten betrachtet. Nimmt man die Symbolik des Filmes hinzu, dann zeigt sich, dass die Kernaussage des Filmes die ist, dass eine Bearbeitung der gestörten Entwicklungsbedingungen und interpersonellen Probleme und ihres Zusammenwirkens für die Akteure nicht möglich erscheint und die Hoffnung auf Erlösung aus den schwierigen Verhältnissen im Transzendenten gesucht wird. Entwicklungsnotwendige psychologische Verarbeitungs- und Trauerprozesse werden vermieden.

Literatur

Bronfen, E. (2002): Geharnischte Glucken – Im Hollywood-Kino blasen die Müttermonster zum Angriff. DIE ZEIT 16, 49.
Danckwardt, J. F. (2003): Vom Krimi zum Kultfilm: Das Mediale als Matrix der Identität oder: »Ich würde mich auch nicht an mich erinnern«. Psychoanalyse im Widerspruch 16, 81–87.
Deacy, C. (2002): Integration and Rebirth through Confrontation: Fight Club and American Beauty as Contemporary Religious Parables. Journal of Contemporary Religion 17, 61–74.
Hentzi, G. (2001): American Beauty. Film Quarterly 54, 46–50.

Hewison, D. (2003): »Oh Rose, thou art sick!« – Anti-individuation forces in the film American Beauty. Journal of Analytical Psychology 48, 683–704.
Heyraud, J. (2000): American Beauty directed by Sam Mendes. Psychological Perspectives 40, 144–148.
Jung, C. G. (1982): The worship of woman and the worship of the soul. In: Aspects of the Feminine. Trans. by R. F. C. Hull. Princeton, New Jersey (Princeton/Bollingen Paperbacks).
Kast, V. (1984): Paare – Beziehungsphantasien oder wie Götter sich in Menschen spiegeln. Stuttgart (Kreuz).
Piegler, M. (1998): Einstellung des Mannes zur Menopause sowie deren Zusammenhang mit dem klimakterischen Erleben seiner Partnerin. Dipl.-Arbeit. Universität Hamburg.
Prätorius, R. (2003): In God We Trust. Religion und Politik in den U.S.A.. München (Beck).
Rabin, K. (2001): American Beauty??? Journal of Family Social Work 6, 97–99.
Tylim, I. (2001): Desire is a bed of roses. Psychoanalytic Psychology 18, 165–170.

Fight Club
(Regie: David Fincher; USA, 1999)

»Jedenfalls ist Rache und Kampf ein seit Jahrtausenden bewährtes Antidot gegenüber der niedergeschlagenen und hoffnungslosen Stimmung des [...] Trauerprozesses. Nicht Tränen, sondern Blut soll fließen, lautet Platons Nachruf auf Orpheus.«

E. Haas

»Seit 1980 stieg [in Deutschland; T. P.] die Anzahl der männlichen Straftäter um über 300 Prozent, die der weiblichen fiel um 1,4 Prozent.«

A. Rühle

1 Einleitung

Der Regisseur des Filmes, David Fincher, gehört nicht zu den kommerziell erfolgreichsten, wohl aber zu den wichtigsten Regisseuren der 1990er Jahre. Bereits vor seiner Tätigkeit als Filmregisseur hat er zahllose, teils stilbildende Musikvideos kreiert, wodurch er zu einem der bedeutendsten Musikvideoregisseure des 20. Jahrhunderts wurde. Seine seit Anfang der 1990er Jahre gedrehten Spielfilme gehörten zu den meistdiskutierten jener Zeit.[1] Er war es auch, der beschleunigte Bildfolgen und fragmentierte Erzählweisen im Kino etablierte.

Auf ausdrücklichen Wunsch Finchers verzichteten die Produzenten bei der Verfilmung von Chuck Palahniuks 1996 erschienenem Erstlingsroman *Fight Club* auf die sonst vor Produktionen übliche Marktforschung. Als sie nach zweijähriger Produktionszeit den fertigen Film erstmals zu sehen bekamen, erkannten sie, warum Fincher darauf bestanden hatte. Sie waren vom Ergebnis angewidert und schockiert, zugleich aber auch sehr angetan. »Noch nie zuvor hatten sie in den eigenen Vorführräumen einen solch abstoßenden, aber doch tief bewegenden Film gesehen« (Blothner 2003, S. 32). Fast zeitgleich mit der Fertigstellung des Filmes geschah das Attentat auf die High School in Littleton. Das veranlasste die Produktionsfirma, den Start des Filmes um zwei Monate hinauszuschieben. Es bestand die Befürchtung, der Film könne weitere Gewalttaten provozieren. Als er dann in die Kinos kam, waren die Reaktionen der Zuschauer und die Filmkritiken höchst unterschiedlich. Der bekannte amerikanische Filmkritiker Roger Ebert übte in den *Chicago Sun-Times* schärfste Kritik. *Fight Club* sei der unverhohlenste und vergnügteste faschistische Big-Star-Film seit *Death Wish* (Ein Mann sieht rot [Regie: Michael Winner, 1974]), ein Fest der Gewalt, bei dem sich die Helden selbst eine Lizenz zum Trinken, Rauchen, Einbrechen und zum gegenseitigen Prügeln erteilten. *Fight Club* sei ein prickelnder Ritt, der sich als Philosophie tarne – ein Ritt, auf dem einige Leute kotzen und andere es nicht abwarten könnten, wieder aufzusitzen. Während der Film in den Kinos nicht sonderlich erfolgreich war, wurde die DVD-Fassung zum Publikumsmagneten. Heute gilt der Film als ein vielschichtiges Kunstwerk, das »zu den besten Filmen aller Zeiten gezählt wird« (Ziob 2005, S. 361).

Ein makabrer Nachklang ist der 11. September 2001. Damals gab es Kommentare, die lauteten: »Wie im Film ...«, und tatsächlich waren die Ereignisse kinematografisch bereits antizipiert. *Fight Club* ist nur einer dieser Filme. In seiner Schlussszene stürzt infolge terroristischer Aktivität der gesamte Financial District in ungeheuerlichen Explosionen in sich zusammen. Was übrig blieb, erhielt schon damals den Namen »Ground Zero« ...

2 Filminhalt

Unterlegt mit jäh hereinbrechender lauter, fetziger Rock-Musik nimmt die Kamera den Zuschauer mit auf eine rasante Fahrt durch ein Gehirn – das des Protagonisten, wie sich später herausstellt –, verschiedene Hirnstrukturen werden passiert, am Angstzentrum geht es vorbei und entlang an Nervenbahnen, wo elektrische Impulse aufblitzen, die höchste Hirnaktivität signalisieren. Die Kamerafahrt endet im Mund des Protagonisten, in dem der Lauf einer Pistole steckt, Angstschweiß rinnt dem Protagonisten über das Gesicht. Nach diesem Vorspann beginnt der Protagonist den Zuschauer aus dem Off mit ruhiger Stimme in die Handlung einzuführen. Der namenlose Protagonist entpuppt sich als Durchschnittsbürger, der seinen Lebensunterhalt als Rückrufkoordinator (Edward Norton) eines großen Autoherstellers verdient. Mit dem Einrichten seiner Wohnung gemäß Katalogvorschlag beschäftigt, scheint er anfangs noch mit seinem an Werbung und Konsum orientierten Leben einigermaßen zurechtzukommen. Im Laufe der Zeit gewahrt er aber mehr und mehr, dass es ihm im Grunde alles andere als gut geht. Schlaflosigkeit quält ihn. Er sucht einen Arzt auf und landet schließlich in einer Selbsthilfegruppe für Hodenkrebskranke. Schon nach kurzer Zeit wird er süchtig nach Selbsthilfegruppen, in denen er sich mit falschem Namen vorstellt und die entsprechenden Krankheiten simuliert. In einer dieser Gruppen lernt er Marla Singer (Helena Bonham Carter) kennen, die es ihm gleich tut. Diese Frau bringt ihn aus dem Gleichgewicht. Erneut stellt sich Schlaflosigkeit ein.

Das Zusammentreffen mit Tyler Durden (Brad Pitt), einem ebenso selbstbewussten wie dubiosen Seifenhändler, verändert sein Leben. Später erfährt der Zuschauer, dass Tyler die Rückstände abgesaugten Fetts aus »Schönheitskliniken« zur Herstellung seiner Seife benutzt, die er an noble Parfümerien verkauft. Als die Eigentumswohnung des Protagonisten bei einer Explosion zerstört wird, wendet er sich an Tyler. Der bietet ihm einen Schlafplatz in einem heruntergekommenen Haus an. Als Gegenleistung verlangt er allerdings einen Gefallen von ihm, er solle ihn schlagen, so hart er nur kann. Der folgende Kampf auf einem Parkplatz zieht weitere mit dem Leben unzufriedene Männer an. Der erste Fight Club ist geschaffen, eine rasch um sich greifende neue Form von Selbsthilfegruppe für Männer. Nach einiger Zeit begegnet der Protagonist Marla wieder, die ihn in den krankheitsbezogenen Selbsthilfegruppen vermisst hat. Als er sie wiederum zurückweist, nimmt sie eine Affäre mit seinem Freund Tyler auf, die von brutalem Sex bestimmt ist.

Tyler beginnt aus den Fight Clubs Männer für sein »Projekt Chaos« (Project Mayhem) zu rekrutieren: Er baut eine straff durchorganisierte Armee namenloser und willenlos ergebener Männer auf, die Angriffe auf öffentliche Einrichtungen sorgfältig planen und ausführen. Allmählich entgleitet dem Protagonisten die Kontrolle, während Tyler seinen Plan zielstrebig verwirklicht, die Zentralen sämtlicher Kreditkartenunternehmen in die Luft zu sprengen, um das Finanzwesen kollabieren zu lassen und so jedem Mensch die Chance zu geben, noch einmal »von Null« anzufangen. Das Projekt Chaos hat dafür seine Leute als Hausmeister in die Zielgebäude eingeschleust und Teile der Polizei unterwandert. Der Film spitzt sich zu, als der Protagonist nach dem Tod eines ihm sehr nahe stehenden Kämpfers zu der Erkenntnis kommt, dass Tyler Durden ein Teil seiner selbst ist. Fortan versucht er verzweifelt das drohende Unheil, das er selbst mit angezettelt hat, abzuwenden. Aber Tyler hat sein Vorhaben perfekt umgesetzt und ist ihm, wohin er auch kommt, immer einen Schritt voraus. Schließlich kommt es zum finalen Kampf zwischen dem Protagonisten und seinem anderen »Ich«: Der Protagonist schießt sich selbst in den Mund, um sich und damit Tyler zu töten. Damit schließt sich der Kreis zur ersten Szene des Films, in der man den von Angst gezeichneten Protagonisten mit einer Pistole im Mund gesehen hatte. Er überlebt mit einem blutenden Wangendurchschuss und seine zweite Persönlichkeit, Tyler Durden, verschwindet. Marla, die zwischenzeitlich den Protagonisten verlassen wollte, wird von Tylers Leuten zu ihm gebracht. Rasch begreift sie das Dilemma. Es ist Nacht geworden. In der letzten Einstellung des Filmes haben der Protagonist und Marla ein Panorama von beleuchteten Wolkenkratzern – unter ihnen Zwillingstürme – vor Augen. Eine Serie von Explosionen lässt einen nach dem anderen in sich zusammenkrachen. Für Bruchteile einer Sekunde sieht man ein eingeblendetes entblößtes männliches Glied. Damit endet der verstörende Film.

3 Gesellschaftliche Aspekte

Die rasanten Bildfolgen des Filmes spiegeln gleichsam die Geschwindigkeit gesellschaftlichen Wandels in Moderne und Postmoderne wider, der längst alle Kontinente erfasst hat und in Metropolen wie Shanghai momentan am schnellsten voranschreitet. Der manifeste Inhalt des Filmes konfrontiert mit dieser Übergangssituation und zeigt ihre Auswirkungen auf menschliche, im Film ganz pointiert, auf männliche Identität. Habermas hat das 1998 so zusammengefasst:

> »Die Ausweitung von Netzwerken des Waren-, Geld-, Personen- und Nachrichtenverkehrs fördert eine Mobilität, von der eine sprengende Kraft ausgeht. […]

Die Desintegration Halt gebender, im Rückblick autoritärer Abhängigkeiten[2], die Freisetzung aus gleichermaßen orientierenden und schützenden wie präjudizierenden und gefangennehmenden Verhältnissen, kurzum, die Entbindung aus einer stärker integrierten Lebenswelt entlässt die Einzelnen in die Ambivalenz wachsender Optionsspielräume« (Habermas 1998, S. 126f.).

Nicht alle vermögen die Spielräume zu nutzen, viele schlittern in eine Krise, so wie die Männer im Film, die in einer solchermaßen modernen Gesellschaft ihre männliche Identität gefährdet sehen (vgl. DER SPIEGEL 2/2008: »Männer: Die gefährlichste Spezies der Welt«). Mit den geforderten multiplen Identitäten, einmal als abhängiger Angestellter mit einer bestimmten Tätigkeit bei dieser, dann mit einer anderen Aufgabe bei jener Firma, Konsument, Privatmann, eventuell auch noch als Partner und Familienvater, zumindest aber als männliches Wesen in einer zunehmend von emanzipierten Frauen mitbestimmten beruflichen und privaten Welt (vgl. Serie in DER SPIEGEL, Heft 24 bis 27 (2007): »Die Alpha-Mädchen« oder D. Kindlons Buch (2007) *Alpha Girls*) drohen sie ihre Orientierung zu verlieren. Zunehmende Singularisierung, d. h. Verlust an haltgebender Bindung, verschärft das Szenario noch. Bestand um 1900 ein Haushalt hierzulande durchschnittlich noch aus 4,5 Personen, sind wir heute bereits bei 2,2 Personen und 38 Prozent in Single-Haushalten lebenden Menschen angelangt. Für Fachleute ist kein Ende dieser Entwicklung in Sicht. Individualisierung, Pluralisierung – damit ist die Vielzahl heute möglicher Lebensformen gemeint –, Flexibilität und Mobilität sind Charakteristika postmoderner Gesellschaften. Wenn sie ein funktionstüchtiges System sein will, erfordert und kreiert eine solche »Netzwerkgesellschaft« Menschen mit hoher Flexibilität, die sich nach Sennet auszeichnen müssen durch ein »nachgiebiges Ich, eine Collage von Fragmenten, die sich ständig wandelt, sich immer neuen Erfahrungen öffnet – das sind die psychologischen Bedingungen, die der kurzfristigen, ungesicherten Arbeitserfahrung[3], flexiblen Institutionen, ständigen Risiken entsprechen« (Sennet 1998, S. 182). Nach Gergen (2000) bewirkt diese ständige Fragmentierung von Erfahrungen eine »multiphrene Situation« als Normalphänomen. Keupp (2002, S. 14) führt dazu aus:

»Die wachsende Komplexität von Lebensverhältnissen führt zu einer Fülle von Erlebnis- und Erfahrungsbezügen, die sich aber in kein Gesamtbild mehr fügen.

Diese Erfahrungssplitter sind wie Teile eines zerbrochenen Hohlspiegels. Wir haben meist keine andere Chance, als sie unverbunden nebeneinander stehen zu lassen. Es sind hohe psychische Spaltungskompetenzen gefordert, um nicht verrückt zu werden.«

No-Name im Film alias Tyler hatte nicht die Fähigkeit, in einer solchen Umgebung seine Selbstkohärenz zu bewahren, wurde schlaflos und schließlich verrückt. Denn die Umgebung konfrontierte ihn beruflich immer wieder in geradezu traumatisierender Weise mit dem schrecklichen Unfalltod, mit dem er rein ökonomisch und kalkulierend umgehen musste. Stabilität suchte er in einer regressiven Bewegung in Selbsthilfegruppen bei anderen Leidenden und, als ihn dies nicht mehr ausreichend stabilisierte, in Gruppen, in welchen er sich und seine Grenzen im brutalen Zuschlagen und Geschlagenwerden sowie kriminellem Tun endlich wieder spüren konnte. Der selbststabilisierende Effekt von Schmerz, Selbstmutilation – im weiteren Sinne gehören hierzu auch Piercing, Branding und Tätowierung – sowie von fließendem Blut (»Selbstverletzerinnen«) ist fast schon zum traurigen Markenzeichen unserer in diesem Film geschilderten Gesellschaft geworden. Dort entlädt sich das innere Chaos aus Leere, Enttäuschung und Wut autoaggressiv in der Zerstörung der eigenen Wohnung und zuletzt im Schuss in den eigenen Mund sowie fremdaggressiv im terroristischen Akt, der die Finanzwelt des kapitalistischen Systems in Schutt und Asche sinken lassen soll: die destruktive Entladung eines kaum noch zu steigernden malignen Narzissmus. Der Film stimmt deshalb so nachdenklich, da er gleichsam die Psychodynamik von Sennetts »flexiblem Menschen« widerspiegelt, einem durch die gesellschaftlichen Bedingungen funktionalisierten Menschen, der an Bindungslosigkeit, Bedeutungslosigkeit, innerer Leere und Lieblosigkeit eigentlich nur zerbrechen kann und sich dafür in maligner narzisstisch-größenwahnsinniger Weise an Objekten, die er zum Inbegriff allen Übels hoch stilisiert, gleichsam stellvertretend erbarmungslos rächt. No-Name alias Tyler steht für alle Amok laufenden Schüler, die westliche Gesellschaften in den letzten Jahren erschüttert haben, aber auch für alle Terroristen, die grenzenlos und ohne Rücksicht auf Verluste erbarmungslos und unmenschlich an Unschuldigen Rache nehmen. Archaische Wut ist grenzenlos. No-Name alias Tyler nimmt nicht nur Rache an seinem Vorgesetzten, indem er eine Situation herstellt, die diesen diskreditiert, sondern als Tyler auch an Marla

– sie steht für Weiblichkeit und damit letztlich auch für seine Mutter –, die er zum Lustobjekt degradiert, das er exzessiv zur Befriedigung seiner sexuellen Wünsche benutzt. Frauen, also den Repräsentantinnen einer mütterlichen Welt, zahlt er es noch in anderer Form heim: Er verhöhnt sie, indem er ihnen für teures Geld Seife aus ihrem eigenen, in Schönheitskliniken abgesaugten Fett verkauft, wovon sie natürlich keine Ahnung haben. Aber auch vor seinen Geschlechtsgenossen macht er nicht Halt, wenn er sie im Fight Club brutal zusammenschlägt oder im Projekt Chaos zu namenlosen »Weltraumaffen« degradiert, die Kadavergehorsam zeigen müssen. Sie sollen das erleiden, was er vermeintlich erlitten hat. Auch Kinder kommen nicht ungeschoren davon: Als Filmvorführer blendet er pornografisches Material ein, allerdings so kurz, dass es nicht bewusst wahrgenommen werden kann, sondern in perfider Weise unbewusst seine Wirkung entfaltet. Zu seinem mächtigsten Feind aber erklärt er das Unpersönlichste, nämlich das »Corporate America«, das eine grandiose Projektionsfläche für seine grenzenlose Enttäuschung und Wut bietet. Die grenzenlose und unbeherrschbare narzisstische Wut des Protagonisten ist so übermächtig, dass nicht einmal er selbst sie aushalten kann, was zur psychotischen Spaltung führt, man könnte fast sagen (im Melanie Klein'schen Sinne) von »guter« und »böser« Brust: Ein Spaltungsmechanismus, der auf der subjektiven Ebene auf die schwerste strukturelle Störung des Protagonisten hinweist und nur auf einer sehr frühen defizitären Interaktionserfahrung mit seinen elterlichen Objekten basieren kann.

Das deutlich zu machen, ist natürlich nicht die primäre Intention des Regisseurs. Ihm geht es wohl vielmehr darum, aufzuzeigen, dass eine moderne Gesellschaft, deren Mitglieder No-Names resp. »flexible Menschen« im Sinne Sennets sind, aufgrund ihrer eigenen Selbst-Defizite nicht in der Lage sein wird, für ihre Kinder angemessen Sorge zu tragen, sondern Monster im Sinne von No-Name alias Tyler gebiert, die durch ihre narzisstische Deformierung eine Apokalypse für eben diese Gesellschaft heraufbeschwören. Im Film charakterisiert Tyler sich und damit gleichzeitig die No-Names der modernen Gesellschaft folgendermaßen:

> »Wir machen Jobs, die wir hassen, um Dinge zu kaufen, die wir nicht brauchen. Wir sind die Zweitgeborenen der Geschichte. Unser großer Krieg ist ein spiritueller. Unsere Depression ist unser Leben. Wir werden durch das Fernsehen

aufgezogen im Glauben, dass wir alle Millionäre, Filmgötter oder Rockstars werden – werden wir aber nicht. Das wird uns langsam klar, und deshalb haben wir die Schnauze ganz schön voll.«

4 Psychoanalytische Interpretation

Es ist lohnend, den Film noch eingehender zu betrachten: Ist über No-Name alias Tyler schon alles gesagt? Was bedeuten die Traumsequenzen? Welche Rolle spielt Karla? Bietet der Film Lösungsvorschläge? Gibt es eine Entwicklung? Diesen Fragen soll im Weiteren nachgegangen werden.

So wie sich der Inhalt eines Satzes nicht bei den ersten Worten erschließt, ist es auch bei diesem Film. Erst wenn man den ganzen Film gesehen hat, erkennt man beim zweiten Betrachten desselben, dass ein Doppelgängerthema den Film beherrscht, das schon ganz zu Beginn des Filmes eingeführt wird. S. Freud schreibt, Jentsch zitierend, dass einer der sichersten Kunstgriffe, leicht unheimliche Wirkungen durch Erzählungen hervorzurufen, darauf beruhe, dass man den Leser – in unserem Fall den Zuschauer – über das Doppelgängertum im Ungewissen lasse, so, dass diese Unsicherheit nicht direkt in den Brennpunkt seiner Aufmerksamkeit trete, damit er nicht veranlasst werde, die Sache sofort zu untersuchen und klarzustellen, »da hierdurch, wie gesagt, die besondere Gefühlswirkung leicht schwindet. E. T. A. Hoffmann hat in seinen Phantasiestücken dieses psychologische Manöver wiederholt mit Erfolg zur Geltung gebracht« (Freud 1919, S. 250f.). Auch Fincher tut dies: Im zunächst unverständlichen Vorspann wird pure Angst vermittelt und in einer Vorblende auf das Ende des Filmes werden die letzten Vorbereitungen zur Sprengung der Finanzzentren des Landes gezeigt. No-Name äußert, er wisse, was passieren werde, weil Tyler, der in dieser Situation ebenfalls zu sehen ist, es wisse. Die Thematik wird weitergeführt in Szenen, die den Protagonisten völlig übermüdet und fast einschlafend am Fotokopiergerät zeigen. Das ist kein Wunder angesichts seiner nächtlichen Aktivität als Filmvorführer und Kellner in Gestalt Tylers. Der Protagonist liefert einen weiteren Hinweis, wenn er ausführt, Schlaflosigkeit vernebele die Realität(-sdiffusion).

Wenig später taucht sein Doppelgänger wieder auf. Diesmal auf einem Laufband im Flughafengebäude, in die entgegengesetzte Richtung wie

No-Name fahrend, was programmatisch verstanden werden muss, denn beide verkörpern konträre Persönlichkeitsanteile. Während der eine passiv, schwach und kränkelnd, aber »gut« ist, verkörpert der andere das Böse, aber auch Aktivität und Tatkraft. All das kann man, wie gesagt, erst beim wiederholten Ansehen des Filmes erfassen. Bernstein (2002, S. 1193f.) weist darauf hin, dass Literaten wie Drehbuchschreiber Doppelgänger kreieren, um die Schattenseite, das Bedrohliche oder Teuflische eines Menschen darzustellen. Der unerträgliche, böse Anteil des Selbst wird dabei nach außen projiziert. Otto Rank (1914) hat aufgezeigt, dass die Vergangenheit dem Doppelgänger unentrinnbar anhaftet und zum Schicksal wird, sobald er den Versuch unternimmt, ihr zu entrinnen. Es kommt dann – so wie in *Fight Club* – zwischen beiden Teilen zum tödlichen Duell. S. Freud äußert zu diesem Phänomen: »[D]er Doppelgänger war ursprünglich eine Versicherung *gegen* [Hervorh. T.P.] den Untergang des Ichs, eine ›energetische Dementierung der Macht des Todes‹ (O. Rank), und wahrscheinlich war die ›unsterbliche‹ Seele der erste Doppelgänger des Leibes.« Die Vorstellungen von ewigem Leben »sind auf dem Boden der uneingeschränkten Selbstliebe entstanden, des primären Narzissmus, welcher das Seelenleben des Kindes wie des Primitiven beherrscht, und mit der Überwindung dieser Phase ändert sich das Vorzeichen des Doppelgängers, aus einer Versicherung des Fortlebens wird er zum unheimlichen Vorboten des Todes« (S. Freud 1919, S. 258f.). Freud weiter:

> »Der Charakter des Unheimlichen kann [...] nur daher rühren, dass der Doppelgänger eine den überwundenen seelischen Urzeiten angehörige Bildung ist, die damals allerdings einen freundlicheren Sinn hatte. Der Doppelgänger ist zum Schreckbild geworden, wie die Götter nach dem Sturz ihrer Religion zu Dämonen werden« (ebd.).

Die enge Verbindung zwischen Leben und Tod, zwischen Überleben einerseits und destruktiven narzisstischen Größenfantasien andererseits, wie sie uns im Film begegnen, lässt sich so erklären. Tyler verkörpert No-Names kraftvolle primär-nazisstische Seite, die keinen Zweifel an seiner Omnipotenz und der Allmacht seiner Gedanken kennt. Tyler ist die Personifizierung aller omnipotenten und destruktiven Fantasien des Protagonisten, die dieser abgespalten hat.

Der äußerst verletzliche No-Name aber hat sich in eine schizoide, sinnentleerte Welt zurückgezogen, hochgradig angewiesen auf Selbstobjekte in seiner Umgebung, die ihn stabilisieren, auch wenn es nur tote Einrichtungsgegenstände aus Katalogen sind. Sie haben den Vorzug, dass sie ihm keine Angst machen. No-Name: »Ich blätterte Kataloge durch und fragte mich, welche Esszimmergarnitur wohl meine Persönlichkeit definiert.« Dabei erlebt er sich schmerzlich als »Sklave des Ikea-Nestbautriebes«. Schlaflosigkeit treibt ihn zum Arzt, als die Wohnung perfekt eingerichtet ist und das Kaufen aus diesem Grund seine stabilisierende Wirkung verloren hat. Er landet schließlich in Selbsthilfegruppen, die zu seinen neuen haltgebenden und stabilisierenden Selbstobjekten werden. In der Hodenkrebs-Selbsthilfegruppe findet er im Sinne stabilisierender Kohut'scher Zwillingsübertragung Brüder, denen es noch schlechter geht als ihm, denn sie sind wirklich kastriert, während er sich (nur) so fühlt. Sie alle beschäftigt die zentrale Frage, die Bob, dem er dort begegnet, auf den Punkt bringt: »Wir sind doch alle noch Männer?!« Bob war früher Bodybuilder. No-Name presst sich weinend zwischen Bobs infolge Hormonbehandlung »riesige schwitzende Titten, so gewaltig wie man sich die von Gott vorstellt«. Seine Tränen hinterlassen auf Bobs T-Shirt einen Abdruck, der an das Turiner Grabtuch mit dem Gesichtsabdruck Jesu erinnert. Dies ist ein Bezug auf Freuds zitierte Ausführungen zum primären Narzissmus bzw. zur göttlichen Omnipotenz. Wie nicht anders zu erwarten kann No-Name nun ruhig und friedlich wie ein Baby schlafen. Wie ein Säugling zum Überleben auf seine Mutter angewiesen ist, wird der Protagonist süchtig nach Geborgenheit in den letztlich unverbindlichen Selbsthilfegruppen, in denen er sich einmal als tuberkulosekrank und ein anderes Mal als Darmkrebserkrankter ausgibt.

In einer dieser Gruppen werden angeleitete Meditationsübungen durchgeführt. Er soll in seine innere Höhle eintreten. Er wagt es. Das innere Bild, das auftaucht, ist eine Eisgrotte, Ausdruck seiner erstarrten Innenwelt und seiner eingefrorenen Gefühle. Ein Pinguin watschelt daher – Symbol seines kindlichen und schwachen Selbstbildes –, ruft ihm »Gleite!« zu und schon ist der Pinguin auf der Eisbahn weggerutscht. Der sexuelle Gehalt und damit die progressive Tendenz dieser Imagination ist offensichtlich. Nun begegnet ihm eine Frau, über die er in einer der ersten Szenen des Filmes geäußert hat: »Mir ist plötzlich klar geworden, dass der Schlüssel zu all dem, den Waffen, den Bomben, der Revolution, ein Mädchen namens Marla Singer ist.« Diese

Schlüsselfigur ist ebenfalls »Elendstouristin«. Sie verkörpert sein weibliches Pendant. Auch sie stabilisiert sich über die Gruppen. Sie fasziniert ihn, noch größer aber ist seine Angst vor ihr, da sie ihm nicht nur seine Exklusivrechte in den Selbsthilfegruppen streitig macht, sondern ihm auch spiegelt, wie er mit Problemen umgeht, also seine Abwehr entlarvt. Darüber hinaus verkörpert sie seine weiblichen Anteile, von ihm mit Schwäche gleichgesetzt. Und schließlich steht sie für »Frau« und damit letztlich für Mutter. Das mobilisiert seine Ängste, Marla könne ihm seine männliche Rolle abnehmen und er von ihr abhängig werden. Marla ist für ihn ein hoch und ambivalent besetztes Objekt, »ein Piranha, der auf Kuscheltier macht«, wie Tylor später einmal bemerkt! Kein Wunder, dass sich, kaum hat er Marla kennengelernt, seine altbekannte Schlaflosigkeit wieder einstellt, Ausdruck seines rapide gestiegenen Stresspegels. Die Verwirrung seiner Gefühle wird bei seiner zweiten Meditationsübung sichtbar: Der Teile seines Selbst verkörpernde Pinguin hat sich in Marla verwandelt, die ihn in lasziver Weise auffordert: »Gleite!« No-Names innere Objektwelt ist fortan von Marla besetzt. Aus Angst vor der Mobilisierung seiner libidinösen Wünsche transformiert und miniaturisiert er sie mittels seiner Abwehr zum kleinen »Kratzer am Gaumen«, dessen er sich gleichwohl ständig bewusst bleibt. Sein Selbsthilfegruppen-Paradies, in dem er sich durch Regression stabilisieren konnte, ist endgültig verloren, und fortgesetzte Persönlichkeitsspaltung bleibt sein einziges Mittel, um im aufgepeitschten Sturm unterschiedlichster Gefühle einigermaßen zurechtzukommen.

Beim Fliegen werden gleichermaßen seine Todes- und Größenfantasien deutlich. Während in seiner Vorstellung im Flugzeug Chaos ausbricht, bleibt er der coole Beobachter. Hier lernt er auch den überaus sportlichen, selbstbewussten, äußerst direkten und bezüglich destruktiver Äußerungen nicht gerade zimperlichen, geheimnisvollen Tyler Durden kennen, der den gleichen Koffer wie er besitzt und der ihn auf Anhieb durchschaut: »Sie haben so eine kranke Verzweiflung in ihrer Lache.« In der Gestalt Tylers materialisiert sich No-Names durch Abwehr bisher verborgen gehaltene narzisstisch-omnipotent-destruktive Seite. Mit ihm nimmt das Schicksal der beiden untrennbar miteinander verbundenen Doppelgänger seinen Lauf. Das erste Unglück ist die durch eine Explosion zerstörte, normierte Eigentumswohnung No-Names. Was kann er tun? Erst ruft er Marla an, legt aber – wohl weil seine Angst sich meldet – rasch wieder auf, als sie ihren Namen nennt. Der andere, den er anruft, ist Tyler, einer, der nie einen Anruf annimmt, sondern immer auf Rückruf schaltet. Tyler, der gesellschaftliche Außenseiter, ist bereit, No-Name bei sich aufzunehmen, aber er stellt eine Bedingung: »Ich will, dass du mich schlägst, so hart du nur kannst.« Die nun folgende Charakterisierung Tylers beschreibt dessen vergiftendes Handeln als Filmvorführer, wenn er pornografisches Material in Familienvorstellungen einblendet oder wenn er als Aushilfskellner in das Essen, das er serviert, zuvor seine Körperabsonderungen untermischt: Seine Destruktivität ist grenzenlos. Bald hausen beide in Tylers unwirtlichem, heruntergekommenen, schmuddeligen Abbruchhaus. Es spiegelt No-Names frühe, zerstörte Innenwelt wider, die in seiner Regression auferstanden ist. Wie bei Kindern wird die Szenerie von Unintegriertem beherrscht: Eine polymorph-perverse Welt, dominiert von präsymbolischem Körpererleben, wie es sich bei narzisstischen Störungen in Form hypochondrischen Erlebens wieder melden kann. Dargestellt wird dieses präsymbolische Körpererleben im Film dadurch, dass No-Name einen seinem bewussten Selbst unverständlichen Artikel findet, aus dem er Tyler vorliest: »Der Artikel ist von einem Organ in der Ich-Form verfasst: Ich bin Jacks medulla oblongata, ich reguliere Jacks Herzfrequenz, Blutdruck und Atmung, ich bin Jacks Brustwarzen, ich bin Jacks Prostata, ... wenn ich Krebs kriege, bringe ich Jack um.«

In diesem Haus selbst, ebenso wie in seiner Umgebung gibt es weit und breit keine anderen Menschen, keine »containende« und haltgebende Mutter und keinen identitätsstiftenden Vater, nicht einmal Spuren von ihnen. Als Tyler im Badezuber sitzt und sich säubert, wird im Gespräch die emotional defizitäre Kindheit der beiden No-Names offenbart.

No-Name fragt Tyler: »Gegen wen würdest du am liebsten kämpfen?«
Tyler: »Gegen meinen Dad!«
No-Name: »Ich kenn' meinen Dad nicht. – Ich kenn' ihn schon; als ich sechs war, ist er verschwunden – hat 'ne andere Frau geheiratet und noch 'n paar Kinder gemacht – macht er alle sechs Jahre – geht in 'ne neue Stadt und gründet 'ne neue Familie. ... Ich kann unmöglich heiraten, ich bin 'n 30-jähriges Milchgesicht.«
Tyler antwortet: »Wir sind die Generation, die von Frauen groß gezogen wurde, ich frag mich, ob noch 'ne Frau wirklich die Antwort auf uns're Fragen ist.«

Ganz offensichtlich haben Vater und Mutter versagt.

Das Kämpfen von No-Name und Tyler macht Schule, denn, so No-Name: »Man fühlte sich nirgends lebendiger als dort«, wenn man den Schmerz der Schläge und somit sich selbst spürte. So entsteht der erste »Fight Club«, dem bald andere folgen. »Fight Club« wird zur Organisation für von der (vaterlosen) Gesellschaft frustrierte Männer, die endlich einmal sich und ihre Männlichkeit im Zweikampf (wieder) spüren wollen. Wenn hier von Gesellschaft die Rede ist, so meint das in diesem Kontext eigentlich die Menge der Mütter- und Väterrepräsentanten. Der »Fight Club« stellt aber auch eine Art Peergroup dar, die Identität stiftend ist, Stärke und Rückhalt verspricht und auch die Hoffnung auf Initiation verheißt, nämlich dass man dort – ähnlich wie bei den Ritualen in schlagenden Verbindungen – zum Manne reifen kann. Die wichtigste Regel im Fight Club lautet: »Verliert kein Wort über den Fight Club!« Versteht man den Fight Club, den Tyler ins Leben gerufen hat, als sein Kind, dann ist er Ausdruck eines Teils der abgewehrten, resp. abgespalteten Seite No-Names und diese darf natürlich nicht auf eine bewusste Ebene gehoben werden, sondern muss verborgen bleiben.

No-Name und Tyler Durden gegenüber hat Marla ihrerseits eine je spezifische Beziehung. Erst als No-Name auf ihre extremen Annäherungsversuche – aus purer Angst – nicht eingeht, wendet sie sich Tyler zu. No-Name dazu: »Ich wollte Tyler, Tyler wollte Marla, und Marla wollte mich.« Sein »Alter Ego« Tyler ist zu sexuellem Kontakt (Tyler: »Sportficken«), aber nicht zu einer Beziehung fähig. Wie in einer Urszenensituation wird No-Name zum Zeugen des obsessiven sexuellen Kontaktes der beiden. Tyler nimmt ihm das Versprechen ab, nie über ihn mit Marla zu sprechen. Auch hier geht es wieder darum, dass die abgewehrte, triebhafte, unintegrierte Sexualität nicht ruchbar werden darf. Mit einer Zahnbürste versucht No-Name alles fein säuberlich zu reinigen. Angst und Lust steigern sich – No-Name imaginiert die verführende Marla in einem an ein Brautkleid erinnernden Gewand – und so geht die Handlung in die nächste Stufe der Eskalation … Wir sehen die Seifenproduktion aus abgesaugtem Frauenfett und Branding mit Lauge auf No-Names Handrücken, wo das Wundmal ihn für immer zeichnen wird. Aus der inneren Wunde ist eine äußerlich sichtbare Narbe geworden. »Wir sind Gottes ungeliebte Kinder«, schreit Tyler in grenzenloser Übersteigerung No-Name an.

Vaterfiguren kommen ins Spiel: Lou, der Besitzer des Kellers, in dem gekämpft wird und No-Names Chef. Erbarmungslos wird die Auseinandersetzung mit diesen Vaterfiguren gesucht. Beide versagen. Aggression und Autoaggression eskalieren. Marla geht im Haus der beiden ein und aus und zum ersten Mal wird es dort heller. Dies ist ein Lichtblick in No-Names Leben, der es nun auch schafft, sich von seiner ungeliebten Arbeitsstelle zu befreien. Tyler übernimmt erstmals eine, wenn auch ziemlich sadistische, Vaterrolle. Er bedroht einen Chinesen, und zwingt ihn, das Studium aufzunehmen, das er immer angestrebt hatte, ehe er in eine abhängige Arbeit abgerutscht war. Gleichwohl scheint die Stabilisierung, die der Fight Club bislang gebracht hatte, nicht mehr ausreichend zu sein. Die aufgestaute narzisstische Wut entlädt sich – in noch destruktiverer Form – in einem neuen Projekt, dem Projekt »Chaos«, in welchem die erste Regel folgerichtig lautet: »Es werden keine Fragen gestellt.«

Es ist an der Zeit, darauf aufmerksam zu machen, wie sehr sich in diesem Film Realität, Traum und Abgespaltenes nahtlos verbinden. Fincher hat in einem Interview einmal gesagt, der ganze Film sei ein Bewußtseinsstrom, »eine Metapher. Der Film handelt nicht von einem Typen, der wirklich Gebäude in die Luft jagt, er handelt von einem Typen, der das Gefühl bekommt, dies könnte die Antwort sein, basierend auf aller Konfusion und aller Wut, unter denen er gelitten hat« (Schnelle 2002, S. 231).

Die Anwerbung der Männer für Tylers Armee ist erniedrigend und die, die schließlich dabei sind, werden zu »Weltraumaffen« degradiert. Wer andere degradiert, erhöht sich damit selbst. Das Ganze dient also ebenso wie das größenwahnsinnige Projekt selbst der Selbststabilisierung von No-Name alias Tyler. Aber auch das ist noch nicht ausreichend. In einem Fight-Club-Kampf schlägt No-Name einen sehr weiblich wirkenden, jungen blonden Mitstreiter brutal zusammen und versucht so letztlich, seine eigenen weichen, weiblichen Anteile endgültig zu zerstören, in der Hoffnung, auf diesem Wege zu einem richtigen Mann zu werden. Tylers Projekt verselbstständigt sich immer mehr, oder anders ausgedrückt: No-Name verliert zunehmend die Kontrolle. Betrunken erzählt er Marla von Tyler und bricht damit ein Versprechen. Als wenig später sein Freund Bob erschossen hereingetragen wird, übertritt er die Regel, dass man im Projekt keinen Namen hat. »Sein Name ist Robert Paulsen« skandieren die Mitstreiter. No-Names Gewissen lässt ihn von diesem Mann nicht mehr loskommen. Angesichts des sinnlosen Todes des Freundes beginnt er, den ganzen Wahnsinn des Projekts zu erkennen, während Tyler verschwunden bleibt. No-Name dämmert es, dass Tyler und er ein und derselbe sind. Er jagt Tyler nach, doch der war immer schon vor ihm da gewesen. Schließlich erlangt er Gewissheit. In letzter Minute versucht No-Name, alias Jack, alias Jim den geplanten Wahnsinn, die Sprengung der Bankgebäude, zu vereiteln. In einem Treffen mit Marla sagt diese ihm auf den Kopf zu, dass er »Mr. Jackyll und Mr. Arsch« sei, d.h. ihr waren seine beiden Seiten immer sehr bewusst. Neu ist sein Gefühl für Marla, die er schützen will. Er: »Ich habe mittlerweile erkannt, dass ich dich wahnsinnig gern habe!« Der dramatische Schluss wurde bereits beschrieben. No-Names Alter-Ego scheint ausgelöscht. Er und Marla finden zusammen. Die Kreditkartengebäude San Franciscos versinken in Schutt und Asche. Ein Penis wird kurz eingeblendet. Handelt es sich um einen Hinweis darauf, dass man sein Alter-Ego durch Erschießen nicht los werden kann und es sich wieder meldet, oder ist dies ein Hinweis auf das Hier und Jetzt, dass Tyler Durden der Filmvorführer ist, dass wir alle also Betroffene im eingangs geschilderten gesellschaftlichen Sinne sind? Alles in allem zeigt No-Names Geschichte eine Entwicklung. Er lernt, sich aus Abhängigkeit zu befreien, auf die Umsetzung seiner narzisstisch-destruktiven Gefühle zu verzichten, Mann zu werden und eine Frau zu lieben! Die Wolkenkratzer, die da nachts zusammenstürzen, symbolisieren den Zusammenbruch narzisstischen Größenwahns.

5 Zusammenfassung

David Finchers *Fight Club* ist ein aufwühlendes Werk, das unter gesellschaftlichen Aspekten das Dilemma der heutigen Männergeneration zeigt, die mehr oder weniger elternlos, insbesondere vaterlos, aufgewachsen ist. Diese jetzt jungen »multiphrenen« Männer (Gergen 2000) sollen in unserer sich rasant verändernden Welt ihren Mann stehen. Männliche Identitätsfiguren, die zur Triangulierung beitragen können, fehlen nicht nur im Film. So ist die junge Generation auf sich gestellt und versucht, sich in Peergroups selbst zu initiieren. Im Film sind dies die »Fight Clubs«. Dem Protagonisten, dessen Name – da ohne eigene Identität – beliebig ist, gelingt es über quälende Spaltungsprozesse mithilfe einer Frau, aus seinem narzisstischen Dilemma, das von grenzenloser

Destruktivität erfüllt ist, herauszufinden, auf das Ausagieren von Wut und Hass zu verzichten, sein »wahres Selbst« zu entwickeln und beziehungs- und liebesfähig zu werden. Man kann diesen unheimlichen Film, in dem Gutes und Böses oft schwer zu trennen ist, als »Film noir« bezeichnen, zumal in ihm eine »femme fatale« (Marla) dem Helden (No-Name alias Tyler Durden) in seiner narzisstischen Verblendung die Augen öffnet.

Anmerkungen

1 *Alien 3* (1992), *Sieben* (1995) und *The Game* (1997).
2 Der Soziologe Max Weber (1920) spricht vom »stahlharten Gehäuse der Hörigkeit«.
3 »Einer von drei Beschäftigten in den USA hat mit seiner gegenwärtigen Beschäftigung weniger als ein Jahr in seiner aktuellen Firma verbracht. Zwei von drei Beschäftigten sind in ihren aktuellen Jobs weniger als fünf Jahre. Vor 20 Jahren waren in Großbritannien 80% der beruflichen Tätigkeiten vom Typus der 40 zu 40 (eine 40-Stunden-Woche über 40 Berufsjahre hinweg). Heute gehören gerade noch einmal 30% zu diesem Typus und ihr Anteil geht weiter zurück« (Keupp 2002, S. 11).

Literatur

Bernstein, W. (2002): »Fight club«. Int. J. Psychoanal. 83, 1191–1200.
Blothner, D. (2003): Alltagsträume – Der Film »Fight Club« von David Fincher. ZWISCHENSCHRITTE 1, 32–46.
Bronfen, E. (2003): »You've got a great big dollar sign where most women have a heart«: Refigurationen der Femme Fatale im Film Noir. In: Liebrand, C.; Steiner, I. (Hg.): Hollywood hybrid: Genre und Gender im zeitgenössischen Mainstream-Film. Marburg (Schüren), S. 91–135. Im Internet unter: http://www.bronfen.info/writing/archive/texts/2003_01_femme_fatale.html [18.10.2007].
Dahl, G. (2004). Qualitative Film-Analyse: Kulturelle Prozesse im Spiegel des Films. Forum Qualitative Sozialforschung/Forum: Qualitative Social Research [On-line Journal] 5 (2). Im Internet unter: http://www.qualitative-research.net/fqs-texte/2-04/2-04dahl-d.htm [18.10.2007].
Deacy, C. (2002): Integration and Rebirth through Confrontation: Fight Club and American Beauty as Contemporary Religious Parables. Journal of Contemporary Religion 17, 61–74.
DER SPIEGEL (2007): Die Alpha-Mädchen. 24–27/2007.
DER SPIEGEL (2008): Junge Männer: Die gefährlichste Spezies der Welt. 2/2008, S. 8.
Freud, S. (1919): Das Unheimliche. In: Ders. (1970): Psychologische Schriften. Band IV. der Sigmund Freud-Studienausgabe. Frankfurt a. M. (S. Fischer), S. 241–274.

Gergen, K. J. (2000): The self: death by technology. In: Fee, D. (Hg.): Pathology and the postmodern. Mental illness as discourse and experience. London (Sage), S. 100–115.
Haas, E. (2002): ... und Freud hat doch recht. Gießen (Psychosozial-Verlag).
Habermas, J. (1998): Die postnationale Konstellation. Frankfurt a.M. (Suhrkamp).
Keupp, H. (2002): Identitäten in der Ambivalenz der postmodernen Gesellschaft. Vortrag beim 6. Benediktbeurer Herbstforum »... entweder – und ...«. Vom Umgang der Sozialen Arbeit mit unlösbaren Widersprüchen am 19.10.2002 in Benediktbeuren.
Kindlon, D. (2007): Alpha Girls: Understanding the New American Girl and How She Is Changing the World. Emmaus (Rodale Press).
Rank, O. (1914): Der Doppelgänger. In: Fischer, J. M. (Hg.) (1980): Psychoanalytische Literaturinterpretation. Tübingen (Niemeyer).
Schnelle, F. (2002): David Fincher. Berlin (Bertz & Fischer).
Rühle, A. (2005): Willkommen im Fight Club! süddeutsche.de. Im Internet unter: http://www.sueddeutsche.de/kultur/artikel/10/49960/ [26.01.2008].
Sennet, R. (1998): Der flexible Mensch. Die Kultur des neuen Kapitalismus. Berlin (Berlin Verlag).
Ziob, B. (2005): »Wir sind doch immer noch Männer?« Eine psychoanalytische Betrachtung des Films *Fight Club* von David Fincher. Psyche – Z Psychoanal 59, 361–371.

Swimming Pool
(Regie: François Ozon; Frankreich, 2003)

»Im Spiel, und wahrscheinlich nur im Spiel, ist das Kind – oder der Erwachsene – frei für Kreativität.«
D. W. Winnicott

1 Einleitung

Der 1967 geborene französische Drehbuchautor und Regisseur François Ozon entwickelte sich in den vergangenen Jahren zu einem der kreativsten Talente des französischen Films. Mit seinen Filmen *Regarde la mer* (1997), *Sous le sable* (2000) und *Swimming Pool* (2003) hat er eine Trilogie »weiblichen Begehrens« (Schilt 2004) geschaffen – was eine in dieser Art der Subsummierung jedoch zu vordergründige Art der Betrachtung sein könnte. Im Folgenden soll einer dieser Filme, und zwar *Swimming Pool*, unter psychoanalytischen Aspekten betrachtet werden.

Eine Ebene des Filmes ist die psychische Entwicklung der beiden Protagonistinnen, die altersmäßig Mutter (Sarah) und Tochter (Julie) sein könnten. Ein Psychogramm dieser beiden Frauen wird erstellt und die Interaktion der Akteure psychoanalytisch interpretiert. Ein zweiter Punkt der Betrachtung ist die von Ozon selbst benannte Intention des Filmes. Er äußerte dazu, er habe den »für Inspiration notwendige[n] kreative[n] Prozess« darstellen wollen (Pfirstinger/Bonke 2005). Da dieser Film gemeinhin als eine Art Selbstporträt und sein bisher vollkommenstes Werk angesehen wird, werden Verbindungen der inneren Prozesse der Hauptakteurin zur Person des Regisseurs und Drehbuchautors sowie zu seinem Gesamtwerk skizziert. Schließlich werden einige Anmerkungen zur gesellschaftlichen Verortung gemacht.

2 Filminhalt

Schon im Titel des Filmes kommt zum Ausdruck, dass dem Swimming-Pool eine zentrale Bedeutung zukommt. Ozon selbst in einem Internet-Interview dazu (zit. n. Vorwerk 2005): »Der Pool ist wie eine leere Kinoleinwand, bevor der Filmemacher darauf etwas abbildet.« Er sei auch der Ort, an dem die Kriminalautorin Sarah die Tochter ihres englischen Verlegers, Julie, erfinde. An anderer Stelle sagt er: »Der Swimming-Pool steht für mich, für was immer man darin sehen mag. Ich habe oft Wasser gefilmt, üblicherweise den Ozean. Er ist für mich verbunden mit ›Hemmungen verlieren‹, aber auch mit Furcht. In diesem Film war ich an dem Pool als strukturgebendem Element interessiert. Er stellt für mich ›eingesperrtes Wasser‹ dar. Anders als der Ozean sind Pools handhabbar und unter Kontrolle.« Umfassender ausgedrückt steht der Pool im Film für Spiegelung, Eintauchen, Verbindung und Entwicklung. In dem Maß, in dem die Plane, die ihn anfänglich abdeckt, entfernt wird, schreiten Handlung und Entwicklung voran. Die Grenze zwischen Fantasie und Wirklichkeit löst sich dabei auf. Der Zuschauer ist in den Prozess einbezogen.

Auf musikalischer Ebene wird der Fortgang der Handlung widergespiegelt durch einzelne Töne zu Beginn des Filmes, die sich in seinem Verlauf zur vollständigen Filmmelodie entwickeln. Es ist schwierig, den Film einem bestimmten Genre zuzuordnen. Er ist gleichermaßen Psychodrama, Krimi, Kammerstück und Meta-Erzählung.

Hauptperson ist Sarah Morton (Charlotte Rampling), eine britische Kriminalschriftstellerin mittleren Alters. In ihrer zugeknöpften Kleidung und ihrer versponnenen, schlecht gelaunten Art erinnert sie an Agatha Christie oder Patricia Highsmith. Sie lebt im trüben London, das in der ersten Einstellung des Filmes mit Blick auf die Themse und Schwenk zu den kühlen Parlamentsgebäuden dargestellt wird. Sarah befindet sich in einer Krise. Da bietet ihr kühler, aber geschäftstüchtiger Verleger John Bosload (Charles Dance) ihr an, sich in seiner Villa in Südfrankreich zu erholen. Daraufhin erlebt der Zuschauer Sarahs Ankunft in der sinnlich-sonnigen Provence. Der Film zeigt die Rituale von Sarahs Schriftstellerleben, das strenge Regime und die Isolation, mit denen sie sich umgibt, um Inspiration zu finden. Der Einbruch der Realität in Sarahs streng geordnetes Leben und damit der Beginn der eigentlichen Handlung des Films findet statt, als plötzlich die in

Frankreich lebende Tochter des Verlegers, Julie (Ludivine Sagnier), die ruhige Idylle zerstört. Sarah reagiert mit Zurückweisung und Rückzug auf diese Lolita, die ihre Tochter sein könnte und bald den verwaisten Swimmingpool als ihr Terrain erobert hat. Hinter den moralischen Vorwürfen aber zeigt Sarah bald ein zunehmend obsessives Interesse für Julies nächtliche sexuelle Ausschweifungen. Heimlich hat sie damit begonnen, den Einbruch Julies in ihre Welt zu einem neuen Roman zu verarbeiten – Julie spielt darin die Hauptrolle. Um hinter das Geheimnis ihrer Herkunft zu kommen, wendet Sarah bald illegale Tricks an, liest deren Tagebuch und horcht das Mädchen unter Vortäuschung mütterlicher Gefühle aus. Die Ereignisse überschlagen sich mehr und mehr. Während in Julie allmählich das traumatisierte Kind durchscheint, verwandelt sich Sarah langsam in eine begehrenswerte weibliche Frau. Die Frauen beginnen, um einen Mann zu rivalisieren, den Julie schließlich tötet. Nach anfänglichen detektivischen Ermittlungen finden die beiden Frauen zusammen und vertuschen den Mord. Mit ihrem neuen Buch »Swimming Pool« unter dem Arm, kehrt Sarah nach London zurück. Der Film endet mit einer vieldeutigen Rückblende. Sarah auf dem Balkon und im Garten Julia (Lauren Farrow), die in London lebende Tochter des Verlegers, winken sich versöhnlich zu. Gänzlich unerwartet ist es plötzlich Julie, die Sarah zuwinkt.

3 Die Persönlichkeit der Protagonistinnen

Es gibt in dem Film nur wenige Personen. Zentrale Figur ist Sarah Morton, deren erste Worte im Film an eine Liebhaberin ihrer Romane gerichtet sind. Diese Frau hat Sarah Morton in der U-Bahn erkannt und angesprochen. Jene steht daraufhin auf und weist die Frau zurecht: »Sie müssen sich irren. Ich bin nicht die Person, für die Sie mich halten«, und verlässt den Zug. Wie in einer Erstinterview-Situation kommt diesen ersten Sätzen, die im Film gesprochen werden, eine besondere Bedeutung zu. Sie weisen zum einen auf das Identitätsproblem von Sarah hin, auf einer anderen Ebene aber auch auf die Identitätsfragen, die der ganze Film aufwirft. Sarah lebt in einer Männerwelt, die im wesentlichen aus ihrem geschäftstüchtigen Verleger John und ihrem alten alkoholkranken Vater (Keith Yeates) besteht, den sie in der gemeinsamen

Wohnung versorgt. In Haltung und Aussehen wirkt sie sehr männlich. Sie sucht den einst Männern vorbehaltenen Pub auf und bestellt sich dort ihren Whiskey. Ihre Kleidung ist wenig feminin. Das düstere Wetter in London ist Ausdruck ihrer Stimmung. Sie ist eine Einzelgängerin und lebt ganz in der Welt ihrer Gedanken und Fantasien. Als sie ihren Verleger aufsucht, ist dieser gerade mit einem Jungautor beschäftigt. Eifersüchtig beäugt ihn Sarah. Ihr anal-sadistischer Charakter wird in ihrer Frage deutlich, welchen Preis »dieser kleine Scheißer« bekommen habe und auch in ihrer Bemerkung, John habe ihr früher mal gesagt, »Auszeichnungen seien wie Hämorrhoiden. Früher oder später würde jedes Arschloch sie bekommen.« Sarah beklagt sich bei John darüber, dass er sich nicht mehr um sie kümmere und nur noch über Geld mit ihr rede. John versucht, sie zu beschwichtigen, da sie offensichtlich in einer Schaffenskrise stecke und rät ihr, doch einmal etwas anderes zu machen als nur an der »Dorwell Krimi-Serie« zu arbeiten. Er bietet ihr an, sich in seiner Villa in Südfrankreich zu erholen.

Schon auf der Bahnfahrt kommen ihr Einfälle hinsichtlich eines neuen Krimis. Und kaum angekommen, schließt sie als erstes ihren Laptop an, um die Arbeit aufnehmen zu können, die sie so notwendig zu ihrer Selbstwertstabilisierung benötigt. Sie ist ein Workaholic. Beim Einkaufen in Frankreich widersteht sie zunächst noch allen lukullischen Genüssen und beschränkt ihre Ernährung auf Obst, Joghurt und Diät-Cola. Als sie im Dorfcafé gefragt wird, was sie trinken wolle, lehnt sie den angebotenen Aperitif ab und entscheidet sich stattdessen für eine Tasse Tee. Pointiert ausgedrückt, wird sie als eine asketische, triebfeindliche alte Jungfer dargestellt mit neurotischer Fixierung nicht nur in der oralen, sondern auch in der analen Phase. Die zentrale Bedeutung ihrer libidinösen Besetzung von Vaterfiguren weist darüber hinaus auf ihre ungelöste ödipale Thematik hin. Ihre berufliche Beschäftigung mit Mord und Polizeieinsatz wirkt wie eine neurotische Kompromissbildung, die es ihr ermöglicht, mit ihren aggressiven Fantasien und triebhaften Regungen in sublimierender Weise umzugehen. In Frankreich lockert sich ihre Abwehr zunehmend und so wird der Zuschauer in späteren Szenen Zeuge ihrer oralen Gier, etwa als sie im Dorf-Café Windbeutel mit Schoko-Sauce, die auf dem Teller wie kleine Brüstchen aussehen, verschlingt oder mit vor Erregung zitternden Händen heimlich Julies Sachen auf der Suche nach deren Tagebuch durchwühlt. Sie ist grenzverletzend und ausnutzend, indem sie Julies

Aufzeichnungen für ihren Roman ausschlachtet. Man muss geradezu von krimineller Energie sprechen. Julie bringt Sarahs neurotische Verklemmung auf den Punkt, als sie ihr aufzeigt, sie schreibe zwar viel über »dreckige Dinge«, traue sich aber nicht, sie zu tun. Als Sarah die nahe gelegenen Schlossruinen des Marquis de Sade besucht und man dort ein sich küssendes Paar sieht, muss dies als Verweis auf ihre sadistisch gefärbten libidinösen Fantasien verstanden werden. Eine ähnliche Bedeutung von Perversität kommt dem Slip Julies zu, den Sarah neben dem Pool gefunden und mit in ihr Zimmer genommen hat. Die Art, wie sie mit ihm umgeht, lässt den Gedanken an einen Fetisch aufkommen. Ihre frühe Störung ist offensichtlich. Die Frage, warum sie so geworden ist, wie sie ist, wird im Film nicht beantwortet, aber szenische Darstellungen und ihre Fantasien machen doch einiges deutlich. Dazu werden an späterer Stelle weitere Ausführungen gemacht.

Julie, die in Frankreich lebende Tochter von Sarahs Londoner Verleger, ist deren krasses Gegenteil. Unvermittelt und unangekündigt taucht sie eines Nachts in der väterlichen Villa auf und dringt ihrerseits in Sarahs Welt ein. Für Sarah ist es von da an vorbei mit Ruhe und Beschaulichkeit. Im Gegensatz zur introvertierten Sarah ist Julie extravertiert. Sie ist jung, hübsch, ausgeflippt, promiskuitiv und alles andere als zwanghaft. Ihre Sachen fliegen im Zimmer herum und wenn sie im Wohnzimmer gegessen hat, dann gleicht dieses einem Schlachtfeld. Sie raucht Hasch und ist, was die Genüsse des Lebens angeht, keine Kostverächterin. Sie liebt es, nackt im Pool zu baden und verhält sich auch sonst in jeder Beziehung ungehemmt und freizügig. Rücksichtnahme ist nicht ihre Stärke. Im Film wird sie als männermordende Lolita dargestellt. Sie ist eine junge Frau, de facto »vaterlos« aufgewachsen, die Männer zu ihrer Selbststabilisierung benötigt. Dabei fällt auf, dass sie als Liebhaber ältere Männer wählt, was auf ihr ungelöstes ödipales Problem hinweist. In ihrer Beziehungslosigkeit gleicht sie Sarah. Nur einmal hat sie sich verliebt, da war sie 16 Jahre alt. Aber der Junge »kam zu schnell« und so ließ sie seine Briefe, die er noch ein Jahr lang schrieb, alle unbeantwortet. Es entsteht der Eindruck, dieser Junge konnte mit ihrem Vater nicht mithalten und wurde deshalb verstoßen. Ihr beziehungsloses nymphomanisches Verhalten lässt den Gedanken an sexuellen Missbrauch aufkommen, wofür noch weitere Indizien sprechen: Eine Kaiserschnittnarbe auf ihrem Unterleib wirkt wie ein Kainsmal; kündet es von einem solchen Verbrechen? Verführerische Situationen am Pool werden immer dargestellt, indem die Kamera sich von unten nach oben tastet. Dies ist die Perspektive des ausgelieferten Kindes, dass zu einem Erwachsenen – dem Missbrauchenden? – aufblickt.

Eines Tages kommt Julie mit einem Hämatom unter ihrem linken Auge nach Hause, Folge einer Auseinandersetzung mit einem Mann und in zeitlichem Zusammenhang mit Sarahs Herumwühlen in Julies Sachen. Julie äußert dazu, sie lasse sich heute nichts mehr gefallen. Es spricht für ihre Rache an den Männern und für eine Verschiebung ihrer unbändigen Wut, die eigentlich dem Mann (Vater) galt, der sie missbraucht hat, dass sie Männer benutzt und den Kellner Franck (Jean-Marie Lamour), der ihr als Liebhaber nicht zu Diensten sein will, tötet. Als Sarah versucht, den Mörder Francks ausfindig zu machen, klopft sie auch an die Tür des Gärtners Marcel (Marc Fayolle), der in einem Nachbarort wohnt. Eine in ihrer körperlichen Entwicklung stark retardierte, vorgealterte Frau (Mireille Mossé) öffnet ihr. Sarah meint, es sei die Frau Marcels, es ist aber seine Tochter. Hier wird erneut das Thema der Identitätsdiffusion im Film aufgegriffen, auf individueller Ebene aber das Missbrauchsthema fortgeführt. Frau oder Tochter, lautet die inzestuöse Frage. Marcels Tochter stellt die Beziehung zu Julie her, indem sie darauf zu sprechen kommt, wie schön jene sei – im Gegensatz zu ihr, könnte man hinzufügen. Im weiteren Gespräch erfährt Sarah, dass Julies Mutter tot ist. Es war ein Unfall. Das äußert Marcels Tochter in großer Angst und knallt sofort die Tür zu. Diese massive affektive Beteiligung der Tochter lässt natürlich Zweifel an der Art des Todes aufkommen. Ist Marcels Tochter im Grunde nicht als eine Art »Alter Ego« von Julie anzusehen, die im ödipalen Ringen um den Vater die Mutter, die sie vor dem Missbrauch nicht geschützt hat, im Affekt umgebracht hat? Könnten nicht Schuldgefühle aufgrund der tödlichen Aggression der Mutter gegenüber die Entwicklungsretardierung und das vorzeitige Altern der Missbrauchten erklären? Beides wäre als Selbstbestrafung zu verstehen. Bei Julie besteht also ebenso wie bei Sarah eine schwere frühe Entwicklungsstörung auf narzisstischem ebenso wie auf phallisch-ödipalem Niveau.

4 Spiegelungen, ödipale Verstrickungen und Entwicklungen

Beide Protagonistinnen haben ein Selbstwertproblem. Während sich Sarah über ihre Arbeit als erfolgreiche Krimiautorin stabilisiert, tut Julie dies durch wahllose Männerbekanntschaften. Beide sind in hochambivalenter Weise an ihre Väter fixiert. Sarah hat nur ihren alkoholkranken Vater und ihren Verleger, die beide aber keine emotional tragfähige Beziehung zu ihr haben. Und Julie geht es nicht besser. Ihr Vater in England kümmert sich nicht um sie und zu den älteren Männern, Vaterrepräsentanten, die sie sich ins Bett holt, hat sie keinerlei innere Beziehung. Umgekehrt gilt das gleichermaßen. Einer der Liebhaber weiß nach dem One-Night-Stand nicht einmal mehr ihren Namen. Beide Frauen sind mutterlos. Auch wenn es im Film offen bleibt, inwieweit sie die Möglichkeit hatten, sich mit guter Mütterlichkeit und Weiblichkeit im Laufe ihrer Entwicklung zu identifizieren, muss man aufgrund ihres Verhaltens doch davon ausgehen, dass sie keine guten mütterlichen und weiblichen Repräsentanzen internalisiert haben.

So unterschiedlich beide Frauen auf den ersten Blick erscheinen, so viele Gemeinsamkeiten haben sie doch auch gleichzeitig. Im Film spiegeln sie sich im Wasser des Pools und Julies Geschichte fließt in Sarahs Roman ein, so als wären es ihre eigenen Gedanken. Durch das Wasser des Pools sind die beiden miteinander verbunden wie ein Fötus mit seiner Mutter. Das Wasser wird für beide zur gemeinsamen Quelle ihrer Entwicklung. Auch der Mord am Kellner Franck ist letztlich ein gemeinsamer Mord, archaisch wie ein Ritualmord: Der Vater, der die Frauen missbraucht hat, wird getötet. Vordergründig spitzt sich die ödipale Konstellation zwischen den Frauen in ungeahnter Weise zu, nachdem Julie entdeckt hat, dass Sarah ihr Tagebuch benutzt und sie im übertragenen Sinne missbraucht. Aus Rache schleppt Julie den Kellner Franck ins Haus, in den sich Sarah verguckt hat. Julie und Franck scherzen über den Titel von Sarahs letztem Krimi »Dorwell im Schottenrock«. Sie ist beleidigt; hier klingt wieder das Identitätsthema an. Franck spürt schnell, dass zwischen den Frauen etwas nicht stimmt und will aussteigen, doch Julie versucht, ihn beim Tanz zu verführen. »Let's do it« hämmert die Musik. Sarah scheint auf der Verliererseite zu stehen, bis Franck sie an den Händen nimmt und mit ihr tanzt, enger und enger, immer ekstatischer. Julie sitzt frustriert daneben. Als

Sarah sich verabschiedet, um zu Bett zu gehen oder genauer gesagt, um die Kontrolle über sich und ihren Körper wiederzugewinnen, nimmt Julie bei Franck einen neuen Anlauf. Aber auch er will gehen. Schließlich kann sie ihn zu einem mitternächtlichen Bad im Pool überreden. Doch ehe er sich versieht, macht sie Fellatio mit ihm und er wird schwach. Sarah, die das beobachtet, wirft den ersten Stein ins Bassin, um die beiden zu stören. Sie erreicht ihr Ziel, doch als Franck sich nun zurückziehen will, ist Julie dermaßen gekränkt und narzisstisch verletzt, dass sie ihn in einem Impulsdurchbruch mit einem großen Stein erschlägt.

Die Frauen werden so zu Schicksalsgenossinnen. Sarah hat den ersten Stein geworfen und dann weggesehen, was Schuldgefühle auslöste. Julies Ich ist durch den nächtlichen Totschlag völlig überfordert, zumal Sarah – unterwegs auf Ermittlung – für sie am Folgetag nicht verfügbar ist. Als sie zurückkommt, befindet sich Julie in einem dissoziativen Zustand und verkennt Sarah als ihre Mutter. Sarahs Schläge verschlimmern alles noch. Erst als Sarah ihre ödipale Rivalität überwindet und bereit ist, Julie mütterlich in den Arm zu nehmen, entspannt sich diese.

Schiller (2005) erwähnt in diesem Zusammenhang den Mythos von Demeter und Persephone. Beide, Mutter und Tochter also, rücken zusammen, was lebenslang tragende Bedeutung hat. Es ist der Herr der Unterwelt, Hades, der im Mythos Persephone mit Wissen des Vaters Zeus entführt. Die Mutter Demeter ist darüber so verzweifelt, dass sie die Erde verdorren lässt, bis die Tochter wenigstens einen Teil des Jahres wieder bei ihr sein darf. In ihrem Schmerz ist es eine andere Frauengestalt, Baubo, Sinnbild kreativer Weiblichkeit, die sie aus ihrer Depression herausreißt und ihr wieder zu Leben verhilft (vgl. Obenaus 1995). So ähnlich spielt es sich im Film bei Sarah und Julie ab. Die Überwindung der ödipalen Konstellation führt dazu, dass beide Frauen sich partnerschaftlich begegnen und einander unterstützen können – Julie äußert: »Ich habe Franck Deines neuen Buches wegen getötet.« Sarah wiederum nimmt sich Julies in mütterlicher Weise an. Nun ist Triangulierung möglich, und Julie kann sich von der Mutterfigur Sarah trennen. Und Sarah kann sich von John lösen, dem sie, nicht ohne Schadenfreude erzählt, sie habe für ihr neues Buch, eines ihrer besten, wie sie sagt, einen anderen Verleger gewählt.

Bei all den Gemeinsamkeiten und Spiegelungen dieser Frauen liegt es nahe, Julie als Sarahs »Alter Ego« zu betrachten, also ihr internalisiertes kleines verletztes und missbrauchtes Mädchen, während die Julie des Filmes als eine Figur anzusehen ist, die der Fantasie Sarahs entsprungen ist, ein Mädchen also, das sie sich in ihrem kreativen Prozess nach ihrem Bilde geschaffen hat. Der Name Julie erinnert an die richtige Tochter Johns, die Julia heißt. Schiller (2005) führt aus, dass die Szene am Ende des Filmes, wo Mutterfigur und Tochterfiguren sich versöhnlich und sehr aufeinander bezogen zuwinken – alle heben auf dieselbe Weise den Arm –, bestätigen würde, dass Julie eine Fantasiefigur sei. Filmisch werde das so dargestellt, dass Julie von hinten wie eine schwarze Silhouette wirke, als sei sie wie im Scherenschnitt aus dem Film herausgetrennt. Ob man nun dieser Interpretation folgen mag oder nicht, bleibt diese Szene gleichwohl eine höchst symbolträchtige, die Versöhnung und Integration guter gegenseitiger Erfahrungen bei den beteiligten Figuren signalisiert. Eine solche Szene bildet auch den Schluss in I. Bergmans Film *Wilde Erdbeeren*, wo es der Sohn ist, der sich mit dem Vater innerlich aussöhnt und – in diesem Fall – in einem Tagtraum dem Vater auf der anderen Seite der Bucht zuwinkt. Schiller (2005) führt aus, in der Schlussszene werde der ganze Bedeutungsgehalt des Filmes wie in einem »Moment der Nachträglichkeit« (Laplanche 1976) noch einmal verdichtet.

Die Überwindung ihrer ödipalen Verstrickung hat bei Sarah ungeahnte Kräfte freigesetzt und es ihr ermöglicht, zu ihrer Weiblichkeit zu finden und ihre Sexualität zu entdecken. Anders ausgedrückt bedeutet dies: Das kleine Mädchen in ihr, also Julie, hat sich zur Frau entwickelt. Julie musste dazu ihr Lolita-Verhalten aufgeben. Und tatsächlich wird sie im Verlauf des Filmes immer mehr zum Mädchen, das nicht nur zu seiner (inneren) Mutter, sondern in diesem Reifungsschritt auch zu mehr Beziehungsfähigkeit findet. Dargestellt ist also die Entwicklung traumatisierter Kleinmädchenanteile in Sarah, die diese bisher immer abgespalten und quasi bis nach Frankreich verbannt hatte. Der Film macht also einen inneren Prozess in Sarah sichtbar. Es spricht für den Film, dass er letztendlich kein billiges Happy End bietet.

Rot ist die Farbe der Liebe und der Sexualität. Schon im Märchen von Rotkäppchen hat sie diese Bedeutung. Im Film signalisiert Rot Sarahs Entdeckung ihrer Weiblichkeit und ihrer sexuellen Wünsche. Am Morgen nach Julies Ankunft sieht man nur eine winzige rote Blüte im Garten, die Blicke werden aber bald von einer roten Luftmatratze eingefangen, die einmal neben und einmal im Pool liegt. Die Wände in Julies Zimmer sind rot, während in

Sarahs Zimmer eine rote Tagesdecke auf dem Bett liegt. Im Wandschrank hängt ein rotes Kleid, das Sarah schon bei der Ankunft sinnend in die Hand genommen hatte. Nachdem Sarah und Julie Franck getötet und begraben haben, ist Sarah in ihrer inneren Entwicklung so weit, dass sie das rote Kleid anzuziehen kann und ihre Leidenschaft nicht länger gleichsam im Schrank verstecken muss. Sarah hat mit Julie nicht nur die leidenschaftliche Intimität der Mutter-Tochter-Dyade durchlebt, sondern auch die anfänglich explosiven Versuche, mit einer triangulären Beziehung voll mörderischer Wut zurechtzukommen, verarbeitet. Dadurch haben sich ihre sexuellen Hemmungen gelockert. Als sie den Gärtner Marcel sieht, der über der Stelle, wo sich das Grab befindet, rätselt, lockt sie ihn ins Haus, indem sie ihr Kleid öffnet und ihre Brüste zeigt. Sie ist nun nicht nur fähig, das rote Kleid zu tragen, sondern es auch für eine sexuelle Begegnung abzulegen, auch wenn sie sich diese Begegnung nur im Kontext damit vorstellen kann, eine Entdeckung von möglicherweise äußerst belastender Tragweite abzuwenden. Marcel steigt die Stufen hinauf, um sie zu finden. Aber sie ist nicht in ihrem, sondern in Julies Schlafzimmer. Die Kamera zeigt, wie sie sexuell ansprechbar ist: ihre Zehen zucken. Sarah hat ihre weibliche Sexualität entdeckt und Unabhängigkeit von der väterlichen Repräsentanz in sich gewonnen, es wird aber noch ein Stück Weges sein, bis sie auch zu Beziehungsfähigkeit und erfüllender Partnerschaft gefunden haben wird.

5 Der Film – ein kreativer Prozes

Im Film werden wir Zeugen des kreativen Prozesses der Entstehung des Buches »Swimming Pool«, wobei sich dieser Prozess in der Entstehung und Entwicklung des Filmes gleichen Namens widerspiegelt. Die Verschachtelung der kreativen Prozesse betrifft Buch, Film und Zuschauer, wobei letztere den Kinosaal mit vielen offenen Fragen verlassen, nun selbst zu kreativem Nachdenken angeregt. Am Anfang des kreativen Prozesses steht oft ein innerer, manchmal auch manifester Konflikt. Das war bei Michelangelo, der nach seiner Geburt in die Obhut einer Steinmetzfamilie gegeben wurde, nicht anders als bei Kafka oder Kästner, die eng an ihre Mütter gebunden waren mit allen sich daraus ergebenden Konflikten. Ozons Filmfigur Sarah ist durch ihre

Vaterbindung in einem inneren Konflikt, der in ihrer Lebensmitte manifest wird: Sie fragt sich, ob Krimis schreiben alles in ihrem Leben sei. In dieser Situation zieht sie sich in die Einsamkeit und Abgeschiedenheit einer Villa in Südfrankreich zurück. Die Bedeutung solchen Sich-zurück-ziehens wird schon in der Bibel beschrieben, wo ein Rückzug in Wüste oder Berge Besinnung und kreativen Neuanfang symbolisiert. In solchen Situationen verliert die Realität an Bedeutung und es kommt oft zu regressiven Prozessen, die ähnlich wie Träume einen Raum eröffnen, Neues zu fantasieren. Im Film wird die Öffnung für kreative Räume so dargestellt, dass Sarah, als sie am ersten Abend zu Bett geht, die Fenster öffnet, so als öffnete sie sich selbst in etwas ihr Unbekanntes hinein. Die Kamera zoomt die Bäume vor dem Fenster heran, die einen dunklen, traumartigen und irgendwie bedrohlichen Eindruck machen. Selbst als Zuschauer beginnt man, etwas in das nächtliche Bild hinein zu fantasieren. Dieses Bild ebenso wie der leere Bildschirm des Laptops und auch die leere Wasserfläche des Swimming-Pools fordern geradezu auf, etwas in sie hineinzufantasieren. Der Raum, den Ozon so darstellt, ist ein intermediärer Raum. Schon Kinder nutzen solche Räume, um mit Trennungssituationen oder dem Verlust vermeintlicher Omnipotenz und all den damit verbundenen Gefühlen in kreativ-spielerischer Weise umzugehen. Sarah fantasiert in dieser Situation ungelebte und traumatische Anteile vor dem Hintergrund der eigenen Biografie. Während sie zunächst noch ihrem altbewährten neurotischen Muster folgt und ein Buch mit dem Titel »Dorwell in Ferien« – schon das ist aber natürlich ein kreativer Akt – zu schreiben beginnt, ändert sich in dieser regressiven Situation der Abgeschiedenheit bald ihr Plan. Durch ihre Fantasie und Selbstreflexion, vielleicht auch durch äußere Umstände am Ort der Erholung angeregt – beginnt sie nach einigen Suchbewegungen vorsichtig – ihre Unentschlossenheit und Unzufriedenheit mit sich selbst wird auf Julie projiziert –, sich mehr und mehr mit sich selbst zu beschäftigen, und ein Buch ganz anderen Inhalts mit dem Arbeitstitel »Julie« entsteht. Es geht nun primär nicht mehr um ihr inneres Thema aggressiver Strebungen, die in Schach gehalten werden müssen, sondern sie findet – weiter regredierend – zu ihren weiblichen Quellen, die eng mit ihrer Mutter und deren weiblichem Lebensskript verbunden sind. Im Film ist es das verschollen geglaubte, gefühlvolle Buch der Mutter, das Julie ihr überlässt. In der Sprache der Psychoanalyse würde man sagen, es gelingt ihr, sich mit ihrer verinnerlichten Mutter auszusöhnen und sich mit guten weiblichen Anteilen der Mutter zu identifizieren (vgl. Demeter-Persephone-Mythos). Dieser kreative Prozess, der ohne pubertäre Fantasien – verkörpert durch Julie – nicht möglich wäre, ist aber auch verbunden damit, sich vom Vater zu lösen und ihn zu überwinden. Im Film wird der missbrauchende Vater getötet, verschoben auf Julie und den Kellner Franck. John, die reale Vaterfigur, nutzt sie ganz offensichtlich aus: Sie hat ihm sogar das Haus in der Lubéron verdient! Sie stellt sich aber ihren Wiederholungszwängen und der schmerzlichen Traumatisierung – im Film verkörpert durch Julie, die sichtbare Folgen von Verletzung zeigt und immer kindhafter und damit authentischer wird. Der kreative Prozess, an dessen Anfang noch – auf frühkindlichem Niveau fixierte – polymorph perverse sexuelle Fantasien stehen (de Sade, der Fetisch »Slip«, Voyeurismus), mündet in eine reifere und autonomere Haltung Sarahs, die nun nicht nur zu ihrer Weiblichkeit und Sexualität steht, sondern sich auch ihrem Verleger (Vaterrepräsentant) gegenüber behauptet und Generationsgrenzen aufgerichtet hat: Sie steht oben auf dem Balkon und die jungen Mädchen befinden sich unten im Garten. Die Schlussszene, in der die Frauen sich zuwinken, unterstreicht die innere Aussöhnung.

Ozon ist wie wohl jeder kreative Künstler mit dem, was er erschafft, ungeheuer identifiziert. Eindrucksvoll ist dieser Aspekt künstlerischen Schaffens im Pygmalion-Mythos repräsentiert. Pygmalion findet auf Erden keine Frau, die seinen Ansprüchen genügt, so schafft er sich ein Bild dieses idealisierten Wesens in Form einer Elfenbeinfigur:

> »[...] er bildet indessen geschickt ein erstaunliches Kunstwerk / Weiß wie der Schnee, ein elfenbeinernes Weib, wie Natur es / nie zu erzeugen vermag, und [...] verliebt sich ins eigene Gebilde. / Sieh, die Gestalt einer wirklichen Jungfrau: man dächte sie lebe, / wolle sich plötzlich bewegen, sofern es die Scham nicht verwehrte. / Dass es nur Kunst war, verdeckte die Kunst« (Ovid 1997).

Gerade weil Ozon so sehr mit der Thematik seiner Hauptdarstellerin identifiziert ist, sucht er nach einem Rahmen für seinen Film, den er im umgrenzten Swimming Pool oder seiner im Spiegel doppelt gerahmten Protagonistin findet. Außerdem sucht er Distanz, um diese Geschichte im Film erzählen zu können. Bezeichnenderweise antwortet er auf die Frage, warum er seine Geschichten so oft aus weiblicher Perspektive erzähle, es sei für ihn als Mann leichter, sich in eine weibliche Perspektive zu projizieren. »So habe ich einfach mehr Distanz zum Thema« (zit. n. Pfirstinger/Bonke 2005). Das Drehbuch von ihm und Emmanuèle Bernheim enthüllt jedoch, dass da ein Mann am Werke war, denn Voyeurismus, Fetischismus und Sadomasochismus ebenso wie die Art wie der Kellner getötet wird, sind sehr unweiblich und eher typisch für Männer.

Wie schon ausgeführt, wird der schöpferische Akt von Künstlern sehr ernst genommen und fast wie ein Stück Realität erlebt. Richard Flanagan (zit. n. G. Christie 2002) meint dazu: »Wenn ich ein Buch geschrieben habe, habe ich ein Gefühl als hätte ich einem Baby das Leben geschenkt.« Das Ringen um den kreativen Prozess wird in Ozons Film eindrucksvoll dargestellt. Dabei gliedert sich der kreative Prozess darin, in eine inspirierende Idee abzutauchen und in die harte Arbeit, die erforderlich ist, sie umzusetzen. Da die inspirierende Idee dem Primärprozesshaften nahe steht, ist sie zunächst sehr flüchtig und kann leicht verloren gehen. Das war der Grund, weshalb Freud zu Paula Heimann sagte: »Schreiben sie es nieder, schreiben sie es nieder ...« (zit. n. G. Christie 2002)! Sarah im Film tut nichts anderes, sie tippt ihre Gedanken in ihren Laptop, wobei auch die Einarbeitung anderer Vorlagen kreative Qualität hat. Auf die bereits erwähnte Bedeutung des Rahmens für kreativ-künstlerische Arbeit weist auch die Künstlerin und Gruppenanalytikerin Gabriella Rifkind (1995) hin, die beschreibt, sie setze sehr bewusst einen Rahmen für ihre Arbeit, der als Behälter dient für das Unbekannte und das potenzielle Chaos, das am Anfang eines jeden kreativen Prozesses steht. Das sei vergleichbar dem verlässlichen Rahmen in einer Gruppentherapie. Erst innerhalb desselben kann sich aus anfänglichem Chaos ein kreativer Prozess voller Wachstum entfalten.

Letztlich ist die im Film dargestellte imaginative Kreativität ebenso wie Tagträumerei eine Fortsetzung des Spiels der Kindheit, wie Freud schon 1908 geschrieben hat. Beide, Künstler und Kinder, schaffen sich eine Welt der Fantasie, die sie sehr ernst nehmen. Dabei ist – wie Freud bemerkt – das Gegenteil von Spiel nicht Ernst, sondern Realität. Das Kontinuum zwischen kindlichem Spiel und kreativem Gebrauch der Fantasie durch Künstler lässt vermuten, dass die dabei stattfindende Sublimierung nicht nur eine Transformation der frühen Magie von Denken und Fantasie auf eine höhere Ebene der psychischen Organisation darstellt, sondern auch eine Rückwendung zur Freude am Magischen selbst (vgl. Loewald 2000), die im Film natürlich auch den Zuschauer erfasst. Nach Winnicott (1974) liegt in der künstlerischen

Sublimierung unter dem Aspekt der Übergangsphänomene eine Umkehrung von befremdlicher Getrenntheit, eine Wiederherstellung von Einheit und »in ihren fortgeschritteneren Formen ... eine Versöhnung durch die Integration von Polaritäten« (Loewald 2000). Diese Art von Sublimierung bedeutet, ursprüngliches Leiden so in kreativen Ausdruck umzuwandeln (Loewald 2000), dass der Prozess der Kreativität ein Medium zur Transformation des Selbst des Künstlers ist. Aus dieser Perspektive wird Kreativität motiviert durch die Suche nach einer Form, um einem aufgegebenen Teil des Selbst Ausdruck zu verleihen und ihn wiederzugewinnen. In *Swimming Pool* empfindet Sarah Morton einen Mangel, wenn auch nicht an Inspiration, wohl aber bei der Suche nach einer neuen Form für ihr Leben und nach einem neuen Genre, um Gefühle, die lange brach gelegen haben, zu beleben.

6 Nahe liegende Rückschlüsse und gesellschaftliche Aspekte

Diese Ausführungen über den kreativen Prozess implizieren, dass Ozon in diesem Film sehr Persönliches ins Bild gesetzt hat. Wesentliche Themen des Filmes sind Identitätsdiffusion und Missbrauch, die natürlich in engem Zusammenhang zu sehen sind mit frühkindlichen Erfahrungen in den Ursprungsfamilien der Filmfiguren. Das Thema der Identitätsdiffusion findet sich auch in anderen seiner Filme, besonders deutlich aber herausgearbeitet in seinem 1996 entstandenen Kurzfilm *Une robe d'été*, in dem ein bisexueller junger Mann Freude am Transvestitismus findet. Von Ozon ist bekannt, dass er homosexuell ist. Unter traditionell psychoanalytischem Aspekt gewinnen da natürlich die Eltern eine besondere Bedeutung. Wie ausgeführt, arbeitet er in seinen Filmen gerne mit Frauen, die natürlich auch für weibliche/mütterliche Repräsentanten stehen. Hinsichtlich des Vaters führt Jean-Marc Lalanne (zit. n. Schilt 2004) aus, es gebe in Ozons Filmen zwei Arten von Vätern, einerseits den omnipotenten missbrauchenden Vater in Filmen wie *Les amants criminels* oder *Gouttes d'eau sur pierres brûlantes* und andererseits den verschwindenden bzw. abwesenden Vater in Filmen wie *Sitcom*, *Sous le sable* und *8 Femmes*. Es scheint so, als schwinge eine traumatische autobiografische Erfahrung in seinen Filmen mit, die er in seinem kreativen filmischen Schaffen zu überwinden sucht.

Freilich darf nicht unerwähnt bleiben, dass die orthodoxe psychoanalytische Sichtweise, die von den sog. »Essentialists« (H. Martin 2002) vertreten wird, möglicherweise zu kurz greift. Denn in den modernen Gesellschaften kann man beobachten, wie sich die Geschlechterrollen verändern und zum Überleben in jeder Beziehung immer mehr Flexibilität erforderlich ist (vgl. Sennett 1998). Zunehmende Entscheidung für ein Leben als Single, Relativierung des Wertes der auf Heterosexualität aufbauenden traditionellen Familie und die Einführung der Homosexuellen-Ehe sind einige Beispiele dafür. Entsprechend betont der soziale Konstruktivismus im Gegensatz zu den Essentialisten die Bedeutung der gesellschaftlichen Bedingungen für die Entstehung sexueller Identität. Ozons Filme spiegeln die gesellschaftliche Situation in unserer postmodernen Zeit und die sich daraus ergebenden Konsequenzen auf einer individuellen Ebene in eindrucksvoller Weise wider. Wie in seinem Film *Swimming Pool* ist es dabei sein Anliegen, innere Prozesse ins Bild zu setzen, Fragen aufzuwerfen, kreative Lösungswege aufzuzeigen.

7 Zusammenfassung

Ozons Film *Swimming Pool* (2003) gilt als sein bisher gelungenster und persönlichster Film. Er versucht darin, einen kreativen Prozess darzustellen. Dies wird am Beispiel einer britischen Kriminalautorin in der Lebensmitte verdeutlicht, die in einer abgeschiedenen Gegend Südfrankreichs in einem regressiven Geschehen Zugang zu einem zwischen Fantasie und Realität liegenden intermediären Raum findet, in welchem sie vor dem Hintergrund ihrer eigenen traumatischen Biografie ihr »Alter Ego« als junges Mädchens fantasiert. Im Rahmen eines selbstreflexiven kreativen Prozesses kann sie alte neurotische Muster aufgeben und eine ganz andere Art von Buch als anfangs geplant verfassen. Die beschriebene Entwicklung, die eine Form von Sublimierung darstellt, mündet in einen Reifungsschritt. Die sexuelle Identitätsunsicherheit, die im Film dargestellt wird, legt eine Parallele zu Ozons Biografie nahe, muss aber auch als Phänomen der postmodernen Gesellschaft betrachtet werden.

Anmerkung

1 »Nachträglichkeit« bezeichnet eine Aktivität der Umarbeitung, die – nach Freud – durch unvermutet eintretende Ereignisse und Situationen beschleunigt wird. Eine der interessantesten Entdeckungen Freuds ist die »Nachträglichkeit«, die er im Falle des Wolfsmanns und an anderen Stellen postuliert. »Nachträglichkeit« bedeutet auf den »Wolfsmann« bezogen: Eine Urszene wurde real erlebt, bleibt jedoch vorläufig wirkungslos, bis sie später, beim Erreichen einer anderen Entwicklungsstufe, reaktiviert wird und ihre traumatisierende Wirkung entfalten kann. Am Anfang steht zwar ein realer Eindruck, dieser wird aber zu einem nur unvollständig integrierten Fremdkörper im psychischen Geschehen. Solcherart der Verarbeitung entzogen, kommt er schließlich mit zeitlicher Verschiebung zur seiner Wirkung »von innen«.

Literatur

Christie, G. L. (2002): Time to murder and create – some psychoanalytic aspects of creativity. Psychoanalysis downunder – The Online Journal of the Australian Psychoanalytical Society 2. Im Internet unter: http://www.psychoanalysisdownunder.com/PADPapers/time_to_murder_gc.htm. [18.10.2007].
Freud, S. (1908): Creative writers and day-dreaming. The Standard Edition of the Complete Psychological Works of Sigmund Freud 9, S. 141–153.
Laplanche, J. (1976): Life and death in psychoanalysis. Übers. v. J. Mehlman. Baltimore (Johns Hopkins Univ. Press).
Loewald, H. (2000): The essential Loewald: Collected papers and monographs. Hagerstown, MD (Univ. Publishing Group).
Martin, H. (2002): Creativity in perversion. Vortrag, gehalten auf dem Kongress des Melbourne Institute for Psychoanalysis im Juli 2002. Psychoanalysis downunder – The Online Journal of the Australian Psychoanalytical Society 3, April 2003. Im Internet unter: http://www.aipsych.org.au/articles/aip6-creativity_in_perversion.pdf [15.10.2007].
Obenaus, K. (1995): Der Widerstand der Psychoanalyse gegen die unerhörte Geschichte der Baubo. Vortrag, gehalten im Rahmen einer Arbeitsgruppe auf der 7. Arbeitstagung der Münchner Arbeitsgemeinschaft für Psychoanalyse in Kloster Seeon. Im Internet unter: http://frauenweb.at/publikationen/html/Obe96.html#1 [15.10.2007].
Ovid (1997): Metamorphosen. München (dtv).
Pfirstinger, R.; Bonke, J. (2005): François Ozon im Interview. Cinema. Im Internet unter: http://cinema.msn.de/stars_glamour/abisz?id=1602&type=interview [15.10.2007].
Rifkind, G. (1995): The creative process of the artist and group analyst. Group Analysis 28 (3), 331–337.
Schiller, B.-M. (2005): On the threshold of the creative imagination: Swimming pool (2003). Int J Psychoanal 86, 557–566.
Schilt, T. (2004): François Ozon. Senses of cinema. online journal. 31.. Im Internet unter: http://www.sensesofcinema.com/contents/directors/04/ozon.html [15.10.2007].

Sennett, R. (1998): Der flexible Mensch. Die Kultur des neuen Kapitalismus. Berlin (Berlin Verlag).
Vorwerk, T. (2005): Swimming Pool. Satt.org. Im Internet unter: http://www.satt.org/film/03_07_pool-2.html [15.10.2007].
Winnicott, D. W. (1974): Playing and Reality. London (Penguin Books).

Zimt und Koriander
(Regie: Tassos Boulmetis; Griechenland/Türkei, 2003)

»Dazwischen

Jeden Tag packe ich den Koffer / ein und dann wieder aus. / Morgens, wenn ich aufwache, / plane ich die Rückkehr, / aber bis Mittag gewöhne ich mich mehr. / an Deutschland. / Ich ändere mich / und bleibe doch gleich / und weiss nicht mehr, / wer ich bin. / Jeden Tag ist das Heimweh / unwiderstehlich, / aber die neue Heimat hält mich fest / Tag für Tag noch stärker. / Und jeden Tag fahre ich / zweitausend Kilometer / in einem imaginären Zug / hin und her, / unentschlossen zwischen / dem Kleiderschrank / und dem Koffer, / und dazwischen ist meine Welt.«

Alev Tekinay

1 Einleitung

Es ist selten, dass ein griechischer Film den Weg in deutsche Kinos (2005) findet. Umso bedeutsamer ist dieser Film, für den Tassos Boulmetis nicht nur das Drehbuch schrieb, sondern den er als Regisseur auch selbst in Szene gesetzt hat. Boulmetis wurde wie Fanis, der Protagonist seines Films, 1957 in Istanbul geboren und kam Anfang der 1960er Jahre nach Griechenland. Nach seinem Abitur studierte er in Athen zunächst Physik, um dann mit einem Stipendium der Onassis-Stiftung, für die er eine Zeitlang als Assistent tätig war, an der University of California (UCLA) Filmproduktion und Regie zu studieren. Seit 1983 arbeitet er als Regisseur in Griechenland. Vor zwölf Jahren (1994) ist er das erste Mal in die Stadt seiner Kindheit zurückgekehrt. Die zwei Tage, die er damals in Istanbul verbrachte, inspirierten ihn dazu, das Manuskript für den Film zu schreiben.

So wie zu einem wohlschmeckenden Essen Vorspeise, Hauptspeise und Nachtisch gehören, erzählt Boulmetis in mehreren »Gängen« in sinnlicher Weise die Geschichte einer griechischen Familie, die sich selbst im wesentlichen über das Essen definiert. Zufrieden lebte sie in Istanbul, bis sie über Nacht aufgrund der politischen Ereignisse (Zypernkrise) zum Opfer von Vertreibung wurde. Hier wird ein traumatisierendes Schicksal geschildert, wie es Millionen Menschen im Zusammenhang mit dem Zweiten Weltkrieg erlebt haben und wie es sich nach demselben in den 1950er Jahren und 1964 in der Türkei und seitdem weltweit millionenfach im Rahmen regionaler Krisen wiederholt hat und wiederholt. In anrührender und überzeugender Weise ist Boulmetis das Kunststück gelungen, historische Ereignisse und persönliche – wie gesagt, auch autobiografische – Geschichte von Heimatverlust und seinen Folgen ohne Vorwurf zu erzählen und mit Erfahrungen von familiärem Zusammenhalt, Freundschaft und Liebe zu verknüpfen. Dabei bedient er sich bei seiner Darstellung immer wieder der griechischen Küche in ihrer feinsten Form. Dieses Rezept, so Filmkritiker, habe *Zimt und Koriander* zum erfolgreichsten griechischen Film aller Zeiten gemacht. Er wurde mit insgesamt acht griechischen Filmpreisen geehrt und 2005 als offizieller Beitrag Griechenlands für den Oscar als bester ausländischer Film ausgewählt. Sowohl im deutschen als auch im englischen Titel (A touch of spice) geht das Wortspiel des Originals verloren. Der griechische Originaltitel (Politiki kouzina) heißt soviel wie »Konstantinopolitanische Küche«, aber auch »politische Köchelei«.

2 Filminhalt

Der in Istanbul lebende Großvater des griechischen Astrophysikers Fanis Iakovidis (George Corraface) will endlich zu Besuch nach Athen kommen! Alles wird vorbereitet, die Freunde des Großvaters sitzen schon an der lecker gedeckten Tafel, da klingelt das Telefon. Der Großvater Vassilis (Tassos Bandis) ist auf dem Weg zum Flughafen schwer erkrankt und wurde ins Krankenhaus gebracht. Fanis, der eigentlich nach Berkeley als Gastprofessor wollte, entschließt sich nach Istanbul zum Großvater zu reisen, den er seit der Ausweisung der Familie im Jahre 1964 – er war damals sieben Jahre alt, jetzt ist er über 30 – nie mehr wiedergesehen hat. Eine Rückblende in das Jahr 1959 macht die Bedeutung dieses Großvaters für Fanis (Markos Osse) deutlich. In seiner Kindheit in Istanbul hat ihn der Großvater in seinem Gewürzladen am Ostufer des Bosporus in die Welt der Gewürze eingeweiht und ihm erste Lektionen in Astronomie erteilt. Im Wort Gastronomie stecke auch das Wort Astronomie, so der alte Mann. Pfeffer wärme und brenne zugleich – wie die Sonne, Zimt sei süß und bitter zugleich – wie die Venus und damit wie die Frauen. Die Erde werde durch das Salz verkörpert. »Sowohl das Essen als auch das Leben brauchen Salz.« Gewürze sind das A und O des Lebens, erfährt Fanis in vielen faszinierenden Stunden gemeinsam mit dem Großvater. Auf dem Dachboden des Ladens erlebte er auch die erste Liebe. Dort kochte er mit der kleinen Türkin Saime (Basak Köklükaya) in ihrer Puppenküche und dort hatte er ihr seinen kostbarsten Schatz, das vom Großvater vermittelte Wissen über Gewürze, weitergegeben. Dafür tanzte sie für ihn zwischen Knoblauchzöpfen und Chilibündeln.

Die Idylle seiner Kindheit zerbricht jäh, als die Türken 1964 im Zusammenhang mit dem eskalierten Zypernkonflikt alle Griechen des Landes verweisen. Großvater Vassilis ist eingebürgert und darf bleiben. Fanis' Familie aber muss innerhalb von sieben Tagen das Land verlassen. Ihr Eigentum fällt an den Staat. Für den siebenjährigen Fanis bricht die Welt zusammen: Er muss nicht nur die vertraute Umgebung seiner Kindheit, sondern auch seinen Großvater und seine »Sandkastenliebe« Saime zurücklassen. In Griechenland sind die Ausgewiesenen die Türken, so wie sie in der Türkei immer die Griechen waren. Fanis flüchtet sich in dieser Situation in die Welt der Küche, der Frauen und der Gewürze. Regelmäßig schreibt er an seine türkische Freundin mit Gewürzen parfümierte Karten, auch noch, als diese längst nicht mehr antwortet. Alle Versuche, ihm die Welt der Männer schmackhaft zu machen oder ihn in diese zu zwingen, scheitern. Nachts schleicht er sich in die Küche, um heimlich zu kochen und bald ist er dabei ein größerer Meister als seine eigene Mutter. Als die Eltern schließlich die Küche abschließen, macht er zwei Jahre lang das Badezimmer der Wohnung zu seinem Zufluchtsort. Eine besondere Beziehung entwickelt er zu seinem Onkel Emilios, der als Kapitän die große weite Welt kennengelernt hat und auf den in jedem Hafen eine andere Freundin wartet.

Immer wieder angekündigte Besuche des Großvaters scheitern regelmäßig, sodass Fanis Vater (Ieroklis Michaelidis) schließlich konstatiert, dass jener nie wirklich vorgehabt habe zu kommen und auch nie kommen werde. Eine Vermutung, die sich als zutreffend erweist, denn auch zu seinem letzten Besuch – der Film hatte damit begonnen – hat er keine Ausweispapiere mitgenommen. Er wäre also mit Sicherheit zurückgeschickt worden, hätte er es überhaupt bis zur Passkontrolle im Flughafen geschafft. Fanis, dieser begabte Koch, hat sich letztendlich nicht für eine gastronomische Ausbildung entschieden, sondern ist Astrophysiker geworden. Auch er, innerlich so sehr mit dem Land seiner Kindheit verbunden, hat, selbst als er als erfolgreicher Astrophysiker längst in der Welt herumjettete, nie den Versuch unternommen, die alte Heimat wiederzusehen. Erst die tödliche Erkrankung des Großvaters veranlasst ihn, nach Istanbul zu fliegen. Dort begegnet er seinem schon komatösen Großvater, der noch im Sterben die Hand so bewegt, als wolle er ihn, seinen Enkel, auf die Bedeutung des Zereibens der Gewürze aufmerksam machen. Bei der Beisetzungsfeier – es regnet in Strömen – trifft er die Liebe seiner Kindertage wieder, jetzt verheiratet mit dem Stabsarzt Mustafa, der ihm aus seiner Kindheit als Spielgefährte bekannt ist. Saime lebt von diesem auf seine Karriere bedachten Türken getrennt: er in Ankara, sie in Istanbul. Es ist Kindergeburtstag und Fanis backt für Saime und deren Tochter. Längst hat er für sich entschieden, hierzubleiben und an der Bosporus-Universität zu lehren. Nun, so Fanis, sei es an Saime, zu entscheiden. Da klingelt es an der Tür. Saimes Ehemann ist aus Ankara zum Geburtstag seiner Tochter angereist, da er sich ein Leben ohne seine Frau und ohne seine Tochter doch nicht vorstellen kann. Saime entscheidet sich gegen Fanis für eine Zukunft mit ihrer Familie. Nach einem bewegenden Abschied auf dem Bahnhof von Istanbul sucht Fanis das verlassene Haus seines Großvaters auf, um auch dort Abschied zu nehmen. Gewürzkörner und Salz, die er auf dem Dachboden findet, vermengt er und bläst dann alles weg. In seiner Fantasie werden die Gewürzkörner zu den Planeten seines Universums.

2 Griechen und Türken

Ein ganz zentrales Ereignis des Filmes ist die Ausweisung der Familie des Protagonisten wegen des Zypernkonflikts zwischen Griechenland und der Türkei. Der Zwist der beiden Nationen ist uralt. In der Antike waren es die Griechen, die ihr Reich immer weiter nach Kleinasien ausdehnten und bedeutende Städte wie Milet, Ephesos und Smyrna in Kleinasien gründeten. Alexander der Große stieß 326 v. Chr. bis nach Indien vor. In den beiden Jahrhunderten vor Christi Geburt wurde das Land römisch, wobei sich das oströmische Reich als byzantinisches Reich bis zur Eroberung seiner Hauptstadt Konstantinopel durch die Osmanen im Jahre 1453 hielt. Die Osmanen dehnten ihr Reich in alle Himmelsrichtungen weit aus und standen 1529 vor den Toren Wiens. Erst 1830 wurde Griechenland nach einem Volksaufstand unabhängig vom Osmanischen Reich – mittlerweile Kalifat –, das mit dem Ersten Weltkrieg endgültig zerfiel. 1923 rief Kemal Ata Türk die Republik aus. Im Zypernkonflikt flammte der Zwist der benachbarten Erzfeinde wieder auf. Nur aus dem beiläufig erwähnten Niederbrennen des Ladens eines türkischen Griechen, der Enteignung dieser Personengruppe und dem unmoralischen Angebot des Vertreters der Ausländerpolizei, anstelle der Ausweisung einen Verbleib im Lande in Aussicht zu stellen, wenn Fanis' Vater zum Islam konvertieren würde, kann man erahnen, mit welchem Hass und welcher Willkür gegen die Griechen vorgegangen wurde. Im Zusammenhang mit dem Krieg in Bosnien verweist Schreckeis auf Freuds »Narzissmus der kleinen Differenzen«. Für Schreckeis trägt dieser Gedanke zum Verständnis der Grausamkeit bei, mit solche Bruderzwiste ausgetragen werden. Dies ist ein Sachverhalt, der auch aus der Täter-Opfer-Forschung bekannt ist. Die Gewalt sei nicht weniger brutal, weil sie sich gegen ehemalige Freunde und Nachbarn richtet, sondern eher besonders grausam, gerade weil sie sich gegen diese richtet (Schreckeis zit. n. Piegler 2005, S. 78). Über all das schweigt der Film, auch wenn die Kenntnis darum zum Verständnis des Ausmaßes der Traumatisierung unerlässlich ist. Fanis' Großvater ist selbst auch Opfer einer Traumatisierung. Im Film tauchen als Symbol dafür wiederholt Röntgenbilder seiner Halswirbelsäule auf. Man kann diese Art der Symbolisierung als Ausdruck dafür verstehen, dass ihm fast das Genick gebrochen worden sei. Es ist von einer alten Verwundung von 1922 die Rede. Damals tobte ein von den Griechen angezettelter Eroberungskrieg, der am 9. September jenes Jahres endete. Es kam zu der sogenannten Kleinasiatischen Katastrophe, d. h. das damals mehrheitlich griechisch bewohnten Smyrna (Izmir)[1] wurde durch die türkische Armee eingenommen, niedergebrannt und 1,5 Millionen Griechen, die außer in den Städten an der Westküste bis dahin auch noch an vielen anderen Stellen der Türkei verstreute Siedlungen hatten, wurden vertrieben oder ermordet. Laut des 1923 in Lausanne geschlossenen Friedensvertrages durften einzig die Griechen in Istanbul und auf den vorgelagerten Inseln Imbros und Tenedos wohnen bleiben, ebenso wie im Gegenzug die Türken im griechischen Thrakien. Durch den Zuzug der Griechen aus dem anatolischen Festland hatte Griechenland damals eine Vertriebenenquote von ca. 25 Prozent zu bewältigen!

Dann werden die Jahreszahlen 1955 und 1964 genannt. 1955 gewann in der Türkei die proislamische demokratische Partei die Wahlen und Griechenland und die Türkei begannen sich verstärkt für ihre jeweilige Volksgruppe auf Zypern zu engagieren, was den Konflikt enorm anheizte. Es kam zu bürgerkriegsähnlichen Zuständen mit Tausenden von Toten und Zwangsumsiedlung, was entsprechende Rückwirkungen auf die im jeweiligen Mutterland lebenden Bevölkerungsminoritäten hatte.

1964 wurde die Familie von Fanis aus der Türkei ausgewiesen. »Jedesmal«, so Kapitän Emilios, »wenn es Schwierigkeiten mit den Türken gab, schickte er mir ein Bild.« Die Fachärzte, denen er die Bilder zeigen sollte, lachten ihn aus, denn auf den Röntgenbildern war kein pathologischer Befund zu sehen. Man muss folgern, dass es um eine seelische Traumatisierung ging, die immer dann wieder Schmerzen bereitete, wenn politische Ereignisse an das ursprüngliche Trauma erinnerten.

Beeindruckend wird im Film dargestellt, wie das Symptom transgenerational in die übernächste Generation weitergegeben wurde. Auch Fanis, sehr mit seinem idealisierten Großvater identifiziert, bekommt plötzlich wie dieser Schmerzen im Schulter-Halsbereich, als er sich mit Saimes Ehemann Mustafa im Dampfbad trifft und dieser ihm verkündet, Saime habe sich entschieden, mit ihm nach Ankara zurückzukehren. In diesem Moment wurde das Trauma der Trennung durch die Ausweisung reaktiviert. Es ist stimmig, dass der Film nicht auf der Ebene des brutalen Bruderkrieges spielt, sondern diplomatische Töne vorzieht und würzige kulinarische Genüsse in den Mittelpunkt stellt, so wie Fanis' Großvater das auch machte. Vielleicht bestand ja gerade darin die Überlebensstrategie für ihn als orthodoxem griechischen Christen in einer türkisch-islamischen Umgebung, die für ihn alles bedeutete, die »seine Stadt« ist – für ihn ebenso wie für seine Familie.

Wie groß aber tatsächlich die Unterschiede zwischen diesen beiden patriarchalen Kulturen sind, zwischen griechisch-abendländischem und orientalisch-islamischem Denken und Handeln, das wird in der völlig unterschiedlichen

Sozialisation der Volksgruppen – im Film wird die im Islam übliche Beschneidung der Jungen im Alter zwischen fünf und sieben Jahren erwähnt – ebenso deutlich wie in der konträren Mythologie, die im kollektiven Unbewussten dieser beiden Brudervölker bis heute wirksam ist: Nicht der Vatermord, wie in der griechischen Ödipus-Sage, steht in der orientalischen Rostam-Sage im Zentrum, sondern die Tötung des Sohnes durch den Vater. Bei der sehnsüchtigen Suche nach seinem nie gekannten Vater »Rostam« begegnet »Sohrab« seinem Vater. Vater und Sohn erkennen einander nicht, sie kämpfen miteinander, und letztendlich ist es der Vater, der seinen Sohn erschlägt. Danach zieht sich Rostam, bis dahin ein bewunderter Held, zurück, um bis an das Ende seiner Tage um den von ihm getöteten Sohn zu trauern. (Charlier 2006, S. 103). In der Ödipus-Sage ist es der Sohn, der, als der Vatermord als solcher ruchbar wird, der unwissentlich geschlossenen Ehe mit seiner Mutter entsagt, sich blendet und zurückzieht.

3 Die Welt der Gewürze und ihre Bedeutung

Geruch und Geschmack kommen im Film zentrale Bedeutung zu. »Wenn man über unsere Art zu kochen sprechen will, dann muss man bei den Gewürzen anfangen«, heißt es da. Die ganze orale Welt ist hoch libidinös besetzt. Und so verwundert es nicht, dass im Vorspann des Filmes verführerisch schöne nackte Brüste mit erigierten Brustwarzen zu sehen sind, auf die die Mutter, ehe sie sie ihrem Kind reicht, Zucker streut. So wird die Nahrungsaufnahme vom ersten Stillen an zum Hochgenuss. Der Film ist voll kulinarischer Genüsse und es wird keine Gelegenheit ausgelassen, auf den hoch differenzierten Einsatz unterschiedlichster Gewürze und ihre Wirkung hinzuweisen. Fanis' Großvater ist ein meisterhafter Kenner all dieser Gewürze, mit denen er ja auch selbst handelt. Er gibt sein Wissen weiter an seinen Enkel Fanis. Bei dessen erster Liebe spielen Gewürze eine ebenso große Rolle wie bei seinen nächtlichen Kochaktionen als Kind in der mütterlichen Küche, auf dem Schulhof, in der Küche der Bordellwirtin, in der Hotelküche und später als Hobbykoch.

Die Bedeutung, die der Film dem Geruchs- und Geschmackssinn einräumt, hat allgemein gültige onto- und phylogenetische Wurzeln. Das Rhinencephalon ist der älteste Teil des menschlichen Gehirns und der am frühesten entwickelte.

Geruchs- und Geschmackssinn sind, auch wenn neurologisch über verschiedene Bahnen vermittelt, untrennbar miteinander verbunden. Schon unmittelbar nach der Geburt erkennt der Säugling, der ja zunächst ein noch unausgereiftes Sehvermögen hat, die Brust *seiner* Mutter an ihrem Geruch. Der Volksmund hat die Bedeutung von Geruch und Geschmack in typischen Redensarten festgehalten: »Jemanden riechen können«, »Liebe geht durch den Magen«, »etwas wird ruchbar«, »das Salz in der Suppe« usw. Weihrauch ist heute noch in der katholischen Liturgie in Gebrauch, und die Heiligen Drei Könige brachten dem Christuskind als kostbare Geschenke Gold, Weihrauch und Myrrhe aus dem Morgenland mit. Über Jahrtausende gab es eine Gewürzstraße, auf der ebenso wertvolle wie exotische Gewürze von den Gewürzinseln, den Molukken, aus Hinterindien, Indien und dem vorderen Orient nach Europa gelangten. Die weihnachtlichen Gewürzlebkuchen künden davon. Düfte werden heute von einer ganzen Industrie hergestellt und Bücher wie Süskinds *Parfum* erzählen von diesem ebenso flüchtigen wie kostbaren Gut. Die mediterrane, orientalische und ebenso die französische Küche kennen die raffinierte Würzung von Speisen. Die griechische Küche ist in dieser Hinsicht stark von der türkischen beeinflusst. Safran, aus dem Blütenstaub einer Krokusart gewonnen, ist bis heute ein sehr teuer bezahltes Gewürz. Bestimmte Duftstoffe, die Pheromere, sind sexuelle Lockstoffe und einige würzige Pflanzenwurzeln wie Ingwer gelten als Aphrodisiaka. Im Film signalisiert eine von Emilios Freundinnen, Amanda aus Rom, ihre Liebe durch ein symbolträchtiges Muschelgericht. Ich glaube, dass diese Aufzählung, auch wenn sie unvollständig ist, doch deutlich macht, welch große Bedeutung Gewürze für Menschen haben und wie sehr sie mit der oralen Entwicklungsphase in Verbindung gebracht werden können, auch wenn sie ein Leben lang ihre Bedeutung nicht verlieren. In Boulmetis' Film stehen sie in der von ihm beschriebenen Familie für Leben – vielleicht sogar für das Leben in der Türkei, aber auch für Regression auf die orale Stufe, was am Bespiel von Fanis noch verdeutlicht wird.

4 Fanis' Weg unter psychoanalytischen Aspekten betrachtet

Die erotische, mit Zucker versüßte Stillszene am Anfang des Filmes kann als Metapher verstanden werden für die innige Amalgamierung von Liebe, Nahrungsaufnahme und Frauen in Fanis' Leben. Sein Großvater mütterlicherseits, ein feinsinniger Gewürzhändler, weiht ihn in die Welt der Gewürze ein und erklärt ihm darin den ganzen Kosmos, dessen Mittelpunkt »die Stadt« ist, in der sie leben, Istanbul. So sind Gewürze für Fanis untrennbar und für alle Zeiten mit der Welt seiner Kindheit verbunden. An einer Stelle sagt Fanis über die Griechen in Istanbul, sie unterschieden sich von allen anderen Griechen nicht nur geschichtlich, sondern auch biologisch. »Es fängt damit an, dass sie einen inneren Magnetismus haben, man könnte meinen, dass sich in ihrem Kopf ein Kompass befindet, mit dem sie bei jeder geografischen Frage ihre gesamte Identität wiederherstellen, wer sie sind, woher sie kommen und wohin sie gehen.« Er drückt damit aus, dass deren innerer Kompass auf Istanbul geeicht ist. Als weiteres Unterscheidungsmerkmal führt er an, sie brächten *alle* Sinne beim Einkaufen von Nahrungsmitteln zum Einsatz. Die türkischen Griechen seien also etwas ganz besonderes. Fanis ist einer von ihnen. In seiner so geprägten Entwicklung spielen Vater und Mutter eine eher randständige Rolle. Sie sind gewährend, wenngleich sie später in Griechenland ihrem Sohn gegenüber auch die Realität vertreten. Als sie einmal streiten, wird deutlich, dass sie nur deshalb geheiratet haben, weil die Frau mit Fanis schwanger war. Im Gegensatz zu Mustafas Vater Osman Bay, sind weder Fanis' Vater noch sein Großvater Männer, die das väterliche Prinzip vertreten und so Triangulierung ermöglichen würden. Sein erotisiertes, von Gewürzen eingerahmtes Idyll, auch mit seiner Freundin Saime auf dem Dachboden des großväterlichen Ladens in Istanbul, ist eine von Oralität geprägte, anmutige weibliche Welt. Fanis klettert nicht auf Bäume, spielt nicht Fußball und misst sich nicht in sportlichen Aktivitäten mit den gleichaltrigen Jungen. Er zieht es vor, dem Großvater und den Frauen in der Küche zuzuhören, mit Saime in deren in einem Metallkoffer untergebrachten Puppenküche zu kochen und mit ihr Rezepte auszutauschen. Das ändert sich auch nicht in Griechenland, wo er in der Schule während der Pausen seine Mitschülerinnen bekocht oder nachts heimlich in Mutters Küche schleicht und in einer Weise kocht, die seine Eltern in Erstaunen versetzt. Erst glauben diese an ein Wunder, bis der Vater im Bett des schlafenden Sohnes einen Kochlöffel entdeckt. Fanis' Kochkünste sind so außergewöhnlich, dass der Verdacht aufkommt, da müsse der Satan im Spiel sein und man den Priester bemüht, der sich mit seinem Mitbruder über die von Fanis hergestellten Spezialitäten genüsslich hermacht und Küchenverbot erteilt. Fanis soll endlich ein richtiger Mann werden. Der Vater meldet ihn deswegen bei den Pfadfindern an, aber schon bald findet man den Sternsinger wieder in einer Küche – diesmal bei der Wirtin eines Bordells, wo er in späterem Alter all seine sinnlichen Genüsse befriedigt. Essen spielt in seiner Familie und für ihn eine so große Rolle, dass er die Heirat seines Onkels Emilios mit einer griechischen Offizierstochter zu vereiteln weiß, indem er geeignete Gewürze zum Platzen der Verlobung dem Essen untermischt. Für ihn ist die Vorstellung unerträglich, sein Onkel müsse den Rest seines Lebens mit einer Frau zusammenleben, die nichts als Spiegeleier braten kann, wo er doch auch ganz andere Chancen hätte, etwa bei Soso. »Du musst sie nur von hinten ansehen, an ihren Bewegungen kannst du sehen, was sie dir kocht.« Das wäre eine Frau nach Fanis' Geschmack. Zusammenfassend kann man sagen, dass Fanis, ein ungewolltes Einzelkind, mit der Welt der Mutter stark identifiziert ist und die Tatsache, als Grieche in Istanbul zu leben, narzisstisch hoch besetzt hat. Den Vater der Mutter idealisiert er stark. Allerdings taugt dieser feinsinnige Diplomat wenig zum triangulierenden Objekt, das ihm helfen könnte, einen Weg aus der verführerischen Welt der Frauen zu finden.

Auch wenn es in Filmtitel und manifestem Inhalt des Filmes um Küche und Gewürze geht, handelt es sich auf einer tieferen Ebene doch um etwas ganz anderes, nämlich um die traumatisierend erlebte Vertreibung aus der Idylle der Kindheit und die Verarbeitung dieses Traumas. Fanis, der bei dem unvorbereiteten Heimatverlust ungefähr sieben Jahre alt gewesen sein mag, war als Kind am wenigsten in der Lage, psychisch mit diesem Trauma fertig zu werden. Er war von allen am schwersten betroffen und entwickelte eine posttraumatische Belastungsstörung mit pathologischer Trauer, wobei er auf die orale Entwicklungsstufe regredierte und lange Zeit auf dieser Stufe fixiert blieb. Zwei Jahre lang sperrte er sich dann in das Badezimmer der elterlichen Wohnung ein, was auf einen analen Machtkampf mit den Eltern hinweist. Er verleugnet die Tatsache, dass ihm Saime schon zwei Jahre lang auf seine Karten nicht mehr geantwortet hat und schreibt fleißig weiter parfümierte Postkarten, wie er es immer getan hat. Sein Onkel Emilios, von Beruf Kapitän, ein Mann, der die Welt und die Frauen kannte, muss ihm wie ein Hoffnungsträger dafür erschienen sein, dass es aus der oralen Welt doch einen Ausweg geben müsse. Umso größer mag die Enttäuschung gewesen sein, dass auch er den Absprung aus dieser gebundenen Familie nicht schaffte. Fanis' ganze Wut entlädt sich, als er das Verlobungsessen des Onkels würzt, was die Verbindung platzen lässt. Er hat die Welt der türkischen Heimat in sich verkapselt, aber auch dann holt sie ihn noch ein, als er längst ein erfolgreicher Astrophysiker ist. In einem Sternennebel sieht er ein unbekanntes Flugobjekt, für ihn der rote Schirm Saimes, der ihr davon geweht war, als sie als Kinder zusammen am Leuchtturm gesessen hatten. Er spürt, wie er wieder einmal einer Verkennung aufsitzt, sie aber nicht verhindern kann. An seine Studenten gewandt, sagt er dazu selbst: »Entweder sieht man da etwas, was nicht da ist, oder man sieht etwas, was man nicht sehen kann.« Und er fährt fort: »Entweder wir brauchen einen neuen Drucker oder wir bekommen den Nobelpreis.« Fanis ahnt, dass die Begegnung mit der Vergangenheit und die Auseinandersetzung damit die idealisierte Idylle infrage stellen würde, diese Idylle, an der er sein Leben lang bisher festhielt. So vermeidet er den Flug nach Istanbul ebenso wie der dort lebende Großvater die Reise nach Athen. Fanis bemerkt:

> »Mein Großvater hat immer gesagt, dass in dem griechischen Wort für träumen auch das Wort rülpsen versteckt ist. Am Anfang meines Lebens war mir der Unterschied zwischen den Worten ziemlich egal, da ich sowieso nichts anderes tat, als diese beiden Dinge. Jahre später habe ich begriffen, dass es sich auf Essen und Geschichten bezog.«

Fanis wollte und konnte in Athen nicht aufhören zu träumen und kochte wie ein Weltmeister, um die durch die Ausweisung hervorgerufene Veränderung in seinem Leben nicht wahrnehmen zu müssen, das Gestern nicht rülpsend ausstoßen zu müssen. Sein innerer Magnet bleibt auf Istanbul gepolt, obwohl er in Athen lebt. Er ist der festen Überzeugung, dies sei bei allen griechischen Exilanten aus Istanbul so, zumindest bei den in Athen lebenden Freunden des Großvaters. Was ihn ebenfalls stabilisiert, sind die Kochfeste, zu denen sich an jedem Sonntag die ganze Verwandtschaft versammelt. Sie erwecken den Eindruck, alles sei noch so wie damals in Istanbul.

In Bezug auf das Thema Trennung zitiert Fanis immer wieder seinen Großvater, der es ja auch nie geschafft habe, seine Tochter und deren Familie in Athen zu besuchen. »Allein von dem Gedanken, hier weg zu gehen, bekomme ich Schmerzen hier oben« – womit der Großvater die alte Narbe im Hals-Nackenbereich meint, Folge einer Verletzung aus dem Jahre 1922. »Meine verstorbene Frau hat immer gesagt, wenn der Mensch weg geht von einem Ort, muss er von dem Ort reden, zu dem er unterwegs ist, nicht von dem Ort, den er verlassen hat. Und genauso halte ich es für mich auch.« Diese Haltung erinnert an traumatische Trennungen. Die Bibel berichtet von Lot und seinem Weib, die aus Gomorrha flüchten und denen geweissagt ist, wer sich umwende, werde zur Salzsäule erstarren. Und so kam es dann auch, als Lots Weib den Blick zurückwandte. Orpheus ging es nicht anders, als er Eurydike aus der Unterwelt zurückholte und den »Fehler« beging, sich umzuwenden. Er verlor Eurydike für immer (vgl. Haas 1990). Was sich Vassilis nicht vorstellen kann und was auch für Fanis lange Zeit unvorstellbar schien, ist, dass Trennung zwar schmerzlichen Verlust und aktives Aufgeben, ja Töten des verlorenen Objektes bedeutet, aber doch etwas vom Verlorenen zum Eigenen gemacht und internalisiert werden kann, wie es das Leichenschmausritual in symbolischer Form ausdrückt.

Fanis hat es – im Film nur andeutungsweise gezeigt – im Laufe seines Lebens geschafft, etwas vom Verlorenen zu internalisieren und so für sich festzuhalten: Die Liebe zum Kochen und die Entscheidung für die Astrophysik erscheinen wie ein sublimierender Umgang mit dem Verlorenen. Hierbei bedeutet seine Wahl der Astronomie aber auch, dass er sich für eine Welt entschieden hat, aus der er mit absoluter Sicherheit nie wieder vertrieben werden kann. Als er mit einer Freundin nachts zu den Sternen aufblickt und sie ihn verliebt fragt: »Welcher Stern ist das?«, da antwortet er ziemlich unsentimental, diesen Stern gebe es schon lange nicht mehr. »Die meisten Himmelskörper sind nicht mehr da, bloß noch ihre Spuren in der Zeit.« Sie erwidert: »Rede lieber von etwas, was da ist, aber unsichtbar ist.« Er wiederum antwortet: »Das Salz im Essen.« Man sieht es nicht, aber man schmeckt es. Treffender kann man einen gelungenen Trauerprozess nicht beschreiben. Und so ist Fanis, als er vom nahenden Ende des Großvaters erfährt, nun nicht mehr gelähmt und erstarrt, sondern in der Lage, nach Istanbul zu fliegen und sich mit der Vergangenheit zu konfrontieren. Er nimmt Abschied vom Großvater. Es beginnt in Strömen zu regnen. Fanis ist unbeschirmt. In der Trauergemeinde fällt ihm eine Frau unter einem roten Schirm auf. Es ist Saime, die Liebe seiner Kindertage. Sie ist mittlerweile mit Mustafa verheiratet, hat mit ihm gemeinsam eine kleine Tochter, lebt aber von ihrem Mann getrennt in Istanbul, wo sie als Fremdenführerin ihren Lebensunterhalt verdient. Die Begegnung der beiden nach so vielen Jahren ist anrührend. Sie holen gemeinsam Saimes Tochter ab, die begeisterte Ballettschülerin ist und nun so tanzt, wie einst ihre Mutter als Kind für Fanis tanzte. Fanis backt zu ihrem Geburtstag, so wie er das früher Saime versprochen hatte. Hatte sie ihm doch damals zum Abschied ihren Koffer mit der Puppenküche geschenkt und gesagt: »Fanis, damit du dich an mich erinnerst, möchte ich dir was geben. Und wenn ich nach Griechenland komme, dann kochst du für mich. Wenn du magst, tanz ich auch.« Er ist entschlossen, den alten Faden wieder aufzunehmen und bewirbt sich um eine Gastprofessur an der Bosporus-Universität, die er auch sofort erhält. Saime dagegen erkennt die Realität an und kehrt, als ihr Mann – zur Erkenntnis gekommen, sie und seine Tochter seien doch tausendmal wichtiger als seine Karriere – in die Geburtstagsparty hereinplatzt, zu ihm zurück. Auf dem Bahnhof gibt es dann einen letzten Abschied. Fanis lässt Saime gehen und erinnert an die Orpheus-Geschichte. Als sie sich ein letztes Mal umdrehen will, ruft er ihr warnend zu, sie solle nicht zurückblicken. Dafür tut es die Tochter. Die Frage bleibt offen, wie sie später mit der Geschichte umgehen wird, die ihre Mutter ihr weitergegeben hat.

Auch Kapitän Emilios weiß um die Schwierigkeiten, die mit Abschied verbunden sind und sinniert:

> »Es gibt zwei Sorten von Menschen beim Reisen, die einen schauen vor der Abfahrt auf die Seekarte und die anderen schauen vor der Abfahrt in den Spiegel. Die, die auf die Karte schauen, gehen weg, die die in den Spiegel schauen, kommen zurück. Und ich hab in den Spiegel gesehen vor der letzten Fahrt.«

Im Spiegel werden die eigenen Gefühle von Trauer und Schmerz sichtbar und diese verunmöglichen ihm Trennung. – Wie ist das erst bei Menschen, die Trennung so traumatisch erlebt haben wie Fanis, die keine Zeit und keine Karte hatten, um sich auf die Trennung vorzubereiten? Für sie wird Trennung zum psychischen Trauma, das nur schwer zu überwinden ist. Jahrelang war Fanis von Ängsten, wie sie typisch für posttraumatische Belastungsstörungen sind, gequält: »Wenn bestimmte Geräusche unmittelbar vor dem Essen erklingen, machen sie mir Angst. In allen entscheidenden Situationen meines Lebens ging entweder die Türglocke oder das Telefon klingelte.« Auslöser des Ganzen war das Klingeln des Beamten der Ausländerbehörde in seiner Kindheit, das zur Ausweisung führte. Das Läuten einer Türglocke vor dem Essen ist seitdem bei ihm ein Trigger für das Auftreten basaler Angst. Ein anderes Phänomen wurde bereits benannt: Verkennungen. Er fantasiert Saimes roten Schirm in die Auffälligkeiten auf dem Bildschirm des Weltraumteleskops hinein, so wie manche Menschen mit einer pathologischen Trauerreaktion meinen, in vorübergehenden Passanten einen Verlorenen wiederzuerkennen. Sie sollen lebendige Wunschbilder für diejenigen sein, die die Realität aus intrapsychischen Gründen – nämlich zu ihrer Selbststabilisierung – verleugnen (müssen). Fanis' Hobby und seine Berufswahl sichern ihm für immer eine innere Nähe zum Großvater und zur verlorenen Welt, ebenso wie dies auch das Symptom tut, das er vom Großvater als Konversionssymptom übernommen hat, die Hals-Nacken-Schmerzen, die auftreten, wenn von Trennung die Rede ist und die ihm dann den Blick zurück verunmöglichen. So ist für Fanis die Vertreibung zu einem Stück seines Schicksals geworden. Sein Vater meint zu dem Verlust: »Unsere Heimatstadt nennen wir nur *die Stadt*, denn die schönste Stadt der Welt braucht keinen Namen«, – und er beginnt zu weinen … Es ist deutlich, wie viel nachträgliche Idealisierung hier mitschwingt. Großvater Vassilis hat mehrere Versuche unternommen, seine Familie in Griechenland zu besuchen, aber er scheiterte an seiner Angst vor dem befürchteten Trennungsschmerz, vielleicht gerade weil der Platz in Athen am Familientisch für ihn immer freigehalten wurde. Und jedes Mal, wenn der Tisch zu seinem Empfang gedeckt wurde, wurden die Plätze sorgfältig so gewählt, dass niemand auf den Gedanken käme, an ein christliches Abendmahl zu denken, also an Trennung für immer …

5 Zusammenfassung

Boulmetis Film schildert das Drama von Vertreibung und daraus resultierender posttraumatischer Belastungstörung und pathologischer Trauer. Der Protagonist des Filmes wird als Kind unerwartet von diesem Schicksal getroffen, was die Verarbeitung des Heimatverlustes umso schwerer macht. Nach Regression auf die orale Stufe kommt erst nach Jahren eine altersentsprechende Entwicklung mit Akzeptanz der Realität in Gang, was sich sicher auch daraus erklärt, dass seine Umgebung nicht in der Lage war, auf seine seelische Not angemessen einzugehen. Der Entwicklungsschritt des Protagonisten besteht in einem sublimierenden Umgang mit dem Geschehen. Die berufliche Entscheidung für die Astrophysik verschafft Lösung von der oral gefärbten mütterlichen Welt und Nähe zum geliebten Großvater und seiner Welt der Gewürze, denn Astronomie und Gastronomie unterscheiden sich nur durch einen Buchstaben. Erst als Fanis in seiner Entwicklung diese Stufe erreicht hat, wird es ihm möglich, nach Istanbul zu fahren, endgültig Abschied zu nehmen und so frei für sein weiteres Leben zu werden.

Anmerkung

1 25.000 Griechen wurden damals in Izmir ermordet und 200.000 vertrieben; kurz zuvor war noch ein Teil der griechischen Bevölkerungsmehrheit unter z.T. dramatischen Umständen von englischen Schiffen aus der Stadt evakuiert worden. Schriftsteller wie der Literaturnobelpreisträger Giorgos Seferis machten die damaligen Ereignisse zum Gegenstand ihrer Dichtung.

Literatur

Charlier, M. (2006): Geschlechtsspezifische Entwicklung in patriarchalisch-islamischen Gesellschaften und deren Auswirkung auf den Migrationsprozess. Psyche – Z Psychoanal 60, 97–117.
Haas, E. (1990): Orpheus und Eurydike. Vom Ursprung des Trauerprozesses. In: Eickhoff, F.-W.; Loch, W. (Hg.): Jahrbuch der Psychoanalyse. Bd. 26. Stuttgart (frommann-holzboog), S. 230–252.
Piegler, T. (2005): Zwischen Allmacht und Ohnmacht – Gedanken zum 11. September 2001. Freie Assoziation 8, 77–85.

Wie im Himmel
(Regie: Kay Pollak; Schweden, 2004)

»In jeder Erwachsenenpsyche macht sich, zumindest unbewusst, ein Wünschen geltend, das die verlorene Kindheit, bis hin zur symbiotischen Einheit mit der Mutter wieder herstellen will.«
G. Vinnai: *Jesus und Ödipus*

»Die unklare innere Wahrnehmung des eigenen psychischen Apparates regt zu Denkillusionen an, die natürlich nach außen projiziert werden und charakteristischerweise in die Zukunft und in ein Jenseits. Die Unsterblichkeit, die Vergeltung, das ganze Jenseits sind Darstellungen unseres psychischen Inneren [...,] Psycho-Mythologie.«
S. Freud: *Briefe an Wilhelm Fließ*

»Musik ist höhere Offenbarung als alle Weisheit und Philosophie.«
L. van Beethoven

1 Einleitung

Am Abend des Tages, an welchem der Film *Love me*[1] des schwedischen Autors und Regisseurs Kay Pollak[2] in Schwedens Kinos anlief, besuchte der Premierminister des Landes, Olof Palme, zusammen mit seiner Frau in Stockholm ohne Polizeischutz den Film *Die Gebrüder Mozart* (Regie: Suzanne Osten). Auf dem Heimweg wurde er aus nächster Nähe erschossen. Das war am 28. Februar 1986. Der Tag ist in die Geschichte Schwedens eingegangen, denn der Mord war ein Schock für die Bewohner dieses Landes und bewog den Regisseur Pollak dazu, sich aus dem Filmgeschäft zurückzuziehen. Erst 18 Jahre später, 2004, kam wieder ein Film von ihm in die Kinos: *Wie im*

Himmel. Es war seine Frau, die ihn, wie er in einem Interview äußerte, auf die Filmidee brachte:

> »Sie sang in einem Chor«, so Pollak, »und ich fuhr sie immer wieder abholen. Dabei lauschte ich dem Gesang und beobachtete den Chor. Und nach und nach wurde mir bewusst, dass so ein Chor eigentlich als Metapher für Menschlichkeit stehen kann. [...] Musik heilt alle Menschen. Diese Sprache ist universell und überwindet alle Schranken. Das ist eine wunderbare Kraft. [...] Ich musste diese Geschichte einfach erzählen, ich konnte nicht widerstehen« (Presseheft zum Film, S. 12).

Im Sturm eroberte der Streifen die Herzen seiner Landsleute und avancierte mit über zwei Millionen Besuchern (bei acht Millionen Einwohnern) zu einem der erfolgreichsten Filme in Schweden überhaupt. In Australien übertraf er sogar die Besucherzahlen des damals neu in die Kinos gekommenen James-Bond-Films *Casino Royale*. In Sydney überstiegen die Besucherzahlen im unabhängigen Kino »Cremorne Orpheum« sogar jene des weltberühmten *Titanic*-Films, obwohl nur Mund-zu-Mund-Propaganda gemacht wurde! Aus allen Landesteilen reisten Besucher an. Der Film lief dort ununterbrochen 41 Wochen lang!

2 Filminhalt

Als Kind spielte Daniel Dareus (Michael Nyquist) inmitten eines wogenden Kornfeldes Geige, um ungestört zu sein. Wegen seines Andersseins bezog er von seinen Mitschülern Prügel. Sein Traum war, eine Musik zu machen, welche die Herzen der Menschen öffnen sollte. Seinen Vater hatte er schon in seiner frühen Kindheit verloren, sodass er und seine Mutter umso mehr zusammenhielten. Sie förderte sein Talent und starb tragischerweise auf dem Weg zu ihrem Sohn, als dieser, 14-jährig, erstmals an einem internationalen Musikwettbewerb teilnehmen wollte. In kurzer Zeit schaffte er es, zum Star der internationalen Musikszene zu werden. Als Dirigent berühmter Orchester war er auf Jahre hinaus ausgebucht. Als der passionierte Musiker auf offener Bühne einen Herzinfarkt erleidet und zusammenbricht, muss er seine Karriere aufgeben. Er braucht Ruhe und entschließt sich, in das kleine, abgeschiedene nordschwedische Dorf, in dem er seine Kindheit verbracht hat, zurückzukehren. Doch die Idylle erweist sich als trügerisch. Die Brutalität, mit der Conny (Per Morberg), der Bauer des Ortes, ein weißes Kaninchen tötet, das Daniel soeben noch verzückt durch sein Küchenfenster im Schnee vor dem Haus beobachtet hat, erschreckt ihn. Die Neugier der Dorfbewohner und ihre hohen Erwartungen an den berühmten Neubürger zwingen Daniel dazu, sich dem Leben der Gemeinde zu stellen. Als er mit dem vernachlässigten kleinen Kirchenchor in Berührung kommt, erwacht in ihm wieder seine Leidenschaft zur Musik. Er bewirbt sich um das Amt des Kantors und stürzt sich mit Feuereifer in seine neue Aufgabe. Er setzt bei den Dorfbewohnern unbekannte psychologische Methoden ein, damit die musikalisch wenig gebildeten und gehemmten Chormitglieder ihre natürliche, je individuelle Begabung entdecken können.

Daniels leidenschaftliches Engagement steckt die Chormitglieder an und sie begeistern sich für ihre Proben ebenso wie für ihren neuen Kantor. Zum ersten Mal erleben sie das erhebende Gefühl, an etwas Großem teilzuhaben. Doch ihre Schwärmerei ruft Neider und eifersüchtige Ehemänner auf den Plan. Insbesondere Pastor Stig Berggren (Niklas Falk) beobachtet Daniels Arbeit mit wachsendem Unmut, da er sich von ihm ausgestochen fühlt. Als seine Frau Inger (Ingela Olsson) beginnt, ihn zu kritisieren, sucht Stig nach einem Weg, den Kantor seines Amtes zu entheben. Unterstützung erfährt er dabei von Siv (Ylva Lööf), der ehemaligen Chorleiterin. Zwar ist auch sie ein begeistertes Chormitglied, doch sie hegt unausgesprochene Gefühle für Daniel, die unvermittelt in Hass umschlagen, als sie gewahrt, dass Daniel sich zu Lena (Frida Hallgren) hingezogen fühlt, die hauptberuflich als Kassiererin im Supermarkt des Dorfes arbeitet. Beide mögen sich und es ist Lena, die Daniel mitten im Winter das Radfahren beibringt. Auch Conny, Alkoholiker und eifersüchtiger Ehemann von Gabriella (Helen Sjöholm), ist nicht gut auf Daniel zu sprechen. Er ist bekannt dafür, seine Frau brutal zu schlagen. Auch Daniel wird sein Opfer. Dabei erkennt er in ihm seinen ärgsten Feind aus Kindertagen wieder, der ihn schon damals grundlos verprügelt hat.

Auch innerhalb des Chors brechen Konflikte auf. Siv gelingt es immer schlechter, ihre Eifersucht auf Lena im Zaum zu halten. Auch der geschwätzige und vorlaute Einzelhändler Arne (Lennart Jähkel) sorgt durch sein rücksichtsloses Auftreten für Streit. Sein mongoloider Cousin Tore (André Sjöberg), der von Daniel in den Chor aufgenommen wird, bleibt von Arnes Attacken ebenso wenig verschont wie der dicke Holmfrid (Mikael Rahm), der seit seiner Schulzeit unter Arnes Hänseleien leidet. Daniel drängt zur Aussprache und zum ehrlichen Umgang miteinander. So macht der Chor trotz aller Widrigkeiten große Fortschritte. Das erste Konzert in der vollbesetzten Kirche, bei dem Gabriella mit einem Solo brilliert, wird zum Riesenerfolg. Der Chor wird zu einem internationalen Wettbewerb in Österreich eingeladen. Daniel möchte nicht daran teilnehmen, zu sehr erinnert ihn dieser Wettbewerb an seine von Leistungsdruck geprägte Vergangenheit. Als er die große Enttäuschung der Chormitglieder spürt, lenkt er schließlich ein.

Daniels Verhältnis zu Lena wird durch gemeinsame Freizeitaktivitäten immer enger und zärtlicher. Bei einem Ausflug zu einem See offenbart ihm Lena ihre Geschichte: Viele Jahre hatte sie glücklich mit dem Arzt des Dorfes zusammengelebt, bis sie eines Tages zufällig erfuhr, jener habe in der Stadt Frau und Kinder. Zutiefst gekränkt beendete sie die Beziehung. Daniel hört sich alles an, vermag aber ihre Liebe nicht zu erwidern. Die zarte Nähe zwischen beiden bleibt den Dorfbewohnern nicht verborgen und ist für den Pastor Grund genug, um Daniels fristlose Kündigung im Gemeinderat wegen angeblichen Amtsmissbrauchs durchzusetzen. Weder Daniel noch die Chormitglieder wissen, wie ihnen geschieht. Doch die Rechnung des Pfarrers geht nicht auf, im Gegenteil: Durch sein Verhalten bringt er nicht nur den gesamten Chor, sondern auch seine Frau Inger gegen sich auf und der Chor erlebt ungeahnten Zulauf.

Neuer Übungsraum des Chors wird die geräumige alte Dorfschule. Daniel ist von dieser beispiellosen Solidarität überwältigt. Als auch noch Inger und Gabriella bei ihm Zuflucht suchen, weil sie ihre Männer verlassen haben, überschlagen sich die Ereignisse und der Chor fährt nach Österreich. Dort schafft Daniel es, Lena seine Liebe zu gestehen und er schläft mit ihr. Im Taumel seines Glückes erleidet er auf dem Weg zum Auftritt des Chors einen weiteren Herzinfarkt, kann sich aber noch in eine Toilette des Gebäudes schleppen, in dem der Wettbewerb stattfindet. Dort bricht er zusammen, verletzt sich am Kopf und bleibt blutüberströmt liegen. Der Chor tritt schließlich ohne ihn an, wobei Daniel über einen Lautsprecher in der Toilette mithören kann. Das Obertonsummen des Chores, von Tore angestimmt, zieht die Teilnehmer und Zuhörer des Festivals so in Bann, dass einer nach dem anderen einstimmt und alle, vom anschwellenden Ton dieses riesigen Chors ergriffen, tief bewegt aufstehen.

4 Psychoanalytische Interpretation

Auf den ersten Blick scheint der Film die Heilsgeschichte des Neuen Testaments, in unsere säkulare Zeit und ein kleines Dorf im Norden Schwedens transponiert, zu erzählen. Das beginnt schon mit dem Filmtitel »Wie im Himmel«, also Worten aus dem Vaterunser. Wie einst der kleine Jesus ist auch der Protagonist des Filmes, der Dirigent Daniel, als Junge anders als die anderen, musikalisch hoch begabt, von den Gleichaltrigen geschlagen und gedemütigt. So wächst er in der Abgeschiedenheit eines nordschwedischen Dorfes heran. Auch sein historisches Pendant ist schon als Kind bedroht, nämlich von den Häschern des Herodes. Daniels Traum ist, eine Sprache zu finden bzw. eine Musik zu machen, welche die Herzen der Menschen öffnet, so wie Christus mit seiner Heilsbotschaft die Menschen erreichen will. Beide sind sehr bescheidene Menschen. Daniels leiblicher Vater spielt im Film so wenig eine Rolle wie Josef im Leben Jesu. Die Mutter hat hingegen im Leben beider eine ganz zentrale Position. So wie es in der geschlechtslosen Heiligen Familie keine ödipalen Konflikte gibt, die zur Vertreibung aus dem Paradies führen könnten, versucht auch Daniel »rein« zu bleiben. Frauenbeziehungen gibt es nicht, bis in das Leben Jesu eines Tages Maria Magdalena tritt, der die Attribute einer Sünderin, von Papst Gregor I. sogar der Prostituierten, zugeschrieben werden, die aber nach ihrer Bekehrung fortan als Vertraute Jesu gilt. Im Film tritt die ebenso schlichte wie liebenswerte Dorfschönheit Lena in Daniels Leben, die vor Ort ebenfalls keinen guten Leumund hat. Zwei Jahre war sie – freilich ohne es selbst zu wissen – die Mätresse des Dorfarztes. Sie erzählt Daniel von den Engeln, an die sie glaubt und zeigt ihm in der Schule ganz unten an der Wand einen kleinen Engel, den ihr Großvater extra für sie dorthin gemalt hat, als sie in die Schule kam. Sie erspürt Daniels Angst vor einem erneuten Herzinfarkt, der tödliche Folgen haben könnte und beschwört ihn, er müsse keine Angst haben, denn es gebe keinen Tod. Sie wisse das seit dem Tod ihrer Eltern. Damit verkündet sie tief religiöses Gedankengut.

Während sich Jesus mit den Pharisäern im Tempel herumschlägt, entlarvt Daniel das Pharisäertum des Dorfpfarrers und der Dorfbewohner. Beide, Daniel wie Jesus, erreichen mit ihrer Botschaft die Herzen der Menschen, Jesus mit seinem Wort, Daniel mit seiner Musik. Beide nehmen sich gerade auch der vom Leben Benachteiligten an: Jesus derer, die mühselig und beladen oder krank sind, und Daniel integriert im Chor Alt und Jung und selbst einen mongoloiden jungen Mann. Die Chormitglieder bilden Daniels Jüngerschar. Gerechtigkeit, Menschlichkeit und Liebe halten Einzug im Dorf. Das Böse wird entlarvt und bestraft: Der seine Frau misshandelnde Conny landet im Gefängnis und der unbelehrbare, pharisäerhafte Dorfpfarrer verliert nicht nur seine Frau, sondern auch seine Gemeinde. Gefühle werden gezeigt und Konflikte ausgesprochen. Durch den Fremden im Dorf, durch Daniel, wird der Umgang der Menschen im Dorf miteinander anders, liebevoller und aufrichtiger, ein bisschen »wie im Himmel«. Beide, Jesus wie Daniel, sterben für die Menschen, die sie so geliebt haben. Daniel hat zwar keine Dornenkrone auf, aber aufgrund der Kopfverletzung, die er sich zuzieht, sieht man ihn in einer der letzten Einstellungen des Filmes, am Kopf blutend, daliegen. Und so wenig wie Jesus am Ende seines irdischen Lebens auf dem Kaiserthron sitzt, so wenig äußere Ehre wird Daniel zuteil. Er stirbt allein, an einem Ort, den andere Menschen nur aufsuchen, um ihre Notdurft zu verrichten. Die Bibel sagt über Pfingsten,

> »plötzlich [kam] ein Brausen vom Himmel wie von einem gewaltigen Wind und [...] das ganze Haus in dem sie [die Jünger; T.P.] saßen, [war erfüllt]. Und es erschienen ihnen Zungen zerteilt, wie von Feuer; und es setzte sich auf einen jeden von ihnen, und sie wurden alle erfüllt von dem heiligen Geist und fingen an, zu predigen in andern Sprachen, wie der Geist ihnen gab auszusprechen« (Apostelgeschichte 2, 1–4).

Während also das christliche Pfingsten in einer Sprache, die alle Menschen verstehen können, diese eint und erlöst, ist es im Film das Wunder des Obertongesangs von Daniels Chor, das Chöre aus aller Welt und die Zuhörer ebenso wie die Menschen im Kino eint und in ein unendlich erhabenes Gefühl versetzt. Genau das ist es, was so viele Menschen in diesen Film strömen ließ: diese tiefe Menschlichkeit und diese Musik, vergleichbar nur mit Beethovens einzigartigem Schlusschor über Friedrich Schillers »Ode an die Freude« in seiner letzten, der *Neunter Sinfonie*.

Es muss noch erwähnt werden, dass obertonreiche Musik wegen ihrer ganz besonderen Wirkung in vielen Religionen eine bedeutsame Rolle spielt: in den Klanggebeten tibetischer Mönche ebenso wie in zen-buddhistischen

Ritualen, bei den Klangreisen australischer Aborigines und den gregorianischen Gesängen des christlichen Mittelalters.

Auf einer tieferen Schicht freilich entfaltet sich im Film jenes urmenschliche Drama früher ödipaler Verstrickung, aus dem Daniel ebenso wie vielleicht auch sein Schöpfer, K. Pollak, einen Ausweg suchen. Es sticht ins Auge, dass Pollak sich nach dem Tod Olof Palmes abrupt aus dem Filmgeschäft zurückzog, obwohl er eine Karriere als Regisseur vor sich hatte. Die Verbindung zur ödipalen Thematik verdichtet sich noch durch die Tatsache, dass Olof Palme in derselben Nacht erschossen wurde, in welcher Pollaks Film über einen elternlosen Teenager, der in einer Pflegefamilie unterkommt, Premiere hat. Im Film zeigt der Pflegevater der adoleszenten Pflegetochter deutlich seine ödipalen Wünsche. In *Wie im Himmel* ist es der kleine Daniel, der seiner Mutter seine Liebe gesteht: »Ich heirate dich, Mama, wenn ich groß bin.« Die Frage ist also, ob Pollak nicht eigene aggressive Impulse seinem Vater gegenüber kannte, deren gleichsam stellvertretende Realisierung durch den Attentäter für ihn so bedrängend war und solche Schuldgefühle mobilisierte, dass er sich erst einmal von seiner erfolgreichen Tätigkeit als Regisseur abwandte.

Im Film taucht der Vater erst gar nicht auf. Er ist früh verstorben, heißt es. Die innige Nähe zwischen Mutter und Sohn wird zu Beginn des Filmes dargestellt. Die den kleinen Daniel quälenden Klassenkameraden erscheinen wie externalisierte, konkretistische Vaterfragmente, die ihn ob seiner ödipalen Wünsche bestrafen (projektive Identifizierung). Ein Unfall der Mutter, als sie – ihren Sohn am Fenster gewahrend – unachtsam die Straße zum Festsaal überquert, hat ihren Tod zur Folge, als Daniel 14 Jahre alt ist. Die Szene kann einerseits konkret mit Bezug auf die Mutter Daniels, aber andererseits auch als Projektion des adoleszenten Daniel gedeutet werden, der ebenso wie sie spürt, dass ihre – in der Fantasie eines triumphalen Erfolgs des Musikwettbewerbs nach außen sichtbar werdende – innige innere Verbindung den Vater ausschließt und dessen fiktive Rache heraufbeschwört und nur der Tod beide vor einer weitergehenden ödipalen Verstrickung und ihren intrapsychischen Folgen schützen kann, dies umso mehr, als Daniel und wohl auch seine Mutter ein sehr strenges Über-Ich besitzen. Natürlich vermochte der Tod seiner Mutter Daniel nicht aus seiner inneren Verstrickung zu befreien – im Gegenteil, er fühlte sich innerlich wahrscheinlich umso mehr gebunden. In diesem Kontext kann sein selbstausbeuterischer Lebensstil mit einem Konzertauftritt nach dem anderen ebenso wie der schließlich in Konsequenz folgende Herzinfarkt als Selbstbestrafung verstanden werden.

Nachfolgend kommt es zum regressiven Rückzug in die alte Heimat, ein abgeschiedenes Dorf im Norden Schwedens. Doch auch dort trifft Daniel innerhalb kürzester Zeit auf Männer, die sich bestens eignen, das innere Bild vom rachedürstigen Vater auf sie zu projizieren: Da ist einmal der brutale Bauer Conny und zum anderen der Pastor Stig Berggren zu nennen. Daniel versucht die Frau des ersteren vor ihrem sie misshandelnden Ehemann zu schützen, wird aber selbst zum Opfer. Ein ödipaler Nebenschauplatz also. Der Pfarrer versucht ihn ebenfalls zu kastrieren, als seine Frau von ihm schwärmt, und reagiert, indem er Daniel des Kantorenamtes enthebt, ein zweiter ödipaler Nebenschauplatz. Es fällt auf, wie sehr Daniel jede Form eigener aggressiver Regungen aus seinem äußeren Leben und inneren Erleben ausschließt. Über weite Strecken wird er im Film als ein Mensch dargestellt, der nur seiner Musik lebt, nur gut ist und keine sexuellen Wünsche kennt, ein Mann, eher ein tapsiger Junge, in der Nachfolge Christi. Hier schließt sich der Kreis zum eingangs Ausgeführten. Gerhard Vinnai[3] hat in seinem Buch *Jesus und Ödipus* (1999) überzeugend die Verbindung zwischen beiden herausgearbeitet. Er legt dar, dass Leben, Tod und Auferstehung des christlichen Jesus als Chiffren eines unbewussten ödipalen Dramas zu entziffern sind – so wie im Film das Leben Daniels. Diese Interpretation des Filmes steht in Übereinstimmung mit den Gedanken des Psychoanalytikers Rainer Rehberger, der am 07.02.2007 im Foyer des Stadttheaters Konstanz einen Vortrag mit dem Titel »›Wie im Himmel‹ – 100 Jahre Ödipuskomplex – im Wandel!« gehalten hat. Im Ankündigungstext zu dieser Veranstaltung heißt es: »Der gleichnamige Film und das Theaterstück regen zur Diskussion der darin gezeigten vielfältigen Facetten und Verstrickungen im Rahmen des ödipalen Konfliktes der verschiedenen Helden an …« (im Internet unter: http://www.cadrepsa.com/psychoanalyse/).

Der Kirchenchor, den Daniel übernimmt, wird bald zu seiner neuen Heimat. Durch sein sensibles Einfühlungsvermögen gelingt es ihm, den Chor voranzubringen. Schwierig wird es für ihn dann, wenn es darum geht, sich mit väterlichen Figuren, wie etwa dem Pfarrer, auseinanderzusetzen, oder sich zu messen, wie beim Chorwettstreit in Salzburg. Lena verkörpert für ihn lange die fürsorglich Bemutternde. Als sie sich ihm an einem See offenbart, sucht er verschreckt das Weite, da Fantasien an verbotenes inzestuöses Verhalten ihn in Angst und Schrecken versetzen. Noch kann er in ihr nicht die Nicht-Mutter, also die Partnerin sehen.

Der Chor fährt nach Österreich. Erst in dieser völlig fremden Umgebung, fern der schwedischen Heimat, ist es Daniel möglich, in Lena die begehrte und geliebte Frau zu erkennen und erste sexuelle Erfahrungen in seinem Leben zu machen. Er ist von seiner Liebe zu Lena so berauscht, dass er übermütig wird und es zum Reinfarkt kommt. Psychoanalytisch gesehen, scheitert er wiederum in der Stunde seines Erfolges. Seine unbarmherzigen Selbstbestrafungstendenzen holen ihn ein: Strafe für seinen Erfolg und das zu vermutende Überflügeln seines Vaters, Strafe aber auch dafür, dass er seiner Mutter in der Fremde untreu wird. Der Schlusschor bringt die alles und alle vereinende Erlösung, die Erfüllung einer Paradiesfantasie ...

Vinnai meint zu dieser gleichermaßen im Christentum zu findenden Vorstellung:

> »Durch das Opfer der Reinen ist Gott nach dem Ende der Geschichte wieder mit den Menschen versöhnt. ›Und ich hörte eine große Stimme von dem Thron, die sprach: Siehe da, die Hütte Gottes bei den Menschen! Und er wird bei ihnen wohnen, und sie werden sein Volk sein, und er selbst, Gott, wird bei ihnen sein; und Gott wird abwischen alle Tränen von ihren Augen, und der Tod wird nicht mehr sein, noch Leid noch Geschrei noch Schmerz wird mehr sein; denn das erste ist vergangen. Und der auf dem Thron saß, sprach: Siehe, ich mache alles neu‹ (Offenbarung 21, 3–5)! Im neu gefundenen Paradies sind alle Widersprüche aufgehoben, die den nachparadiesischen Zustand des Menschen auszeichnen. Die Einheit des Menschen mit Gott und der Natur ist wieder hergestellt. Das verlorene Kinderparadies, in dem eine symbiotische Einheit mit der Mutter bestand und der Vater noch nicht feindlicher Gesetzgeber und Rivale war, ist wiedergefunden. Das Realitätsprinzip ist hinfällig geworden. Wie in der frühesten Kindheit ist alles wieder eins geworden, alle mit Leid verbundenen Grenzziehungen sind aufgehoben. Alle Unterschiede, die Gott bei der Erschaffung der Welt eingeführt hat, gelten nicht mehr« (Vinnai 1999, S. 72f.).

Das Gefühl, das sich am Ende des Films beim Hören des gewaltigen Chors im Zuschauer einstellt, hat solche ozeanischen Ausmaße, es ist die Befriedigung der ewigen, mystischen Sehnsucht aller Menschen, mit dem Göttlichen eins zu werden oder anders ausgedrückt, nach Rückkehr ins Paradies des Mutterschoßes. Hier liegt das Geheimnis des Erfolgs dieses Filmes.

5 Zusammenfassung

Kay Pollaks Film *Wie im Himmel* wurde ohne große Werbung zu einem Riesenerfolg. Dies dürfte daran liegen, dass es ihm gelingt, das Heilsversprechen des Christentums nicht nur zu neuem Leben zu erwecken, sondern es auch in eine heute verständliche Form zu bringen. Die Sprache, die er dabei verwendet, ist eine, die Menschen auf der ganzen Erde verstehen: die Musik. Wie im Christentum geht es auch beim Protagonisten des Films, dem Dirigenten Daniel, um ein ödipales Drama, das er trotz menschlich sehr berührenden und ehrlichen Ringens letztlich nicht zu lösen vermag. Stattdessen nähren Film wie Religion wundervolle regressive Paradiesfantasien, die den Zuschauer durch einen gewaltigen Obertonabschlusschor in andere, grenzenlos scheinende, ozeanische Sphären führen.

Anmerkungen

1 Der Film handelt vom psychosozialen Dilemma eines 15-jährigen Mädchens (Sussie), das in eine Pflegefamilie kommt, in welcher die Mutter ihre Gefühle und der Vater ein bisschen mehr als nur diese von ihr haben will, während der Sohn der Familie total in sie verknallt ist. Emotional völlig überfordert reagiert sie verbal beißend und in ihrem Handeln fremd- und autoaggressiv.
2 Der heute 69-jährige Regisseur und Schriftsteller Kay Pollak (* 1938 in Göteborg) hat zunächst Mathematik und Statistik studiert, ehe er sich dem Theater, dem Film und der Schriftstellerei zuwandte. Drei Jahre nach seinem großen Filmerfolg hat er 2007 ein Buch mit dem Titel *Durch Begegnungen wachsen. – Für mehr Achtsamkeit und Nähe im Umgang mit anderen* herausgegeben, das seine schon im Film deutlich werdende authentische mitmenschliche Haltung festschreibt.
3 Gerhard Vinnai ist Professor für Analytische Sozialpsychologie an der Universität Bremen.

Literatur

Freud, S. (1986): Briefe an Wilhelm Fließ. Frankfurt a. M. (S. Fischer).
Presseheft zum Film »Wie im Himmel«. Im Internet unter: verleih.polyfilm.at/wie_im_himmel/Presseheft_(ohne_Motive).doc [25.05.2008].
Vinnai, G. (1999): Jesus und Ödipus. Frankfurt a. M. (Fischer Taschenbuch Verlag).

Match Point
(Regie: Woody Allen; Großbritannien/USA, 2005)

»Ihr redet falsch von Ereignissen und Zufällen! Es wird sich euch nie etwas anderes ereignen als ihr euch selber! Und was ihr ›Zufall‹ heisst – ihr selber seid das, was euch zufällt und auf euch fällt!«
F. Nietzsche

1 Einleitung

Match Point entstand 2005 in London. Es ist der 39. Film des zu jener Zeit 70-jährigen Woody Allen, sein erster, der nicht in den USA gedreht wurde. Nach einer Reihe wenig beachteter Filme wurde *Match Point* zu einer Art Comeback und vielfach ausgezeichnet. Worum es dem Drehbuchschreiber und Regisseur Woody Allen in seinem Film in erster Linie geht, das wird schon im Filmtitel und der ersten Einstellung deutlich: Auftakt ist der Flug eines Tennisballs, der auf der Netzkante aufschlägt und senkrecht in die Höhe steigt, wobei unklar bleibt, in welches Feld er fallen wird, wer also Punkte kassiert. Woody Allen meint dazu:

> »Ich wollte etwas machen über die Rolle, die das Glück im Leben spielt. [...] Jeder hätte doch gern, dass er die Kontrolle über sein Leben hat, oder zumindest ein bisschen Kontrolle. Jeder denkt doch [...], wenn ich regelmäßig Sport treibe und vernünftig esse und nicht rauche, dann werde ich ... Aber so läuft das nicht. Und keine noch so große Planerei kann der großen Rolle gerecht werden, die das Glück eben spielt. [... ›Match Point‹] ist ein Film über das Glück. Über die Widersprüche von Ehrgeiz und Leidenschaft. Und über die Straflosigkeit« (zit. n. Wunderlich 2005/2006, S. 1).

Im Vergleich zu anderen Filmen Woody Allens ist *Match Point* überraschend ernst. Er selbst in seiner sarkastischen Art äußert sich dazu: »Wenn ich die Chance habe, etwas Ernstes zu machen, habe ich daran mehr Spaß.« (zit. n. Wunderlich 2005/2006, S. 1).

Dostojewski gehört zu den Lieblingsautoren von Woody Allen. Und so erstaunt es nicht, dass Dostojewskis *Schuld und Sühne* die Lektüre des Protagonisten des Filmes, Chris Wilton, ist, der mit seinem literarischen Wissen seinen späteren Schwiegervater beeindruckt. Schuld und Sühne oder eben keine – wie im Film – sind Themen, mit denen sich Woody Allen bereits 15 Jahre zuvor in seinem Film *Verbrechen und andere Kleinigkeiten* (1990) auseinandergesetzt hat. In allen Fällen geht es um Mordtaten um des eigenen Vorteils willen – bei Woody Allen in beiden Filmen um Mord an der Geliebten –, die nicht aufgedeckt werden. Während es in Dostojewskis Roman eine Entwicklung gibt – der bitterarme, aber überdurchschnittlich begabte Mörder Raskolnikow stellt sich auf Drängen seiner großen Liebe der Polizei – gibt es im erstgenannten Film Woody Allens zu diesem Thema wenigstens eine von Liebe kündende Parallelgeschichte, die schließlich einen sinnierenden Ausgang nimmt, während *Match Point* zwar die nächtlichen Gewissensbisse des Protagonisten zeigt, alles weitere aber dem Schicksal überlässt.

Ein Kommentator äußert sich wie folgt dazu:

> »In ›Match Point‹ gibt es keine Liebe mehr. Es gibt nicht einmal mehr die beruhigende Gesellschaft der Kunst, die uns von früheren Allen-Werken als eine Art Palliativmedizin gegen das Dasein verordnet wurde. Erinnern wir uns: In ›Manhattan‹ standen auf der berühmten Liste der Dinge, die das Leben lebenswert machen, sieben Kunstwerke, darunter drei Musikstücke. In ›Match Point‹ scheint Allen alles dranzusetzen, Musik und Literatur als bedeutungslosen Zeitvertreib zu desavouieren. Chris Wilton liest Dostojewskis ›Schuld und Sühne‹ und wird ohne jeden Skrupel eine fürchterliche Tat begehen. Er hört die großen Belcanto- und Verismo-Opern, in denen die Liebe gegen Standesunterschiede kämpft, wird sich aber gegen seine Gefühle und für ein luxuriöses Leben entscheiden. Perfides musikalisches Leitmotiv in ›Match Point‹ ist das von Enrico Caruso unerreicht traurig gesungene ›Una furtiva lacrima‹ aus Donizettis ›Liebestrank‹. Die Liebesarie wird zum bitteren Abgesang. Und zum ernüchternden Kommentar auf eine Gattung, der nach Tausenden von Jahren Kunst, Poesie und Zivilisation im entscheidenden Moment immer noch nichts Besseres einfällt, als dem Gegenüber mit Hilfe von Schießpulver ein kleines Metallstück in den Schädel zu jagen« (Nicodemus 2005, S. 39).

Ein anderer Kommentator führt aus: »Der Film ist eine virtuose, bitterböse, moderne Parabel zwischen Dostojewskijs ›Schuld und Sühne‹ und Theodore Dreisers ›Eine amerikanische Tragödie‹« (Baumgardt 2005, S. 1). Dreisers Roman, der 1925 nach einem authentischen Mordfall in der Art von *Match Point* entstand, verweist auf eine spezifisch amerikanische Seite der dortigen Gesellschaft. Nirgendwo sonst auf der Welt besteht eine derartige Besessenheit nach Wohlstand, Erfolg und Ruhm wie in dem Land der unbegrenzten Möglichkeiten. Der Mörder im zitierten Roman ist ein Sklave des Kultes um diesen amerikanischen Traum. Er ermordet seine Geliebte, da er andernfalls gezwungen wäre, in den Augen der Gesellschaft ein Nichts zu bleiben – Dostojewskis Raskolnikow spricht vom Leben als Laus – abgeschnitten vom strahlenden Licht des Reichtums und der Gesellschaft der »richtigen« Leute – eben so wie Chris Wilton in *Match Point*.

Die dramatische Handlung in *Match Point* ist unterlegt mit ebenso dramatischen Opernarien.[1] Die Gesänge sind wie der Chor in einer griechischen Tragödie. Die Musik wird mit sich zuspitzender Handlung immer düsterer und dramatischer. »O figli, o figli miei« aus der Machbeth-Oper von Gusiseppe Verdi ertönt und weckt beim Betrachter der halluzinatorischen Traumszene des Protagonisten Assoziationen an Macbeth, der beim Festmahl den Geist des von ihm ermordeten Banquo zu sehen glaubt. Die Musik im Film kontrastiert mit der zur Schau gestellten Oberflächlichkeit der Mehrzahl der Filmfiguren, ganz besonders aber natürlich mit der kühl berechnenden Haltung des Protagonisten. Unwillkürlich muss man an eine Abspaltung der Gefühle und Verlagerung derselben in die unterlegte Musik denken.

2 Filminhalt

Der Protagonist des Filmes, Chris Wilton (Jonathan Rhys Meyers), der aus einfachen Verhältnissen in Irland stammt und seine mittelmäßige Karriere als Tennisprofi aufgegeben hat, kommt nach London, um als Tennislehrer in einem exklusiven Club zu arbeiten. Dabei schließt er Bekanntschaft mit dem reichen Tom Hewett (Matthew Goode), der einer Industriellenfamilie entstammt und Mitglied der Londoner High Society ist. Beide, so scheint es, schwärmen gleichermaßen für italienische Opernmusik und bald wird Chris zum gerne gesehenen Gast im Haus der Familie Hewett. Tom lädt Chris schließlich auf den Landsitz seiner Familie ein. Seine Schwester Chloe (Emily Mortimer) verliebt sich in Chris, und die Eltern der Geschwister – Alec und Eleanor Hewett (Brian Cox, Penelope Wilton) – mögen den aufstrebenden jungen Mann ebenfalls. Obwohl Chris ausgerechnet Toms Verlobte, die erfolglose amerikanische Schauspielerin Nola Rice (Scarlett Johansson), begehrt, setzt er sich über seine Gefühle hinweg und heiratet Chloe. So kommt er zu einem gut bezahlten Job im Management des Unternehmens, das seinem Schwiegervater gehört, und wird zum Mitglied der Upper Class.

Als Tom sich überraschend von Nola trennt und eine Frau namens Heather (Miranda Raison) heiratet, versucht Chris, wieder mit Nola in Kontakt zu kommen, aber sie ist unbekannt verzogen. Einige Monate später sehen sich die beiden Außenseiter zufällig in der New Tate Gallery wieder – und Chris redet so lange auf Nola ein, bis sie ihm zögernd ihre neue Telefonnummer nennt. Eine leidenschaftliche Affäre beginnt. Jeden Tag denkt Chris sich einen neuen Vorwand aus, um sein Büro für ein Schäferstündchen mit Nola verlassen zu können. Während seine Frau Chloe sich vergeblich ein Kind wünscht, wird seine Geliebte Nola schon nach kurzer Zeit schwanger und verlangt von Chris, sich zwischen ihr und seiner Ehefrau zu entscheiden. Worauf Chris auf keinen Fall verzichten will, das ist sein gerade gewonnener Wohlstand.

Alec ist ein begeisterter Jäger und hat seinem Schwiegersohn das Schießen beigebracht. Heimlich nimmt Chris ein Jagdgewehr aus Alecs Waffenschrank und versteckt es zerlegt in seiner Tennistasche. Er ruft Nola an, die inzwischen in einer Boutique arbeitet, kündigt ihr »gute Nachrichten« an und verabredet sich mit ihr in ihrer Wohnung. Seine Frau lädt er zu einer Musical-Aufführung ein, die eine Stunde später beginnt und behauptet, zwischen Büroschluss und Theater noch eine Runde Tennis spielen zu wollen. Stattdessen fährt er zu dem Mietshaus, in dem Nola wohnt, und klingelt bei deren Nachbarin, Mrs. Eastby (Margaret Tyzack). Nolas Fernsehgerät sei gestört, lügt er und fragt, ob er den Empfang bei Mrs. Eastby kurz überprüfen dürfe. Während die alte Dame in die Küche geht, schraubt er im Wohnzimmer mit zittrigen Fingern die Schrotflinte zusammen. Dann erschießt er Mrs. Eastby. Um einen Raubmord vorzutäuschen, reißt er Schubfächer auf und steckt Schmuck und Tabletten der alten Dame ein. Zur verabredeten Zeit wartet er im Treppenhaus, bis Nola mit dem Fahrstuhl heraufkommt, ruft ihren Namen, damit sie sich zu ihm umdreht, und drückt ab.

Die Hewetts sind erschüttert, als sie aus der Zeitung von der Ermordung Nolas erfahren.

Unbemerkt stellt Chris das Gewehr in den Waffenschrank zurück. Den erbeuteten Schmuck schleudert er in die Themse. Dabei übersieht er, dass der Ehering, den er Mrs. Eastby vom Finger abgezogen hat, von der Brüstung am Ufer abprallt und auf dem Gehweg liegen bleibt.

Chris wird kurz darauf gebeten, zum Verhör zu den Ermittlern Banner (James Nesbitt) und Parry (Steve Pemberton) ins Polizeipräsidium zu kommen. Er behauptet, Nola nur als Verlobte seines Schwagers gekannt und seit einem Jahr nicht mehr gesehen zu haben, aber die Polizei hat in der Wohnung der Toten ein Tagebuch gefunden, aus dem hervorgeht, dass Nola und Chris bis zu ihrem Tod ein heimliches Verhältnis miteinander hatten. Chris bittet um Verständnis, dass er versucht habe, die Affäre zu vertuschen, und fleht die Ermittler an, seine Ehe und den Ruf der Familie nicht durch Ermittlungen zu gefährden.

Nachdem Chris gegangen ist, fühlt Parry sich bestätigt: Er glaubt, dass ein Junkie die alte Frau ausspionierte, unter einem Vorwand in ihre Wohnung gelangte, sie erschoss und ausraubte, dann im Treppenhaus zufällig auf Nola Rice traf und die Zeugin ebenfalls tötete. Banner hingegen weist darauf hin, dass Chris ein Motiv gehabt hätte und hält deshalb weitere Nachforschungen für erforderlich.

Am nächsten Morgen äußert Banner seinem Kollegen gegenüber, dass er im Traum den Tathergang erlebt habe. Chris Wilton sei eindeutig der Täter. Aber er hat keine Beweise. Als dann aber der vermisste Ehering der Nachbarin im Besitz eines ermordeten Junkies gefunden wird, wird der Verdacht gegen Chris fallen gelassen und man hält den Fall für gelöst.

Gegen Ende des Films sitzt Chris scheinbar integriert im Familienkreis, wo die Niederkunft seiner Ehefrau, die endlich schwanger geworden ist und einen Sohn geboren hat, gefeiert wird. Er wirkt nicht dazugehörig. Der Film endet damit, dass Chris mit abwesender Miene stumm aus dem Fenster blickt.

3 Selbstbestimmtheit versus Schicksal

Allen reiht in seinem Film Beispiel an Beispiel, um zu beweisen, dass im Leben der entscheidende Glücks- oder auch Pech-Faktor der Zufall ist. Da ist der schicksalsträchtige Tennisball, der unberechenbar auf eines der Spielfelder fällt, Nola, die Chris zufällig in der New Tate Gallery wiedersieht, der Ring, der am Ufergeländer aufschlägt, auf den Weg fällt und dort von einem Kriminellen gefunden wird, die Situation bei der Polizei, die Nolas Tagebuch gefunden hat usw. usw. Mit seiner Einstellung kann sich Woody Allen auf die alten Griechen berufen. Das Schicksalhafte spielt schon in der uns allen wohl bekannten Geschichte des *Oedipus rex* von Sophokles eine zentrale Rolle. Ist Chris also als ein Spielball des Schicksals zu betrachten?

Die schicksalsgläubige, fast magisch anmutende Haltung, die der Film vorgaukelt[2], kontrastiert mit einer neuzeitlich-naturwissenschaftlich geprägten, die »Zufälle« nur ausnahmsweise konzediert[3]. Einem Patient, der über Kopfschmerzen im Zusammenhang mit einem zufällig heraufgezogenen Sturmtief klagt, wird man diesen Sinnzusammenhang heute ganz sicher nicht abnehmen, sondern ihn in seiner Psychotherapie mit der Wetterlage in seiner sozialen Umgebung konfrontieren usw. Woody Allens Haltung erfährt allenfalls dann Unterstützung, wenn man sie zu der Frage ummünzt, wie es um unsere freie Willensentscheidung und Selbstbestimmtheit bestellt ist. 2004 erschien das »Manifest« namhafter Neurowissenschaftler, das unsere freie Willensentscheidung infrage stellt und deutlich macht, wie sehr wir von unserem Unbewussten geleitet werden (Roth 2004). Das ist zwar gerade für Psychoanalytiker keine neue Erkenntnis, aber das Unbewusste der Neurobiologen erscheint noch viel weitergehend.

Bis heute erregen die Anfang der 80er Jahre durchgeführten Experimente des Neurobiologen Benjamin Libet die Gemüter. Die Erkenntnis von Libet und seinen Kollegen, die in neueren Experimenten bestätigt wurden, zeigen, dass selbst die Entscheidung zu einer einfachen Handlung wie einer Handbewegung schon auf unbewusster Ebene gefällt wird – und zwar bevor man sich bewusst dazu entschließt. Hatte also der narzisstisch gestörte Underdog Chris überhaupt eine Chance, anders zu handeln als er handelte?

4 Das Schicksal des Protagonisten unter psychoanalytischen Aspekten betrachtet

Chris ist in ärmlichen Verhältnissen in Irland aufgewachsen. Mehr erfährt der Zuschauer nicht über seine Herkunft und seine Familie. Nur ein guter Bekannter aus der Zeit, als er noch Tennis spielte, taucht im Film kurz auf. In der Gegenwart des Filmgeschehens sticht seine Beziehungslosigkeit ins Auge. Man ist geneigt, in der Beziehung zu Nola Rice von Gefühl zu sprechen. Bei näherer Betrachtung handelt es sich aber eher um eine sexuelle Obsession, denn eine von Gefühl getragene Beziehung. Als Nola, von der Mutter ihres Verlobten tief gekränkt, aus dem Anwesen der Familie Hewett in den Regen flüchtet, da wittert Chris in dieser Situation seine Chance. Nicht Trost und Empathie beherrschen das Feld, sondern in Ausnutzung der Situation fällt er über Nola her, die es gewohnt ist, sich über ihre sexuelle Attraktivität zu stabilisieren. Nachdem die Verlobung von ihr und Tom geplatzt ist, da dieser eine standesgemäße Frau gefunden hat, nimmt der Opportunist Chris wieder Kontakt mit ihr auf. Er spürt, dass er bei den Begegnungen mit ihr mehr ist als in seiner ehelichen Beziehung, wo er wie ein »Zuchtbulle« seiner Ehefrau drei Kinder zu zeugen hat. Wann immer er eine Möglichkeit sieht, seinem fremdbestimmten, von Schwiegervaters Gnade abhängigem Luxusleben zu entrinnen, nutzt er diese, um seine sexuelle Begierde bei Toms Exfreundin zu stillen. Man kann annehmen, dass er sich in diesen Schäferstündchen, in welchen er das Sagen hat, narzisstisch stabilisiert. Dies gerade auch deshalb, weil Nola als Toms Ex-Freundin einen hohen Stellenwert für ihn besitzt. Er wusste, dass Tom sie nur um der Familienräson willen geopfert hatte. Zum anderen erhöhte gerade ihre Erfolglosigkeit seine vermeintliche Größe. Beide kamen aus einfachen Verhältnissen, sie entstammte einer Alkoholiker-Familie. Beide hatten sie sich das Lebensziel gesteckt, der Ärmlichkeit ihrer Herkunft zu entrinnen. Er hatte sich erfolgreich in der Upper Class eingenistet, sie dagegen war nicht nur da, sondern ebenso bei der Realisierung ihres Wunschtraumes, Schauspielerin zu werden, gescheitert. Und so wie er sich über sie interpersonell stabilisiert, tut sie es auch, indem sie sich als seine Geliebte mit seinem Erfolg identifiziert und daran teilhat (narzisstische Kollusion). Er wurde durch die Beziehung zu ihr auch zum Sieger über Tom: Er hatte beides – die Ehefrau aus der gesellschaftlichen Oberschicht und den damit verbundenen Luxus sowie die sexuell attraktive Geliebte und ein Stück scheinbarer Freiheit von den Hewetts. Tom dagegen hatte nach seiner Heirat »nur« eine Ehefrau aus der richtigen sozialen Schicht, blieb aber – ebenso wie seine Schwester Chloe – von seinem Elternhaus abhängig.

Chris ist – das zeigt der Film eindrucksvoll – lediglich zu Selbstobjektbeziehungen in der Lage, über die er sich stabilisiert. Er hat keine Fähigkeit sich in seine Mitmenschen empathisch einzufühlen. Umso besser versteht er es, zu imitieren.[4] Einmal ist er der perfekte Tennisspieler, dann der perfekte Tennislehrer und smarte junge Mann, in den sich Toms Schwester verliebt, dann wieder der ideale Schwiegersohn und schließlich – sieht man von seinen Aktienfehlspekulationen ab – der karriereträchtige Geschäftsmann, über den schon bald sehr positiv gesprochen wird.[5] Dabei äußert er selbst, dass er das Tennisspielen grauenhaft fand, sich nie vorstellen konnte, ein Leben lang Tennislehrer zu sein und auch in seiner Arbeit als leitender Angestellter wirkt er alles andere als besonders glücklich, genau so wenig wie er dies als Ehemann oder Vater zu sein scheint. Er ist ein Chamäleon, das sich um seines narzisstischen Profits willen perfekt anzupassen versteht. Diese Form des Lebens, dieses Ringen um eine Alpha-Position um jeden Preis ist für ihn notwendig, um das tief sitzende Gefühl eigener Minderwertigkeit kompensieren zu können und keine Krankheitssymptome zu entwickeln. Ganz gelingt dies freilich nicht, wie seine Reaktionen im gläsernen Appartement über der Themse und im Büro in schwindelnder Höhe zeigen: Er leidet unter Höhenangst, was natürlich doppelsinnig zu verstehen ist und darauf verweist, wie groß die unbewusste Angst vor dem Absturz zurück in die Welt der Unterschicht ist. Der aufwändige Lebensstil, den Chris führt, wehrt seine depressiv-minderwertige Seite ab. Er hat einen aktiven Abwehrmodus. In verdichteter Form wird dies in der ersten Begegnung mit Nola am Tennistisch deutlich. Nola fragt ihn: »Hat ihnen eigentlich schon einmal jemand gesagt, dass sie ein unmöglich aggressives Spiel spielen?« Er antwortet darauf: »Der Wettkampf liegt mir im Blut« – und zwar Wettkampf, der vor nichts zurückschreckt, wenn es dem eigenen Profit dient. Den Tod seines ungeborenen Kindes mit Nola nimmt er ebenso wie den Tod ihrer alten Nachbarin als »Kollateralschäden« im Kampf um die Erreichung seiner Ziele in Kauf. Mit Akkuratesse und Kaltblütigkeit plant er den Mord an den beiden Frauen, den er so inszeniert, dass das Ganze nach einem Einbruch und Mord im Drogen-Milieu aussieht. Letztere Inszenierung ist natürlich auch eine psychisch entlastende Projektion seinerseits. Selbst an ein perfektes Alibi hat er gedacht, bei welchem er in perfider Weise seine Frau benutzt. Sie könnte bestätigen, dass er zum Tatzeitpunkt mit ihr im Musical war und sich mit ihr »Die Frau in Weiß« angesehen hat, ein Stück, in welchem ebenso perfide gehandelt wird, wie er es selbst tut und die Winke des Schicksals lange nicht wahrgenommen werden. Es handelt sich um eine inszenierte Ironie des Schicksals: Kaum hat er seine Geliebte und das ungeborene gemeinsame Kind ermordet, da erfährt er von seiner Ehefrau, dass diese von ihm schwanger ist. Seine Freude ist gespielt, denn in seinem Leben ist ein Kind – wenn überhaupt etwas – ein Wesen, das seine vermeintliche Größe eines Tages infrage stellen könnte. Und so steht der Mörder abseits, als die ganze Familie zusammenkommt, feiert und sich über den jüngsten Spross freut. Hier bestätigt sich, dass er ein beziehungsloser Außenseiter ist.

Gleichwohl fällt auf, dass Chris, während sich die Ereignisse mehr und mehr überschlagen und sich alles dramatisch zuspitzt, offener für seine eigenen Gefühle wird, sich nicht scheut, in seiner Not seinen alten Bekannten einzuweihen und er ist fast an jenem Punkt, an welchem er sich authentisch zu sich selbst, zu seinen Wünschen, aber auch zu seiner Schuld bekennt. Chloe legt ihm das erlösende Geständnis geradezu in den Mund. Aber er versagt. Auch während und selbst nach der Mordtat gibt es Momente, in welchen er sich von seinen Gefühlen und – des Nachts in einer kurzzeitigen psychotischen Defragmentierung mit Externalisierung seines Über-Ichs – von seinem Gewissen einholen lässt, ja geradezu nach Aufdeckung des Verbrechens und Bestrafung schreit. Aber die Stimme seines eigenen Selbst ist nicht stark genug. Sein Entwicklungsschritt scheitert noch im Entstehen und so besiegelt der Mord, den er an seiner Geliebten und seinem Kind in ihr begeht, sein Schicksal: Er tötet in ihr seine eigene Lebendigkeit, aber auch seine Vergangenheit und seine Zukunft.

Seine Beziehung und erst recht seine Ehe mit Toms Schwester Chloe ist gekennzeichnet durch Unfruchtbarkeit, vielleicht gerade deshalb, weil es eben im engeren Sinne des Wortes gar keine echte Beziehung ist und es keinen wirklichen Austausch miteinander gibt. In gewisser Weise erinnert die tragische Figur Chris' an Sennets »flexiblen Menschen«, allerdings einen, der noch dazu eine schwerste narzisstische Entwicklungsstörung aufweist.

Bei seinem amerikanischen Underdog-Pendant, also Nola, liegen die Dinge ganz anders als bei Chris. Bei ihr erkennt man eine deutliche Entwicklung. Sie anerkennt ihre Schwächen, bescheidet sich mit einem Job in einer Boutique anstatt auf eine Anstellung als Schauspielerin im Theater zu warten und ist nicht bereit, als sie schwanger ist, wie schon mehrmals zuvor, wieder eine Abtreibung vornehmen zu lassen. Sie entscheidet sich für das gemeinsame Kind und damit für Leben und Entwicklung. Sie, welche die »depressive Position« im Sinne von Melanie Klein also erreicht hat, will Chris mitziehen und drängt ihn mit allem Nachdruck, Klarheit zu schaffen, nicht erkennend, mit was für einem Psychopathen sie sich da eingelassen hat und bezahlt das mit ihrem Leben.

5 Zusammenfassung

Match Point ist ein beeindruckender Film, der es schafft, dass sich der Zuschauer mit allen Figuren des Filmes zu identifizieren vermag, bis zu einem gewissen Grad auch mit dem aufwärts strebenden, aber kaltblütigen Narzissten Chris. Vielleicht sind es eigene Anteile, die da zum Mitschwingen gebracht werden. Dass Schicksal alles ist, mag man Woody Allen trotz seiner Bemühungen, dies glauben zu machen, nicht so recht abnehmen. Es stellt sich die Frage, ob hier von ihm eigene autobiografische Erfahrungen[6] generalisiert werden. Das Bild, das er in *Match Point* entwirft, kann man folgendermaßen beschreiben: das englische Klassensystem betreffend ist es gesellschaftskritisch, den amerikanischen Traum von einem Leben mit unbegrenzten Möglichkeiten betreffend aber schicksalsergeben. Auf einer tieferen Schicht wird eine besonders verheerende Ausformung von pathologischem Narzissmus dargestellt. Dabei weckt die Figur des Protagonisten Assoziationen an Sennets – von jenem als typisch für unsere Zeit angesehenen – »flexiblen Menschen«, der sich jeder neuen Situation in unserer globalisierten Welt chamäleonartig anzupassen verstehen soll.

Anmerkungen

1 Folgende Musikstücke sind in *Match Point* zu hören:
   ➤ Georges Bizet: *Mi par d'udir ancora* aus *Les pêcheurs de perle*
   ➤ Gaetano Donizetti: *Una furtiva lacrima* aus *L'elisir d'amore*

- Carlos Gomes: *Mia piccirella* aus *Salvatore Rosa*
- Gioacchino Rossini: *Arresta* aus *Guillaume Tell*
- Giuseppe Verdi: *Desdemona* aus *Otello*
- Giuseppe Verdi: *Gualtier Maldè! ... Caro nome* aus *Rigoletto*
- Giuseppe Verdi: *Mal reggendo all'aspro assalto* aus *Il Trovatore*
- Giuseppe Verdi: *O figli, o figli miei!* aus *Macbeth*
- Giuseppe Verdi: *Un dì felice, eterea* aus *La Traviata*
- Andrew Lloyd Webber: *I Believe My Heart* aus *The Woman in White*

2   S. Freud hat deutlich gemacht, dass in der psychosozialen Entwicklung die Ontogenes die Phylogenes rekapituliert. Die alten Griechen glaubten, dass die Moiren die Schicksalsfäden spinnen würden, bei den Römern waren es die Parzen, bei den Germanen die Nornen. Sogenannte primitive Ethnien messen in animistischer Weise allem, was in der Natur passiert, eine schicksalhafte Bedeutung zu. Die Natur ist von Göttern und Geistern beseelt. In späteren, christlich geprägten Jahrhunderten wurde auf die göttliche Fügung verwiesen. Erst die Aufklärung hat mit dem schicksalhaften Determinismus Schluss gemacht. Schließlich hat die protestantische Ethik den Menschen zu seines Glückes Schmied erklärt. Dem entspricht ontogenetisch in den ersten Lebensjahren das magische Denken, das im Laufe der weiteren Entwicklung einem realitätsbezogenen Denken weicht. In ihrer seelischen Entwicklung gravierend retardierte Menschen, also beispielsweise solche mit einer schweren strukturellen Störung, halten am magischen Denken fest und sehen nur in den Anderen die Verursacher ihres Leides oder machen die äußeren Umstände dafür veranwortlich. »Es ist eben passiert.« Eine solche durch das Schicksal bestimmte, noch nicht metakognitive, selbstreflexive Haltung wird in *Match Point* vermittelt.

3   Das »ausnahmsweise« bezieht sich darauf, dass gemäß der Wahrscheinlichkeitstheorie natürlich gilt, dass selbst das Unwahrscheinlichste passieren wird, wenn man nur lange genug darauf wartet, erst recht bei einer Zahl von nunmehr sechs Milliarden Menschen auf der Erde. Diese Erkenntnis wurde schon Ende des 17. Jahrhunderts von dem Mathematiker Jakob I. Bernoulli formuliert, der konstatierte, dass wir, Koinzidenzen betreffend, selbst unter den scheinbar zufälligsten Dingen eine gewisse Notwendigkeit oder gleichsam das »Schicksal« anzunehmen gezwungen wären. Aktuelle Beispiele für solche Koinzidenzen sind beispielsweise der amerikanische Park Ranger Roy Sullivan, der sieben Mal in seinem Leben vom Blitz getroffen wurde und überlebte, oder Hilda Mayol, die zwar dem Desaster am 11. September 2001 in New York im World Trade Centre entging, aber kurze Zeit später über New York bei der Explosion des Flugzeuges, in dem sie saß – es war der Flug 587 –, ums Leben kam. Stunden später fand bei der Lotterie New Jersey die Ziehung der Lotto-Zahlen statt, wobei die Zahl 587 gewann und die astronomische Zahl von 27.000 Mitspielern gerade auf diese Zahl getippt hatten und ihren Glückstreffer ausbezahlt bekommen mussten, etc.

4   An dieser Stelle sei darauf hingewiesen, dass es bezüglich des Ausmaßes der Mentalisierungsstörung und der damit verbundenen Einfühlungsfähigkeit bei dissozialen und delinquenten Persönlichkeiten unterschiedliche Standpunkte gibt, die beide nachvollziehbar erscheinen.

Welche Hypothese sich letztendlich als richtig erweisen wird, werden erst künftige wissenschaftliche Untersuchungen speziell hierzu entscheiden können. Die metakognitiven Fähigkeiten entwickeln sich grundsätzlich im Kontext einer intensiven, sicheren frühen zwischenmenschlichen Beziehung. »Ist diese Beziehung zu den primären Bezugspersonen gefährdet«, so Grit Jokschies, »können sich metakognitive Fähigkeiten nur verzögert oder gar nicht entwickeln; das Kind möchte sich dann lieber ›gar kein Bild‹ von den inneren Repräsentationen feindseliger Bezugspersonen machen, um die Entwicklung seines Selbst vor weiteren Schäden zu schützen« (Jokschies 2005, S. 81). Demgegenüber vertreten Bateman und Fonagy die Auffassung, dass Art und Ausmaß der Mentalisierungsstörung bei Borderline-Persönlichkeitsstörungen und dissozialen Störungen unterschiedlich seien. Sie schreiben: »Die Ironie besteht darin, dass Patienten mit antisozialen Persönlichkeitsstörungen einige besser entwickelte, wenn auch ausgestanzte Mentalisierungsfähigkeiten zeigen, diese aber missbrauchen« (Bateman/Fonagy 2006, S. 164; Übers. T.P.). An anderer Stelle führen beiden Autoren aus, dass der Psychopath die Fähigkeit habe, »sowohl andere für sich zu gewinnen als auch in effektiver Weise Gedanken zu lesen [›read minds‹], dies aber in schlimmer ausbeuterischer oder sogar sadistischer Weise missbraucht« (ebd., S. 130; Übers. T.P.).

5 Die chamäleonartige Wandlungsfähigkeit eines schwer strukturell gestörten Menschen zeigte Woody Allen bereits 1983 in seinem Film *Zelig*. Dieser versucht, durch extreme Anpassung zu überleben und Liebe und Anerkennung seiner Umwelt zu gewinnen.

6 Beim Folgenden handelt es sich um einen Auszug aus der Biografie Woody Allens: Am 1. Dezember 1935 wurde Woody Allen – mit richtigem Namen: Allen Stewart Konigsberg – in Brooklyn, New York, als Sohn jüdischer Eltern geboren. Die Verhältnisse, in denen er aufwuchs, waren einfach. Sein Vater war ein arbeitsloser Diamantenschleifer. 16-jährig und frisch im Showbusiness, nahm er den Künstlernamen »Woody Allen« an. Woody, dessen gesammelte Bildung bis dahin aus Comics, Radiosendungen und Marx-Brothers-Filmen stammte, entschloss sich in jener Zeit, Privatstunden zu nehmen, um seine kulturellen Defizite aufzuholen. Über die Public School führte seine Schullaufbahn zur Midwood High School, wo »Red«, so sein Spitzname, zum ersten Mal auf sich aufmerksam machte, und zwar durch sein außergewöhnliches Talent für Kartenspiele (ein geflügeltes Wort in der Midwood High war »Never play cards with Konigsberg«). Nach seinem Schulabschluss schrieb er sich seinen Eltern zuliebe an der New York University im »Communications Arts Course« ein. Er belegte auch einen Filmkurs. Er bewältigte nicht einmal das erste Trimester. Das einzige, was der damals 19-jährige Allen aus seiner Uni-Zeit mitnahm, war der Rat seines Dekans, es einmal mit Psychoanalyse zu versuchen. Dies hat er bis heute kontinuierlich befolgt. In jener Zeit heiratete er die drei Jahre jüngere Philosophiestudentin Harlene Rosen. Doch der typischen Frühehe war kein langes Glück beschieden. Obwohl Allen als Gagschreiber für mehrere Shows schon finanziell abgesichert war, ging die Ehe Ende der 1950er in die Brüche. Allen spottete später in einer Reihe von Gags über seine Frau, etwa: »Im Museum für Naturgeschichte haben sie einen Schuh von meiner Frau gefunden. Damit konnten sie einen Dinosaurier rekonstruieren.« Seine Ex-Frau beantwortete seinen Rufmord mit Gerichtsklagen.

Sein erster Auftritt im Greenwicher Nachtclub Duplex im Jahre 1960 wurde zum Fiasko. Seine Manager hielten ihn für den schlechtesten Komiker, der je zu sehen war und beschlossen aus seinem schüchternen und linkischen Auftreten eine Masche zu machen. So entstand sein unverwechselbarer Stil, der Allen zum Geheimtipp avancieren ließ. Diese Kunstfigur Woody Allen kommt bis heute nahezu unverändert in all seinen Filmen vor.

Seit Anfang der 1980er Jahre waren er und die Schauspielerin Mia Farrow privat ein Paar. Ihre Beziehung endete, als Mia Farrow von Allen gemachte Nacktfotos der jungen Adoptivtochter Soon-Yi Previn entdeckte und Allen ein Verhältnis mit Soon-Yi eingestand. Die nun folgende gerichtliche Auseinandersetzung um das Sorgerecht für die übrigen Kinder stellt einen großen Bruch in seinem Leben dar und wirft einen dunklen Schatten auf den Künstler Woody Allen. Mia Farrow hatte Soon-Yi Previn zusammen mit ihrem damaligen Mann Andre Previn adoptiert, weswegen Allen Soon-Yi nicht adoptieren durfte im Gegensatz zu Mia Farrows anderen Adoptivkindern Dylan und Moses. Mia Farrow und Woody Allen hatten außerdem seit 1988 einen gemeinsamen Sohn Sachtel Farrow. Im Prozess um das Sorgerecht gewann Mia Farrow und bekam am 7. Juni 1993 das alleinige Sorgerecht für Dylan und Satchel zugesprochen. Allens Adoptivsohn Moses durfte selbst entscheiden und lehnte den weiteren Kontakt zu Allen ab. Zwar wurde Allen vom Vorwurf des Kindesmissbrauchs an Dylan, damals sieben Jahre alt, freigesprochen, aber Allen blieb es ausdrücklich verboten, Dylan zu sehen. »Das Gericht stellte in so gut wie allen Punkten seine elterliche Eignung in Frage und nannte Allens Verhalten den Kindern gegenüber ›Missbrauchend und gefühllos‹«, hieß es dazu am 8. Juni 1993 in der New York Times. Obwohl Allen Soon-Yi mit ca. elf Jahren kennengelernt hatte und ca. 13 Jahre mit Mia Farrow zusammen war, bestritt Allen später, eine vaterähnliche Figur für Soon-Yi gewesen zu sein. Im Dezember 1997 heirateten Woody Allen und Soon-Yi Pervin. Auch mit Soon-Yi adoptierte Allen zwei Kinder. 2004 waren es Schwierigkeiten mit Geldgebern und amerikanischen Filmproduzenten, die ihn dazu bewogen *Match Point* mit einer Tochter-Gesellschaft der BBC in London zu drehen (Quelle: wikipedia 2007).

Literatur

Baumgardt, C. (2005): Kritik von »Match Point«. Im Internet unter: http://www.filmstarts.de/produkt/38181,Match%20Point.html [15.10.2007].
Bateman, A.; Fonagy, P. (2006): Mentalization-Based Treatment for Borderline Personality Disorder: A Practical Guide. New York (Oxford University Press).
Jokschies, G. (2005): Bindungsrepräsentationen und metakognitive Fähigkeiten bei jugendlichen und heranwachsenden Gewalttätern. Digitale Diss. FU Berlin. Im Internet unter: http://www.diss.fu-berlin.de/2005/253/index.html [10.05.2007].
Nicodemus, K. (2005): Tennislehrer lieben nicht. In: DIE ZEIT 1, 29.12.2005.
Roth, G. (2004): Das Problem der Willensfreiheit. Die empirischen Befunde. Information Philosophie 5, 14–21.
wikipedia: Woody Allen. Im Internet unter: http://de.wikipedia.org/wiki/Woody_Allen [18.10.2007].
Wunderlich, D. (2005/2006): Kommentar zu »Match Point«. Im Internet unter: http://www.dieterwunderlich.de/Allen_matchpoint.htm#cont [07.05.2007].

Epilog

Mit Freud im Kino? Ja, und auch mit großer Freude! Als Dokumentarfilmregisseur lese ich Theo Pieglers Filmanalysen mit Begeisterung: Es ist faszinierend, wie viele Bilder, Themen und Referenzen an die Kulturgeschichte durch den psychoanalytisch geschärften Blick plötzlich an die Oberfläche der Leinwanderzählungen kommen. Und wieviel mehr uns ein guter Film geben kann als nur eine Geschichte mit Stars und schönen Bildern.

Viele der besprochenen Filme habe ich mit Begeisterung im Kino angesehen. Sie haben mich berührt, zum Lachen und auch zum Weinen gebracht. Andere wiederum haben mich gelangweilt, genervt oder geärgert. Manche habe ich nicht verstanden, und bei einem von ihnen bin ich sogar eingeschlafen. Wie die meisten von uns möchte ich unterhalten werden, wenn ich Geld und Zeit in einen Kinoabend investiere. Auf hohem Niveau bitte, aber doch unterhaltsam und kurzweilig.

Film ist schon ein faszinierendes Medium: Viele erfolgreiche Streifen schaffen es, uns für zwei Stunden aus dem Alltag in eine andere Welt zu entführen. Wenn es gut läuft, lassen wir uns für die Dauer der Vorführung auf die Figuren und ihre Geschichten ein, identifizieren uns mit ihnen und setzen uns mit ihren Problemen auseinander – auf sicherer Distanz, aber trotzdem emotional stark beteiligt. Dabei vergessen wir für eine Weile unsere eigenen Probleme und schalten ab. Um einen Film aber umfassend zu begreifen, müssen wir uns wieder »anschalten«.

Wenn der Abspann beginnt, die Aufstehenden unfreiwillige Schattenspiele auf die Leinwand werfen und die Lichter im Saal angehen, bleibt von der Vielschichtigkeit der Leinwanderzählung im ersten Moment nicht mehr als ein Gefühl. Im besten Falle ist es ein gutes Gefühl, und der Kinoabend hat sich gelohnt. Danach wird gerne noch über den Film diskutiert. Diese Gespräche beschränken sich meist darauf, wer welchen Aspekt des Films gut oder schlecht fand, was als glaubwürdig oder unrealistisch empfunden wurde.

Schade, wenn es dabei bleibt – denn in vielen Filmen schlummert ein Universum von spannenden Aspekten, das sich erst beim genaueren Hinsehen auftut. Um die Reichhaltigkeit an Metaphern, Symbolen, kulturgeschichtlichen Referenzen und psychoanalytischen Mustern entdecken zu können, müssen wir uns mit dem Film beschäftigen – und ihn uns vielleicht ein weiteres Mal anschauen. Vielen von uns fehlt aber der Schlüssel zu dem, was sich hinter dem ersten Seheindruck eines Kinofilms verbergen kann.

Theo Pieglers Texte betrachten die besprochenen Filme nicht im Trancezustand des Kinozuschauers, sondern mit einem wachen Geist und den Mitteln des Analytikers. Sie verschaffen dem Leser dieses Buches einen Zugang zu den tiefer liegenden Schichten des scheinbar oberflächlichen Mediums Film. Sie laden uns ein, einen scharfen Blick hinter die offensichtliche, sich beim ersten Sehen vermittelnde Geschichte zu werfen und uns den Bildern und Stilmitteln zuzuwenden, die die Wünsche und Bedürfnisse der Leinwandfiguren auf einer zweiten Ebene erzählen.

Dokumentarfilmer gehorchen anderen Gesetzmäßigkeiten als ihre Kollegen vom Spielfilm. Es wäre interessant, auch einmal den einen oder anderen Dokumentarfilm »auf die Couch« zu legen. Als jemand, der auch die Entstehungsprozesse von Spielfilmen in allen Einzelheiten kennt, bin ich verblüfft über die Fülle an verborgenen Inhalten, die Theo Piegler durch seine Arbeit zutage gefördert hat. Für Filmschaffende ist die Lektüre dieses Buches eine großartige Chance: sich wieder einmal ins Bewusstsein zu rufen, wie reichhaltig das Medium sein kann, mit dem wir uns täglich auseinandersetzen dürfen.

Christian Schidlowski
Berlin, im Dezember 2007

Autoren

PETER KUTTER, geb. 1930, Prof. Dr. med., war Hochschullehrer am Institut für Psychoanalyse im Fachbereich Psychologie der J. W. Goethe-Universität Frankfurt a. M., lebt in Stuttgart. Internist, Psychiater und Facharzt für Psychotherapeutische Medizin, Deutsche Psychoanalytische Vereinigung. Tätigkeitsfelder: Psychoanalyse und deren Anwendungen auf Gruppen, Psychosen und psychosomatische Krankheiten. Letzte Buchveröffentlichungen: *Affekt und Körper – neue Akzente der Psychoanalyse* (Göttingen, 2001) sowie *Psychoanalyse, eine Einführung in die Psychologie unbewusster Prozesse* (zusammen mit Thomas Müller; Stuttgart, 2008).

THEO PIEGLER, geb. 1944, Dr. med., Arzt für Psychiatrie, Psychotherapie, Neurologie und Psychotherapeutische Medizin, ist seit 1988 als Chefarzt der Abteilung für Psychiatrie und Psychotherapie der Bethesda-Allgemeines Krankenhaus gGmbH, Bergedorf in Hamburg tätig. Sein Interesse gilt der psychodynamischen Psychiatrie. Hierzu gibt es von ihm eine Reihe einschlägiger Publikationen. Er ist Mitbegründer der »Norddeutschen Arbeitsgemeinschaft für psychodynamische Psychiatrie« (NAPP) sowie Dozent und Lehrtherapeut der »Arbeitsgemeinschaft für integrative Psychoanalyse, Psychotherapie und Psychosomatik Hamburg e. V.« (APH) sowie Vorstandsmitglied des regionalen psychosozialen Trägervereins »Der Begleiter e. V.« und des »Fördervereins des Therapiezentrums für Selbstmordgefährdete (TZS) e. V.« am Universitätsklinikum Hamburg.

CHRISTIAN SCHIDLOWSKI, geb. 1971 in Berlin, arbeitet als Autor und Regisseur. Er studierte Regie und Drehbuch in Berlin und New York und drehte mehrere Kurzspielfilme für das Fernsehen. Seit 2000 freier Regisseur von Dokumentarfilmen und TV-Dokumentationen für ZDF, ARTE, 3sat, WDR, NDR, National Geographic Channel, ORF und viele andere internationale Fernsehsender. Er leitet regelmäßig Seminare zur Stoffentwicklung im Dokumentarfilm.

Elke Rövekamp
Das unheimliche Sehen – das Unheimliche sehen
Zur Psychodynamik des Blicks

2013 · 436 Seiten · Broschur
ISBN 978-3-8379-2313-1

»Elke Rövekamp liefert einen bemerkenswert fundierten Beitrag zur Kulturtheorie und Psychoanalyse des Blicks auf dem Boden von Freuds Triebtheorie und ihrer lacanianischen Auslegung.«
Volker Niemeier

Unsere Gegenwart ist durch einen Bedeutungszuwachs des Visuellen gekennzeichnet: eine massenwirksame Verbreitung technisch erzeugter Bilder, visuelle Überwachungstechniken, digitale Möglichkeiten der Bilderzeugung bis hin zur Herstellung virtueller Realitäten. Parallel dazu hat im kulturtheoretischen Diskurs ein »pictorial turn« stattgefunden.

Vor diesem Hintergrund geht die Autorin der Bedeutung des Sehens und der Bilder aus psychoanalytischer Perspektive nach. Die Spannbreite der Analyse reicht von Sigmund Freuds »Abhandlung über die hysterische Blindheit« bis zu Jacques Lacans Spiegelstadium und der narzisstischen Dimension des Blicks. Auch die Bedeutung des Sehens sowie der phallisch-ödipalen Logik des Blicks in der Konstruktion der Geschlechterdifferenz wird diskutiert.

Insgesamt zeigt sich, dass die Psychoanalyse hinsichtlich der Bedeutung des Sehens und der Bilder für das Subjekt einen wesentlichen Beitrag zur aktuellen Debatte über die visuelle Kultur leistet.

Psychosozial-Verlag

Konrad Heiland, Theo Piegler (Hg.)
Der Soundtrack unserer Träume
Filmmusik und Psychoanalyse

2013 · 271 Seiten · Broschur
ISBN 978-3-8379-2295-0

Dieses Buch wird Ihnen die Ohren öffnen!

Erst in den letzten Jahrzehnten begann die psychoanalytische Auseinandersetzung mit Film und Musik. Insbesondere Soundtracks von Filmen wurde bisher wenig Beachtung geschenkt. Dabei ist die Gestaltung der Tonspur wesentlich für die emotionale und ästhetische Wirkung eines Films.

Im vorliegenden Band untersuchen renommierte MusikwissenschaftlerInnen und PsychoanalytikerInnen Filmmusik von ihrer Komposition über deren Wirkung – auch der von Stille oder Geräuschen – bis hin zu ihrer Rezeption im Rahmen des audiovisuellen Gesamtkunstwerks. Zur Veranschaulichung werden zahlreiche Filmbeispiele, wie Disneys *Fantasia* (1940), *The Shining* (1980) oder *The Artist* (2011), herangezogen.

Mit Beiträgen von Stephan Brüggenthies, Helga de la Motte-Haber, Christina Fuchs, Konrad Heiland, Johannes Hirsch, Mathias Hirsch, Matthias Hornschuh, Andreas Jacke, Irene Kletschke, Hannes König, Sebastian Leikert, Theo Piegler, Enjott Schneider und Willem Strank

Walltorstr. 10 · 35390 Gießen · Tel. 0641-969978-18 · Fax 0641-969978-19
bestellung@psychosozial-verlag.de · www.psychosozial-verlag.de

Psychosozial-Verlag

Yvonne Frenzel Ganz, Markus Fäh (Hg.)
Cinépassion Reloaded
Eine psychoanalytische Filmrevue

2013 · 213 Seiten · Broschur
ISBN 978-3-8379-2274-5

Woher kommen die beklemmenden Gefühle in *La pianiste*? Wie erklären sich die sprunghaft wechselnden Szenen in *Fellini Satyricon*? Was sagt *Kill Bill* über Rache-Mechanismen aus? Warum ist niemand in *A Clockwork Orange* sympathisch?

Im dunklen Kinosaal ist das cinéphile Publikum der Welt bewegter Bilder ausgesetzt. Im einzelnen Zuschauer findet eine topische Regression statt – sein Denken ist wieder mehr an Bilder als an Wortvorstellungen gebunden. Nach dem Film taucht er aus diesem quasi-entrückten Zustand auf und ist für den verborgenen, unbewussten Sinn der Handlung empfänglicher. So versteht er intuitiv die psychoanalytische Deutung des Films. Es eröffnet sich ein Blick in die Welt des eigentlich Psychischen, des Unbewussten.

Im zweiten Band des Zürcher Filmprojekts »Cinépassion« finden sich Texte zu berühmten Filmklassikern, aber auch zu unbekannten Perlen der Filmgeschichte. Betrachtet werden u.a. *A Clockwork Orange*, *Intimacy*, *La pianiste*, *Nachbeben*, *Fellini Satyricon*, *Babel* und *Mystic River*.

Walltorstr. 10 · 35390 Gießen · Tel. 0641-9699 78-18 · Fax 0641-9699 78-19
bestellung@psychosozial-verlag.de · www.psychosozial-verlag.de

Psychosozial-Verlag

Gerhard Schneider, Peter Bär (Hg.)
David Cronenberg
Im Dialog:
Psychoanalyse und Filmtheorie Band 10

2013 · 123 Seiten · Broschur
ISBN 978-3-8379-2268-4

»Das Imaginäre im Konkreten zu zeigen, das Ungreifbare im Greifbaren, ist die Kunst des Filmemachens.«
David Cronenberg

David Cronenberg wurde 1943 in Toronto als Sohn eines Schriftstellers und einer Musikerin geboren. Nachdem er Biologie und Literatur studiert hatte, kam er Ende der 1960er Jahre zum Film. Mit Werken wie *Parasiten-Mörder* (1975) wurde er zum Mitbegründer des »Body-Horror«-Genres, in dem die Deformation und Zerstörung des menschlichen Körpers im Mittelpunkt steht. In seinen späteren Filmen stellt er das Thema der Gewalt in einen soziokulturellen Zusammenhang (z.B. *A History of Violence*, 2005) und beschäftigt sich verstärkt mit den psychischen Konflikten seiner Figuren (z.B. *Spider*, 2002; *Eine dunkle Begierde*, 2011).

Mit Beiträgen von Joachim F. Danckwardt, Helmut Däuker, Stefan Hinz, Signe Mähler, Christiane Mathes, Manfred Riepe, Marcus Stiglegger, Christoph E. Walker und Angelika Zitzelsberger-Schlez

www.ingramcontent.com/pod-product-compliance
Lightning Source LLC
Chambersburg PA
CBHW030339240426
43661CB00052B/1687